비추는 침묵

옮긴이 ● 대성(大晟)

『라마나 마하르쉬와의 대담』 등 라마나 마하르쉬 관련 시리즈와 『아이 앰 댓』 등 니사르가닷따 마하라지의 책들을 다수 번역했고, 허운 화상의 『참선요지』와 『방편개시』, 감산 대사의 『감산자전』을 우리말로 옮겼다. 최근에는 『마음의 노래』, 『지혜의 검』, 『대의단의 타파, 무방법의 방법』, 『선의 지혜』, 『부처 마음 얻기』 등 성엄선사의 '성엄선서' 시리즈를 번역했다.

성엄선서 7

비추는 침묵 - 성엄선사의 묵조선 법문

지은이 | 성엄선사
옮긴이 | 대성(大晟)
펴낸이 | 이효정
펴낸곳 | 도서출판 탐구사

초판 발행일 2014년 2월 21일

등록 | 2007년 5월 25일(제208-90-12722호)
주소 | 121-854 서울 마포구 신수로 9길 11(신수동 93-114) 4층
전화 | 02-702-3557 Fax | 02-702-3558
e-mail | tamgusa@korea.com

잘못된 책은 바꾸어 드립니다.

ISBN 978-89-89942-35-1 04220
ISBN 978-89-89942-13-9 세트

성엄선서
7

비추는 침묵
| 성엄선사의 묵조선 법문 |

성엄선사 말씀 / 존 크루크 엮음
대성大晟 옮김

탐구사

Illuminating Silence : *The Practice of Chinese Zen*

By Chan Master Sheng Yen

Published in 2002 by Watkins Publishing

Copyright ⓒ by Dharma Drum Publications
Korean translation copyright ⓒ 2014 by Tamgusa Publishing

Printed in Seoul, Korea

This Korean edition is published by arrangement with Dharma Drum Publications,
90-56 Corona Ave, Elmhurst, NY 11373, USA.
이 책의 한국어판 저작권은 Watkins Publishing에서 출판권을 인계받은
Dharma Drum Publications와의 계약에 의해 도서출판 탐구사에 있습니다.
저작권법에 의해 보호되는 저작물이므로, 책 내용의 전부나 일부를 무단 전재하거나
복사하는 것은 허용되지 않습니다.

확고한 선법을 닦고자 하는
모든 수행자들에게

ⓒ 法鼓山文教基金會

차 례

서언 - 스티븐 배철러 · 9
서문 · 11
성엄선사 자전自傳 · 16

제1부 : 부채로 깃털 받기

머리말 · 25
   선칠 27   견해 32
   선기禪期 중의 의식儀式 39   식심명 텍스트 43

법문 · 53
   웨일스에 당도하기 53   첫째 날 법문 55
   첫째 날 저녁 강해 58   둘째 날 이른 아침 법문 63
   둘째 날 점심공양 때의 말씀 65   둘째 날 저녁 강해 66
   셋째 날 이른 아침 법문 76   셋째 날 아침공양 때의 말씀 77
   셋째 날 점심공양 때의 말씀 79   셋째 날 저녁 강해 81
   넷째 날 이른 아침 법문 90   넷째 날 아침공양 때의 말씀 93
   넷째 날 저녁 강해 95   다섯째 날 이른 아침 법문 103
   다섯째 날 아침공양 때의 말씀 106 다섯째 날 점심공양 때의 말씀 107
   다섯째 날 절하기 109   다섯째 날 저녁 강해 112
   여섯째 날 이른 아침 법문 122   여섯째 날 아침공양 때의 말씀 125
   종료 의식과 마지막 말씀 128

제2부 : 비추는 침묵

머리말 · 135
법문 · 149
    방법 149
    실용적인 세 가지 원칙 158
    공안을 간략히 살펴봄 165
    좌선잠坐禪箴 171
    믿음의 필요조건 182
    참괴심 187
    공덕의 회향 193
    무한한 밭 197
    수행의 조건 156
    선과 불성 161
    직접관법[直觀] 168
    수행에 유익한 태도 179
    보리심 184
    감사하는 마음 189
    예불문의 가치 196
    칼끝으로 화살 멈추기 204

제3부 : 스승과 함께 수행하기

스승과 함께 수행하기 · 215
움직이지 않는 지휘봉을 든 지휘자 · 217
도겐이 도겐에게 공양하기 · 222
어, 저것 봐! · 229
사물들의 본래 그러함 · 233
소동 일으키기: 어리석음을 보기 · 237
가장 잔인한 달의 라일락 · 243
'나'가 걸린 체스 게임 · 246
마지막 성찰: 개인적 비평 · 250
    깨달음? 그게 뭔가? 253
    죽은 마음? 255

후기: 런던에서의 성엄선사 · 259
부록: 지관타좌와 묵조 · 263
옮긴이의 말 · 269

서언

지난 세기에 스즈키 다이세츠鈴木大拙 박사가 처음 선불교를 서양에 소개한 이후로, 선(Zen)은 불교의 일본적 형태라는 가정이 보편적으로 퍼져 있었다. 선은 아시아의 한 종교의 이름으로서는 물론이고 일본 문화의 질박한 미학을 이해하기 위한 하나의 기호로 영어에 들어와 있었다. 일본식 다완茶碗, 궁도, 정원과 검도는 모두 이른바 '젠(Zen)'의 뚜렷한 자취를 지니고 있다.

하지만 '젠'은 '찬(Chan, 禪)'이라는 중국 단어의 일본식 발음이며, 단순히 '명상'을 뜻한다. 선禪은 6세기 중국에서 시작된 불교의 한 흐름으로, 붓다가 체험한 깨달음을 실현하는 수단으로서 좌선 수행의 1차적 중요성을 강조했다. 선사들은 불교 형이상학의 미세한 점들을 탐색하도록 권하기보다는 깨달음의 토대가 되는 일상적 경험의 놀라운 직접성으로 돌아갈 것을 주장했다.

일본선이 국가의 후원이라는 특권을 누리며 일본 문화의 중추적 일부가 된 데 반해, 그 원조인 중국선은 자신의 본거지에서 살아남기 위해 투쟁해야 할 때가 많았다. 당나라 때(618~907)의 전성기가 지난 뒤에는 선을 주변으로 밀어내거나 뿌리 뽑으려 한 종교적·정치적 운동—마오쩌둥이 문화혁명도 그 중의 하나였다—과 씨워야 했다. 비록 지금은 되살아나고 있지만, 중국 본토의 선은 최근 수십 년간 실낱같은 명맥을 유지해 왔다. 선의 도발적인 메시지가 용케 아직도 우리와 함께 하고 있다는 것은, 그 수행자들의 복원력과 고결함이 어느 정도인지를 잘 말해준다. 그들은 흔들림 없는 용기로, 인간으로서 산다는 것이 무엇을 의미하는가 하는 가장 심오한 문제들을 해결하기 위해 준엄하게 노력해 왔다.

성엄선사는 혼란스럽고 비종교적인 시대의 와중에서 그런 문제들에 자신의 삶을 바친 소수의 사람들 중 한 분이다. 본서에 나오는 가르침의 대부분은 웨일스에서 1989년과 1995년에 거행한 선칠禪七 때 당신이 하신 두 묶음의 법문을 모두 옮긴 기록이다. 이 법어들은 명료하고 직접적이며, 중국불교의 여러 출처에서 폭넓게 인용하면서도 신선하고 현대적인 표현으로 말씀하고 있다. 그것은 아마도 그 선칠 환경이 비교적 소규모의 가족적인 것이었고, 성엄선사의 자상함, 따뜻함 그리고 유머가 책 전체에서 발산되기 때문일 것이다. 그래서 이 책은, 현대의 선사가 지도하고 서양인 수행자들만 참여한 선칠이 어떻게 전개되는지 엿볼 수 있는 드문 기회를 제공한다.

『비추는 침묵』은 존 크루크의 지칠 줄 모르는 노력이 없었다면 아예 나오지 못했을 것이다. 존은 그의 수선修禪 도량인 더 머인흘루이드(The Maenllwyd)를 창설하고, 성엄선사가 그곳에서 가르칠 수 있게 준비하며, 서양선우회(Western Chan Fellowship)를 창립하고, 이 책을 편집하는 등 중국선의 행법을 서양에 소개하는 일에서 핵심적 역할을 수행해 왔다. 책의 종결부는 그 자신이 성엄선사 밑에서 훈련받은 체험에 대한 정직하고도 감동적인 이야기이다.

2001년 9월 프랑스 아퀴테느에서
스티븐 배철러(Stephen Batchelor)

서문

    중국선(Chan) 선칠의 진행 과정에 대한 문자 기록은 거의 없다. 일부 저작들이 그 절차와 의식儀式의 세부적인 면과 함께 선사들과의 소참小參 내용을 발췌하여 전해주기고 있기는 하지만, 그 전체 과정을 독자들에게 안내하여 좌선, 의식, 공식 법문과 소참의 밀접한 상호의존성을 드러낸 책은 많지 않다. 몇 안 되는 그런 책들 가운데 허운虛雲 화상이 1953년 상하이 옥불사玉佛寺에서 두 번의 선칠을 이끌면서 매일 하신 법문을 뤼콴위陸寬昱가 번역한 것이 있는데, 여기에 선칠 운영에 관한 약간의 정보가 들어 있다.[1] 또 하나는 남회근南懷瑾 선생이 1962년 대만 베이터우北投의 양명산陽明山에서 7일간 집중적 선 수행을 이끌 때의 기록이다. 마거릿 위안과 재니스 워커가 영역한 이 책[2]은 선칠의 세부 사항, 선생에 대한 참여자들의 반응, 선생 자신의 설법과 할喝 등을 자세히 전하고 있다. 이 두 책에 나오는 선칠의 경우 참여자들은 모두 중국인이었고, 중국어로 진행되었다.

    본서는 타이베이와 뉴욕에 법고산法鼓山과 중화불학연구소中華佛學硏究所

---

1) Lu K'uan Yu. 1960. *Ch'an and Zen Teaching. First Series*, London. Century. (역주) 이 '선칠개시禪七開示' 법문은 한국어판 『참선요지』(탐구사), 제2부를 보라.
2) Yuan, M., Walker, J. trans. 1986. *Grass Mountain: A Seven-day Intensive in Ch'an Training with Master Nan Huai-Chin*, York Beach. Maine. Samuel Weiser Inc. (역주) 중문판은 『習禪錄影』이다.

를 창설하신 성엄 스님이 영국에서 이끄신 두 차례의 선칠에 대한 철저한 세부 기록을 제공한다. 이 선칠은 내가 뉴욕에서 스님의 지도하에 수행한 인연과, 웨일스의 내 집인 더 머인흘루이드에서 나와 함께 선칠을 한 서양인 수행자들이 당신과 함께 공부할 기회를 갖고 싶어 하여 이루어지게 되었다. 우리들은 스님이 우리의 초청에 세 번이나 응해 주신 데 대해 깊이 감사하고 있다. 스님은 중국어로 법문을 하시고 그것을 왕밍이 王明怡 선생이 즉석에서 통역했는데, 그의 영역문을 토대로 본서 제1, 2부의 텍스트를 구성하였다.

편집자 임무는 쉬운 것이 아니었다. 나는 하나의 해석학 훈련,[3] 즉 그 가르침에 대한 해석에 매달렸고, 여기에는 나 자신의 주관이 많이 개입되었다. 그 결과 나온 것이 왕 선생의 통역 녹취문에 대한 나의 개인적인 번역문인데, 스님은 왕 선생과 협의하여 이 텍스트를 승인하셨다.

성엄 스님의 자전自傳에 이은 제1부에서는 1989년의 첫 번째 선칠과 스님의 특정한 방법을 묘사하고, 아울러 우리가 함께 하는 동안 스님이 하신 길고 짧은 모든 법문을 편집하여 수록하고 있다.

제2부는 1995년 스님이 다시 오셔서 법문을 하시고 역시 왕 선생이 통역한 것을 편집한 텍스트들을 담고 있다. 스님은 1993년에도 우리와 함께 하셨지만, 그때는 끝난 뒤에 선칠 과정에 대한 기록을 마련할 수 없었다. 이 두 차례의 선칠에서 공히 성엄 스님은 조동종의 귀중한 수행법인 묵조默照(Silent Illumination)를 가르치셨는데, 특히 굉지정각宏智正覺

---

[3] 하버마스는 이런 종류의 해석학적 훈련을 이렇게 이해한다. "그 의미가 해석자에게 드러나는 것은, 동시에 그 해석자 자신의 세계가 분명해지는 정도 만큼에서이다. 이해의 주제는 두 세계 간에 의사소통을 확립한다." 1971. 『지식과 인간적 관심(*Knowledge and Human Interests*)』. Boston. Beacon Press. p.309 참조. 또한 동서양 심리학에 대한 해석학적 작업을 논의하는 Anand Peranjpe의 다음 책 머리말을 보라. Peranjpe, A.C., D.Y.F. Ho and R. W. Reiber (eds). 1988. *Asian Contributions to Psychology*. New York. Praeger. pp.31-32.

(1090~1157) 선사의 저작을 가지고 그렇게 하셨다. 성엄 스님은 이 방법이 특히 영국에 적합하다고 느끼셨고, 1989년에 선에 대한 나의 이해를 확인하신 뒤 나에게 당신을 대표하여 선칠을 이끌어 보라고 하셨다. 나는 묵조에 강한 인연을 느끼고 있었기에, 당신의 가르침은 나 자신이 사람들을 지도할 때 하나의 지침이 되었다.

제2부는 성엄 스님이 법문을 하신 순서대로 되어 있는 연속적 서술이다. 여기서는 선칠의 다른 세부 사항들을 묘사할 필요를 느끼지 못했다. 왜냐하면 제1부의 그것과 비슷한 내용이기 때문이다. 이 법문들이 특히 귀중한 것은, 그것이 수행방법을 제시할 뿐만 아니라 효과적인 수행을 위한 조건들, 사용하는 원칙들, 그리고 진보에 필수적인 태도들도 논의하고 있기 때문이다. 굉지 선사의 텍스트에 대한 논의는 독창적이고, 사람들에게 많은 이익을 안겨준다.

제3부는 내가 수년에 걸쳐 성엄 스님 곁에서 선칠 수행을 한 개인적 체험들에 대한 이야기와, 우리가 나눈 몇 가지 대화이다. 이 텍스트를 포함시킨 것은 선칠 수행에 참가한 사람들의 경험이 어떤 것인지에 대해 초심자들이 얼마간의 개념을 얻도록 해 주기 위해서이다. 물론 각 개인은 그 나름의 개인적 스토리가 있지만, 선칠을 운영해 본 내 경험상 많은 측면들은 대부분의 참여자들에게 공통된다.[4] 선칠 수행은 쉬운 일이 아니지만, 거기서 얻는 소득은 우리의 삶에 대한 새로운 관점을 열어주는 큰 의미를 가질 수 있다.

이 책의 말미에서는 우리의 첫 선칠이 끝난 뒤 내가 성엄 스님과 런던에서 보낸 시간에 대한 간략한 묘사와 함께, 스승님과 함께 보낸 격식 없는 교류의 시간에 대한 하나의 인상을 제공한다.

---

[4] 다른 사람들의 선칠 보고문에 대해서는 그런 체험기들을 정기적으로 게재하는 *New Chan Forum*을 보라.

우리 초심자들은, 그런 수행이 귀중할 수는 있지만 그것은 출가자들이 다년간에 걸쳐 체험하는 것만큼 철저할 수는 없다는 것을 알아야 한다. 사찰에서는 진보가 꾸준히, 그리고 모름지기 더 깊이 다가온다. 재가자들은 재가자다운 겸허함을 갖추는 것이 좋다. 왜냐하면 조금의 진보도 통상 일상생활의 문제들에 의해 가로막히기 때문이다. 선칠에서 얻은 체험들은 일상생활과 뚜렷이 대비되며, 그것과 불확실하게 연결되기 십상이다. 그래서 재가 수행자들에게는 선칠 바깥의 일상생활 속에서 할 수 있는 수행을 계발할 것이 권장된다. 본질적으로 이것은 우리에게 적절한 선적 태도를 지닐 것을 요구한다. 왜냐하면 우리가 일상생활에서 어떤 변화를 가져오지 못한다면, 선칠 참가의 효용이 의문시되기 때문이다.

성엄 스님이 우리에게 가르쳐 주신 수행을 계속하기 위하여 1989년에 브리스틀 선그룹(Bristol Chan Group)이 결성되자, 그들이 나에게 지도법사를 맡아 달라고 했다. 지도법사로서 나의 임무는 수행을 계속하면서 다른 사람들에게 최선을 다해 불법을 설하는 것이다. 유럽에서 이 일을 어떻게 해야 할지 여쭈자, 스님은 나 스스로 방법을 발견해야 할 것이라고 말씀하셨다. 내가 스님보다 유럽 문화를 더 잘 알기 때문이라는 것이었다! 우리는 1997년에 영국에서 자선단체 성격의 전국적 조직인 서양선우회(Western Chan Fellowship)를 창립했다.

나는 지금 영국에서 선칠을 정기적으로 주관하고 바르샤바, 자그레브, 베를린에서 선칠을 이끌고 있으며, 상트페테르부르크에서도 선칠을 한 번 이끌었다. 나는 불어 사용자들이 만든 파리 유럽불교대학의 '선 연구학습 그룹(Groupe de Recherches et d'Etudes sur le Zen)' 회원이기도 하다. 재가자들의 선 수행상 문제들은 우리 서양선우회의 저널인 「뉴 찬 포럼(New Chan Forum)」에 자주 실렸는데, 우리가 한 선칠들 이야기와 선에 대한 다른 글들도 여기서 볼 수 있다. 월드와이드웹 상에는 이 잡지의 사이트

도 있다. 본서는 우리의 새 조직을 위한 필수 수행교재가 될 것이고, 따라서 우리의 노력에 동참하는 모든 분들에게 이 책을 바친다.

나는 뉴욕 퀸스 지구 엘름허스트에 있는 선 센터(東初禪寺)의 몇몇 구성원들이 나에게 베풀어 준 도움에 감사드린다. 특히 왕멍이와 궈구果谷 스님은 원고를 비판적으로 읽어 주었고, 댄 스티븐슨 교수와 스튜어트 랙스는 나와 대화를 나누어 주었다. 크리스 머라노와 어니스트 호는 모범적인 근면함으로 각기 제1부와 제2부를 꼼꼼히 검토하여 군더더기 표현들을 들어내고, 구두점을 정돈하고, 문장을 다듬어 주었다. 나는 스님의 법문을 즉석에서 높은 수준의 영국식 영어로 통역해 준 왕멍이에게 특별한 감사를 드린다. 나는 그의 번역문에서 스님의 법문이 갖는 풍미의 일부를 포착할 수 있었다고 믿는다. 궈구 스님은 친절하게도 제2부의 굉지 선사 시게詩偈를 번역해 주었고, 스티브 캐니는 최종 원고의 교정을 부지런히 보아 주었다. 이 책을 간행해 준 아이리스 왕의 노고도 높이 치하하지 않을 수 없다. 물론 성엄 스님께서는 이 책의 준비 과정 내내 협의에 응해 주셨고, 나에게 의문이 일어날 때는 나를 격려해 주셨다. 당신께 우리는 가슴에서 우러난 감사와 깊은 존경을 드리는 바이다.

2001년 7월

철학박사 겸 이학박사, 존 크루크(John Crook)

(법명 전등정제傳燈淨諦)

성엄선사 자전 自傳

나는 상하이 근처 시골의 가난한 농부 집안에서 태어났다. 아버지는 가진 땅이 없어 남의 논에서 일을 해야 했다. 아버지는 자상한 분이셨고, 나는 당신이 화를 내는 것을 본 적이 없었다. 부모님이 모두 총명했지만 아버지는 말수가 적었던 반면 어머니는 좀 더 적극적이었다. 위로 형 셋과 누나 둘이 있었다. 형들은 모두 농사를 지었고, 형과 누나들 중 누구도 출가하여 스님이 되는 데는 관심이 없었다.

어릴 때 나는 발육이 매우 느려서 여섯 살이 되어서야 말을 하기 시작했다. 그래도 뭐가 뭔지를 분간하지 못해 시계를 봐도 몇 시인지 몰랐다. 일곱 살 때 훗날 내 첫 번째 스승이 되는 스님이 제자 될 사람을 찾으려고 했다. 그는 부처님께 기도하고 어디서 찾아야 할지를 여쭈었다. 부처님이 장강長江(양쯔강)의 근원으로 가라고 계시하자 그 방향에서 찾았다. 그의 재가 제자들 중 한 사람이 마침 내 이웃집 사람이었다. 비가 쏟아지던 어느 날 그가 우리 집 앞을 지나가다가, 세차게 내리는 비를 피하기 위해 우리 집으로 들어왔다.1) 어머니와 이야기를 나누던 그는 방 안에 있던 나를 발견하자, 어머니에게 "이 아이를 출가시키지 않겠습니까?" 하고 물었다. 어머니가 말했다. "그건 얘가 선택해야지요. 자기만 좋다면

---

1) (역주) 이 이웃 사람이 찾아온 것은 스님이 열세 살 때였다.

저야 상관없고요." 그래서 그가 나에게 스님이 되고 싶으냐고 물었지만, 나는 스님이 된다는 게 어떤 것인지를 몰랐다!

그럼에도 불구하고 그는 내 이름과 태어난 일시를 적어 가서 그것을 불상 앞에 놓아두었다. 반년이 지난 뒤 그는 다시 불상 앞으로 가서 그것이 올바른 선택인지 계시해 달라고 부처님께 기도했다. 부처님의 응답은 '그렇다'였다. 당시 일부 절에서는 『역경』으로 산가지 점을 쳐서 제자들을 뽑았는데, 내가 선발된 방식은 중국에서 매우 이례적인 것이었다.

나는 여덟 살 때 소학교를 다니기 시작했는데, 4학년 때 중일전쟁이 발발했다. 그 뒤 열세 살 때 학교를 떠나 출가하여 스님이 되었다. 즉, 나를 제자로 찾았던 낭혜朗慧 화상에게서 머리를 깎았고, 그의 곁에서 5년을 배웠다. 그의 스승은 허운 노화상이었다. 그래서 나는 허운 스님의 임제종 계보에 속한다. 우리 사미승들은 선 수행의 본질에 대해 전혀 아는 것이 없었고, 적절한 교육도 받지 못했다. 우리는 단순히 옷을 빨고, 밭에서 일을 하고, 일과日課 예불을 하는 등 승려들의 엄격한 규율을 따를 뿐이었다. 경전도 외어야 했지만 이 방면에서 나는 유난히 서툴렀다. 내 스승님은 내가 업장이 아주 무겁다고 하면서, 관세음보살에게 계속 절을 하라고 했다. 나는 매일 밤 5백 배를 한 뒤 아침에도 5백 배를 했다. 그렇게 석 달이 지났을 때 기이하게도 싱그러운 경험을 했다. 내 마음이 맑아져서 더 이상 암기하는 데 문제가 없었다. 지금도 나는 관세음보살님이 그때 나를 도와주셨다고 믿는다. 왜냐하면 그 전까지는 내 마음이 정말 이둔鈍했기 때문이다.

우리는 중국이나 인도의 불교 역사를 전혀 몰랐고, 중국인으로서 불법을 조금이라도 이해하거나 그에 대해 큰 존경을 가진 사람도 거의 없었다. 불교는 여전히 심각하게 쇠퇴하고 있었고, 사찰에서는 교육다운 교육이 거의 이루어지지 못하고 있었다. 교육이라고는 일상 경험을 통한 것이 전부였다. 나는 불법이 가치 있다고 느꼈으나, 그것을 존중하는 사람이 거의 없다는 것이 안타까웠다. 그래서 나는 불법을 공부하여 남들에게 전하겠다는 서원을 세웠다. 공산주의가 세를 확장하면서 우리는 상하이로 옮겨갔고, 거기서 우리 승려들은 영가 천도의식으로 근근이 먹고살았다. 결국 나는 시내의 한 불학원佛學院으로 도망을 갔는데, 거기서는 젊은 승려들이 어느 정도 공식적인 교육을 받을 수 있었다. 내 스승님은 이런 행동을 결국 승인해 주었다.

이 불학원은 태허太虛 대사(1889~1947)가 창설한 것이었다. 그는 허운 노화상과 함께 20세기 초에 중국불교를 부흥한 분으로, 명나라 우익蕅益 대사(1599~1655)의 사상 노선을 따랐다. 우익 대사는 종파주의에 찬성하지 않고, 실은 단 하나의 불교 전통에 다양한 측면이 있는 것이라고 주장했다. 그는 8대 종파, 즉 화엄종, 천태종, 선종, 유식종唯識宗, 율종律宗, 중관종中觀宗, 정토종 및 밀종密宗에 동등한 비중을 두었다. 나는 역사와 천태종, 화엄종, 유식종, 율종의 교법敎法을 배웠다. 불학원에서는 또한 태극권과 권법拳法 같은 신체 운동도 강조했다. 그리고 예참禮懺도 중요했다. 우리는 좌선도 연습했지만 적절한 지도는 받지 못했다. 그래서 좌선할 때 무엇을 어떻게 해야 할지 몰랐다. 이것이 너무 궁금했던 나머지 나는 하나의 큰 의심 자루가 되었다. '통의 밑바닥이 빠졌을 때(桶底脫落)'만 우리가 선사를 뵐 수 있다고 했으나, 그것이 무엇을 뜻하는지 아무도 모르는 것 같았고, 내 의심은 해결될 수 없었다.

전쟁 시기라 상황이 매우 좋지 않았다. 국민당 정부가 대만으로 건너갈 때는 군에 입대하여 그들과 함께 대만으로 갔다. 그래서 나는 18세부터 28세 때까지 군인이었다. 1949년에서 1959년 사이에는 제대할 방법이 없었다. 그 후 다시 출가하여 스님이 되고, 대만의 한 절에 살면서 「인생人生」이라는 잡지를 편집했다. 물론 수행은 계속했고, 선칠에도 참가하고 있었다. 그러나 그 큰 의심은 지속되었다. 나는 깨달음이나 성불이 무엇인지 부단히 의문을 품고 있었다. 불교의 가르침에는 상충되는 점들이 너무 많았기 때문에 그것을 전혀 종잡을 수 없었다. 깊이 들여다볼수록 더 혼란스러워졌다.

  스물여덟 살 때 나는 마음을 놓아버리는 깊은 체험을 하게 되었다. 계속 수행을 해 오고 있었고 다소의 작은 체험들을 했지만, 그 모든 의문은 계속 내 머리 속을 맴돌고 있었다. 그러다가 대만 남부의 한 절을 찾아가게 되었다. 마침 그곳에 유명한 스님인 영원靈源 화상이 와 계셨다. 그날 밤 나와 스님은 같은 침상을 쓰게 되었다. 나는 스님이 좌선을 하는 것을 보고 당신과 함께 앉았다. 그러나 그 의문들이 계속 꼬리를 물고 일어났다. 그것은 모두 번뇌의 본질과 생사에 관한 것이었다. 몇 시간 뒤 자정이 지나자 이 의문들로 인해 도저히 견딜 수 없게 되었다. 그래서 스님께 질문을 하나 드려도 되겠는지를 여쭈었다. 당신은 그러라고 하셨다. 그러나 말문을 열자 갑자기 질문들이 폭포처럼 계속 쏟아져 나왔다. 그렇게 두세 시간이 지나갔다. 나는 정말 이 스님에게서 그 답들을 얻고 싶었다. 왜냐하면 스님은 자유롭고 편안해 보였기 때문이다. 당신은 계속 듣고만 계셨다. 아무 말씀도 하지 않거나 그냥 "더 없나?" 하고 묻기만 하셨다. 몹시 기이한 일이었다. 질문 하나로 시작했는데 어느새 그것이 끝없는 흐름이 되어 있었다. 그것은 바로 '대의단大疑團'이었다. 마침내 스님이 문득 한숨을 쉬더니 손을 들어 올렸다가 침상을 세게 내리치며 말씀하셨다. "내려 놔!" 홀연 내 마음이 툭 꺾어지는 듯했다. 땀이 비오듯 흘렀고, 큰 짐이 별안간 나를 떠나 버린 느낌이 들었다. 아무것도 남아 있지 않았다. 세상 어디에도 아무 문제가 없는 것처럼 보였다. 일체가 사라져 버렸다. 우리는 아무 말 없이 그냥 계속 앉아 있었다. 그 시간이 지극히 행복했다. 다음날은 온 세상이 마치 내가 그것을 처음 본 것처럼 싱그러웠다.

좌선 수행에서 그것을 보겠다는 의지를 발하거나 심지어 그것을 보려는 의도를 지닌다고 해서 '성품'을 볼 수는 없다. 목적의식 없는 수행 속으로 들어가야 한다. 만일 목적이 있으면 그 분별심이 활동하고, 에고가 존재한다. 그저 자신의 방법상에서 열심히 수행해야 한다. 그것은 기다리는 것이 아니다. 기다리지 않는 것조차도 아니다. 긍정적인 인연들을 결집하는 것이 필수적이다. 그래야 안내자가 되기에 족한 통찰력을 가진 사람의 지도 아래 수행할 수 있다. 그냥 아무 스승이나 선택해서는 되지 않는다.

마침내 군에서 제대한 나는, 그동안 비범한 인물이라고 느끼고 있던 동초東初 화상이란 분을 찾아갔다. 당신은 경전 강의도 하지 않았고 수행에 관한 가르침도 주지 않았다. 명성도 구하지 않고 추종자들을 얻고자 하지도 않는데도 널리 존경 받고 있었다. 당신은 임제종과 조동종의 법을 이은 분이었다. 당신이 말씀하시는 방식은 놀라운 것이었고, 사람들에게 깊은 영향을 줄 수 있었다. 그러나 당신과 함께 사는 것은 정말 고된 일이었다. 당신은 마치 티베트의 위대한 라마 마르빠(Marpa)가 제자 밀라레빠(Milarepa)를 다룬 것과 흡사하게 나를 다루셨다. 나에게 이 방에서 저 방으로 옮기라고 했다가 이내 다시 먼저 방으로 돌아가라고 하시는가 하면, 벽의 문 하나를 폐쇄하고 다른 데 문을 내라고 하시기도 했다. 우리는 가스난로를 썼지만, 나는 높은 산에서 통나무들을 날라 와야 했다. 당신이 장작불로 차를 달이실 수 있게 말이다. 나는 적당한 크기의 나무를 한 번도 해오지 못했다. 늘 너무 크거나 너무 작았다. 마찬가지로, 내가 앉아 있으면 당신은 이렇게 말씀하시는 것이었다. "좌선한다고 부처가 되는 게 아니야. 벽돌을 간다고 거울이 나오냐?" 그런 다음 당신은 나에게 절을 하라고 명하셨다. 며칠간 절을 하고 나면 이렇게 말씀하시곤 했다.

"그건 개가 똥을 먹는 것에 지나지 않아. 가서 경을 읽어라." 그래서 한 두 주일 경을 읽었다. 그러면 이렇게 말씀하셨다. "예전 조사祖師 스님들이 경은 고름 닦는 데나 쓸모 있다고 하셨지. 가서 글을 써라." 글을 쓰고 나면 당신은 그것을 찢어 버리고 이렇게 말씀하셨다. "이것은 훔쳐온 관념에 불과해. 너의 독창적 지혜를 이용하여 무슨 말을 해라!" 내가 한 일은 뭐든지 잘못된 것이었다. 심지어 당신이 하라고 하신 일을 내가 정확히 해냈을 때도 그랬다. 뿐만 아니라 당신은 우리가 밤에 좌선을 해야 한다는 이유로, 내가 취침용 담요를 지니지 못하게 하셨다. 이런 가혹한 가르침은 실은 아주 자비로운 것이었다. 당신이 아니었다면 나는 많은 것을 깨닫지 못했을 것이다. 그분의 메시지는 우리가 수행할 때 자립적이어야 한다는 것이었다. 그래서 2년이 지난 뒤 나는 산중에서 폐관閉關에 들어가기로 결심했다. 당신께는 내가 열심히 수행하여 불법을 욕되게 하지 않겠다고 말씀드렸다. 스님이 말씀하셨다. "틀렸어. 불법이 뭔가? 불교가 뭔가? 중요한 것은 너 자신을 욕되게 하지 않는 거지!"

그 후 나는 산중의 멀리 떨어진 곳에 있는 한 장소를 발견했고, 거기서 6년간 폐관을 했다. 작은 오두막에 살았는데, 절벽을 내려다보는 곳이었다. 작은 뜰이 있었지만 나는 늘 오두막 안에 있었고, 갇혀 있다는 느낌은 전혀 없었다. 마치 집에 돌아온 것처럼 항상 차분하고 안정된 느낌이었다. 내가 직접 심은 야생감자 잎으로 하루에 한 끼를 먹었다. 원래는 3년만 폐관할 생각이었다. 첫 1년간은 참회절을 하면서 대부분의 시간을 보냈다. 2년째는 좌선을 하고 경을 보면서 보냈다. 3년째도 마찬가지였다. 그러다가 3년으로는 시간이 너무 부족하다는 것을 알았다. 그래서 계속 폐관을 했고, 그러면서 책을 읽고 공부하기 시작했다. 또한 연구를 하고 글을 쓰기 시작했다. 이런 식으로 절반은 좌선, 절반은 공부로 시간을 보냈다.

6년이 지나자 몇 권의 책을 썼고, 일본어 읽기도 공부한 상태였다. 그러다가 출관出關했고, 공부를 더 하기 위해 일본으로 건너가 도쿄의 릿쇼대학立正大學에서 불교 문헌학으로 박사학위를 받았다. 일본에서는 선 수행에도 참여했는데, 특히 하라다原田祖岳 선사의 제자인 반데츠규伴鐵牛 선사 밑에서 공부했다. 일본 북부 지방에 있는 그의 절에서 혹독한 환경 속에 동안거를 나기도 했다. 선사는 특히 나의 학식과 대학 공부에 대해 나를 몰아세우곤 했다. 내가 그분의 곁을 떠날 때, 당신은 나에게 미국으로 가서 가르치라고 했다. 영어를 못한다고 하소연하자 당신이 말씀하셨다. "선을 말로 가르친다고 생각하나? 말에 대해 왜 걱정하나?"

제1부

부채로 깃털 받기

Catching a Feather on a Fan

머리말

웨일스에서는 가장 익숙한 현상이 벌어지고 있었다. 어두운 밤 속으로 비가 매섭게 흩뿌렸고, 농지 곁의 개천들은 거친 급류를 이루어 하류로 흘러갔다. 지붕 위에서는 서양물푸레나무 가지들이 온통 요동치고 있었다. 실내의 벽난로에서 불길이 타닥거렸고, 선칠을 하기 위해 먼저 도착한 사람들은 몸이 젖은 채 잠자리를 보기 위해 다락과 인근 헛간을 찾아가고 있었다. 갑자기 누군가가 외쳤다. "그분이 오셨어!"

찌그러진 폭스바겐 밴이 질퍽한 마당에 들어와 있었고, 내가 현관문을 열자 몹시 지친 한 선사가 차에서 내리면서 물구덩이를 디뎌 신발 한 짝에 물을 가득 채우고 있었다. 약 50시간을 비행기로 여행한 다음 런던 히스로 공항에서 우리가 있는 이곳까지 장시간 차를 타고 오신 참이었다. 당신은 극도로 피곤한 상태에서도 불 앞에서 몸을 데우고 당신의 잠자리와 집을 둘러보더니, 재빨리 자신과 함께 할 사람들을 가늠하기 시작했다. 한 시간 안에 당신은 대중을 장악했고, 더 머인홀루이드에서 선사가 이끄는 최초의 선칠을 시작했다.

내가 성엄 스님에 대해 처음 들은 것은 1985년으로, 나에게 선을 가르쳐 준 예전 스승인 인혜忍慧 스님을 찾아뵈러 홍콩을 방문했을 때였다.[1]

---

[1] 이 스님과의 만남에 대한 이야기는 Crook, J. H. 1997. *Hilltops of the Hong Kong Moon*. London. Minerva 참조.

이때 인혜 스님은 란다오 섬의 보련선사寶蓮禪寺에 계셨다. 이 스님과는 앞서 몇 번 경이로운 만남을 갖기는 했으나, 스님이 연로하시고 귀가 먹어 이제 사람들을 가르치는 시기는 끝나가고 있음이 분명했다. 나를 지도해 줄 더 젊은 스승을 찾는 것이 중요한 일일 것 같았다. 나는 시내의 한 불교서점에 갔다가 『부처 마음 얻기(Getting the Buddha Mind)』라는 책을 만났다. 사실 그 책을 비켜갈 수 없었다. 왜냐하면 그 서점에 영어책이라고는 그것뿐이었기 때문이다. 나는 이 저작을 아주 기분 좋게 읽었고, 극동에서 스승을 찾아 돌아다니느니 대서양을 건너가 뉴욕에서 성엄 선사와 함께 좌선하는 것이 더 쉬울 거라는 것을 알았다. 나는 당신이 이끄는 '선칠'에 두 번 참여한 뒤 당신과 개인적으로 몇 번 장시간의 아주 건설적인 대화를 나누었다. 그런 다음 스님께서는 친절하게도, 웨일스의 내 작은 농가에서 몇 해 동안 나와 함께 '서양선'의 선칠을 해 오던 사람들을 위해 영국에 와서 선칠을 이끌어 주는 데 동의해 주셨다.

본서의 제1부는 주로 그 선칠 기간 중 이런저런 기회에 성엄 스님이 우리에게 해 주신 20회의 법문으로 구성되어 있다. 선칠이 끝나자 당신은 나에게 이 법문 기록으로 책을 만들어 보라고 하셨다. 왜냐하면 보통의 선칠 때보다 당신이 훨씬 자세한 법문을 했기 때문이라는 것이었다. 당신은 푸대를 끌러 우리에게 당신의 물품을 다 보여주었다고 하셨다. 그래서 나는 이 법문을 다듬어 내놓는 문제와 씨름할 때, 그 임무를 수행하면서 여러 번에 걸쳐 당신의 가르침을 받는 즐거움을 가졌다.

성엄 스님은 대만 타이베이의 중화불학연구소를 통합하는 새로운 조직인 법고산문교기금회2)의 창립자이자, 이와 연계되어 뉴욕에서 선 수행

---

2) 법고산法鼓山은 스님이 타이베이 북동부에 새로운 대학, 선원, 회의장, 박물관, 도서관 등을 건립하고 있는 방대한 부지의 이름이기도 하다. (역주) 대만의 법고산은 1998년 개창하고, 2005년에 도량을 완공하여 정식으로 개산開山하였다.

및 선칠 센터를 운영하는 미국내 한 기관의 창립자이시다. 또한 대만에 있는 한 절(농선사)의 주지이자 대학의 철학과 교수이시기도 하다.

선을 닦는 학인學人들은 그들의 스승을 '시푸師父(Shifu)'라고 부른다. 이것은 선생님이라는 뜻이며, 더 잘 알려진 일본어 '로시老師'와 동등하다. 나는 본서 전체에 걸쳐 성엄 스님을 '시푸'(스승님)로 부르겠다.3) 스님은 전통적인 선칠을 어떻게 하는지 우리에게 보여주기 위해 뉴욕 선 센터의 거주승이던—이 책을 쓸 당시에는 그 절의 주지이신—궈위안果元 스님을 함께 데려오셨다. 이 스님은 선중禪衆을 이끌고 규율을 유지하며 대중의 송경誦經을 이끄는 소임을 맡았는데, 그의 자상한 매력은 우리 모두의 마음을 얻었다. 그리고 통역자 왕밍이 씨가 있었다. 긴 문장을 유려하고 정확하게, 그리고 재치 있게 통역해 내는 그의 솜씨에 우리는 깊은 존경을 보냈다. 우리가 '팀'이라고 부른 이분들은 확실히 막강한 진용이었고, 우리 수행자들은 적극적인 반응으로 그에 부응해야 했다. 이런 점에서는 스님이 우리를 워낙 철저히 가르치셨기 때문에, 우리는 그에 적절히 대처하는 데 아주 실패하지는 않았다고 생각된다. 나는 대중의 숙식 관리자 소임을 맡았다.

선칠

선칠이란 보통 7일간 계속되는 집중적인 선 수행 기간이다. 그 일과는 엄격했다. 오전 4시에 향판香板(중국식 죽비)이 울리면 재빨리 일어나서 4시 15분의 운동 시간을 위해 모였다. 이때 스님은 그날을 위해 매우 유용한

---

3) (역주) 이 한국어판에서는 어감과 쓰임새를 고려하여 '스님'으로 표기한다.

몇 가지 관점을 우리에게 간략히 말씀해 주셨다. 그런 다음 30분씩 세 차례 좌선을 하고 나서 아침 예불을 했다. 그리고 모든 일과를 특징짓는 침묵 속에서 아침공양을 했다. 아침공양 후에는 한 시간 동안 울력 시간이 있었고, 각 참가자에게 빨래, 청소, 통나무 날라 오기, 양초 갈기―전기가 들어오지 않으므로―혹은 파라핀 난로를 채우는 등의 소임이 할당되었다. 한두 사람은 울력이 끝난 뒤 몇 분간 몰래 휴식을 취하기도 했지만 그것은 프로그램에 없는 것이었다. 공식적으로는 알아서 좌선을 하거나 경행經行을 하는 것으로 돌아가는 거였다. 울력 시간이 끝나면 다섯 번에 걸쳐 좌선을 했는데, 마지막 두 번을 제외하면 입식 요가, 좌식 요가, 느린 경행과 빠른 경행을 하는 시간도 있었다. 집이 작았기 때문에 걷거나 뛰는 경행을 할 때는 근처의 밭 한가운데서 원을 지어 돌았다. 양을 치는 현지의 친구는 그것을 무척 재미있어 했다. 점심공양 후 또 한 번 울력 시간을 갖고 나면 이어서 다섯 번의 좌선, 그리고 오전과 비슷한 중간 휴식이 이어지고, 저녁에는 몽산시식蒙山施食(영가천도 의식문)을 염송했다. 이어서 저녁공양이 있고, 그 다음에는 씻고 나서 휴식하다가 오후 7시 경에 스님의 법문을 들었다. 그런 다음 운동 휴식 없이―그냥 스트레칭만 하거나 짧게 마사지만 했다―좌선을 세 번 더 한 뒤에 일과가 끝이 났다. 오후 10시가 취침 시간이었다. 다만 밤중에도 계속 앉고 싶은 사람은 그렇게 했다.

말할 필요도 없이 이 힘든 일과는 각 참여자의 결의와 신체적·정신적 고통을 감내하는 능력, 그리고 피로함을 버텨내는 능력에 대한 하나의 엄중한 시험이다. 왜 그렇게 해야 하는지는 처음 며칠이 지난 뒤에야 분명해진다. 전에 선칠을 해본 사람들에게도 마찬가지다! 우리에게 단 하나 특별한 간식이 허락되었는데, 그것은 오후에 나오는 차와 케이크로, 머인 훌루이드의 전통을 고려한 것이었다.

선기禪期(Chan retreat-선칠이나 선십禪十)는 아마 그에 상응하는 일본선의 섭심攝心(sesshin) 만큼은 서양에 잘 알려져 있지 않을 것이다. 따라서 이 두 가지 불교 수행 형태의 같고 다름에 관해 약간 언급하는 것이 좋을 것이다. 그 차이는 중국과 일본의 선 전통이 역사적으로 서로 다른 점을 반영하는 것인데, 의심할 바 없이 두 문명의 문화적 기질 차이를 반영한다. '찬(Chan)'과 '젠(Zen)'이라는 두 용어 모두 디야나(Dhyana)라는 산스크리트 원어의 음역으로, 단순히 명상이라는 뜻이다. 따라서 중국선과 일본선 모두 선불교라는 같은 뿌리에서 나왔다. 선불교의 원리는 6세기의 전설적 인물인 보리달마菩提達磨와 함께 중국에 처음 들어왔다. 이 종파의 특별한 점은, 불법의 이해에 이르는 직접적인 방법으로서 좌선의 근본적인 중요성을 강조한다는 것이었다. 보리달마가 지었다고 하는 유명한 게송이 이것을 멋지게 요약한다.

경전 밖에서 따로 전하고	教外別傳
문자를 세우지 않네.	不立文字
사람의 마음을 곧바로 가리키니	直旨人心
성품을 보아 부처를 이루네.	見性成佛

그래서 중국과 일본의 오랜 선종 역사에 걸쳐, 지적인 앎이나 헌신의 행법보다 좌선에 늘 강조점이 두어졌다. 그 목표는 보리수 아래서 부처님이 얻었던 체험을 재현히는 것이다. 하지만 이 수행의 양식과 방법이 다양해져서 종파적 견해차가 생겨났고, 종종 놀라울 정도로 시끄럽게 논쟁하면서 근본적으로 같은 견해 안에서 서로 다른 수행 방식을 강조하기에 이르렀다.

선이 중국에서 일본으로 전해졌을 때는, 각기 나름의 선 수행 방법을 가진 임제종과 조동종의 종파적 분별이 잘 확립되어 있었다. 그래서 우리는 일본 임제종은 공안公案 수행과, 조동종은 면벽面壁의 지관타좌只管打坐와 결부시키게 되었다. 그러나 중국불교는 나중에 극심한 쇠퇴기를 겪으면서 많은 종파가 사라졌고, 그 교의敎義는 평판이 나빠졌다. 선종은 대다수 다른 종파들보다 더 잘 살아남았지만, 워낙 소규모였고 인원이 소수였기 때문에 살아남은 집단들은 서로를 지원하는 경향이 있었다. 결과적으로 방법과 수행들이 서로 융합되었다. 허운 대화상이 20세기 전반에 사찰들과 수행을 복원하면서 중국불교에 새로운 활력을 불어넣을 때, 이 스님이 가르친 방법들은 조동종과 임제종 전통에서 공히 가져온 것이었다. 여기에는 정토불교의 요소도 많이 들어 있었다. 이런 절충적 접근방식은 중국에서 선을 약화시키기는커녕 그것이 지닌 폭과 유연성을 증장하여, 그것이 특히 서양에서 귀중한 가치를 갖게 했다. 더욱이 일본에서는 젊은 승려들이 자기 아버지의 절을 물려받기 위해 단기간에 훈련을 받지만, 중국에서는 최근 이런 부담이 훨씬 적다는 점이 두드러진다. 일본에서는 젊은 승려들이 깨달음 체험을 얻어 사찰 주지 자격을 갖추도록 할 필요가 있었기 때문에 혹독한 훈련을 강조하는 체계가 발전했다. 특히 임제종 전통에서는 이것이 어느 정도 군국주의와 연계되었고 ― 중국선에서는 그것이 뚜렷하지 않다 ― 이는 최근 상당한 비판을 받고 있다.[4] 중국선도 엄격하지만 여기에는 그에 못지않게 인간적인 면모가 있어, 불교 영웅주의를 강조하는 일본식 방법들을 결여하고 있는 것처럼 보일 때도 있다.

중국선의 그 다른 종파들 간에서 종종 형성되는 논쟁적 관계는 오늘날에도 돌발적으로 나타나지만, 그것이 실체적 문제에 기초하고 있다고 여겨서는 안 된다. 양대 종파 모두 인도의 반야바라밀(*prajnaparamita*) 경전

---

4) Victoria, B. 1997. *Zen at War*(『전쟁과 선』). Boston. Shambhala.

에서 그 관점을 가져오며, 그것은 대체로 여래장如來藏 사상에 따라서 해석된다. 차이점은 수행방법 및 견성見性[일본어로 *kensho*]이 시야에 들어오는 깨달음 양식과 관계된다. 사실 현대의 일본선 자체가 대체로 하라다 소가쿠原田祖岳 선사(그는 임제종 선사들 밑에서 공안을 참구參究한 조동종 선사였다)5)가 창안한 임제종과 조동종의 절충적 융합에 기초하고 있다. 이런 접근방식을 야스타니安谷 선사6)가 미국에 도입했는데, 그는 자기 스승과 마찬가지로 초견성初見性의 중요성을 강조했다.

그와 대조적으로 조동종의 도겐道元 선사7)는, 올바르게 이해하면 수행 그 자체가 깨달음이라는 것을 강조한다. 이런 관점을 미국에 도입한 사람은 스즈키 슌류鈴木俊隆 선사8)와 지유慈友 케니트(Jiyu Kennet) 선사9)였다. 영국에서는 케니트 선사가 창건한 노섬벌랜드(Northumberland)의 스로설 홀 수도원(Throssel Hole Abbey)에서 도겐 선사의 조동선법을 강조하지만, 이름가르트 슐레겔(Irmgard Schlegel) 박사, 곧 묘쿄니妙鏡尼(Myokyoni)10)가 창립한 런던의 선 센터에서는 임제선법을 강조한다. 이 두 전통의 수행자들은 "임제종과 조동종은 각기 강점과 약점이 있지만, 강점은 약점으로 변하고 나쁜 점이 될 수 있으므로 두 종을 올바르게 배워 그 강점들을

---

5) (역주) 일본 조동종 선사(1924~1996).
6) (역주) 일본 선사(1885~1973). 하라다 소가쿠 선사의 제자로, 조동종과 임제종을 융합한 '삼보교단'을 창설했다.
7) (역주) 일본 선사(1200~1253). 중국 조동종 진헐청료眞歇淸了 선사의 3세 법손인 천동여정天童如淨 선사에게서 법을 받고 일본으로 돌아가 일본 조동종을 열었다.
8) (역주) 일본 조동종 선사(1904~1971). 1959년 미국으로 건너가 1962년 샌프란시스코 선 센터를 창건했으며, 『선심초심禪心初心』이라는 어록을 남겼다.
9) (역주) 영국 출신의 비구니 선사(1924~1996). 1962년에 출가, 일본으로 가서 조동종 선사 밑에서 공부하고, 미국 캘리포니아 지역과 영국에 선 센터들을 창립했다. 그가 잉글랜드 북동부 노섬벌랜드에 창건한 '스로설 홀 수도원'은 영국 최초의 선찰이다.
10) (역주) 오스트리아 출신의 비구니 선사(1921~2007), 1960년에 일본에 건너가 임제종 선사 밑에서 수행했고, 1979년에는 런던에 선 센터를 창립했다. 1984년에 비구니가 되었다.

이해하면 (…) 각자[지도법사]가 누구를 모방하지 않고도, 시대에 부합하고 각 나라의 현실에 맞는 자신의 특징적 지도 방법들을 개발할 수 있을 것"11)이라고 한 야스타니 선사의 견해를 필시 기억해야 할 것이다. 중국 선도 그 나름대로 그와 매우 유사한 관점에 이르렀고, 대단히 폭넓은 수행법들을 견지한다.

견해

스님은 허운 노화상 법맥의 2세대 법손이며, 그의 폭넓은 접근법을 물려받았다. 또한 스님은 조동종과 임제종 계보의 법을 모두 이었고, 이것을 이제 당신의 법고종法鼓宗 선법으로 결합시켰다. 뿐만 아니라 당신은 일본에서 수행도 했고 불교 문헌학으로 박사학위도 받았기 때문에, 일본식 선법들에도 속속들이 친숙하다. 따라서 당신이 첫 번째로 강조하는 것은 공안도 아니고 지관타좌도 아니다. 그보다는 그 수행자에게 맞는 방법을 찾아내는 데 중점을 둔다. 이것은 매우 '사용자 친화적인' 접근법으로서, 수행자 개개인의 필요와 어려움에 가장 적합한 맞춤형 수행방식을 구축할 수 있게 해 준다. 더욱이 당신은 수행자들에게 깨달음을 추구하도록 권장하는 것을 극도로 조심한다. 갈망을 전제로 잘못된 긴장과 기대를 유발하면서 깨달음을 추구할 우려가 있기 때문이다. 스님은 '깨달음'이나 '견성' 같은 말들을 좀처럼 입 밖에 내지 않는다. 선칠은 수행의 발전을 위한 것임을 당신은 아주 분명히 하신다. 일본 조동종의 위대한 스승이자 철학가인 도겐 선사와 마찬가지로, 당신은 수행과 깨달음을 불가분으로

---

11) Fields, R. 1981. *How the Swans came to the Lake*. Shambhala. p.234.

보신다고 생각된다. 스님에게 선칠의 목적은 다음과 같다.

1. 우리가 자기 자신의 마음을 통제하지 못한다는 것을 깨닫기.
2. 자신의 마음을 자각 속에서 훈련하는 법을 발견하기.
3. 마음을 가라앉히기.
4. 각자 자신에게 적합한 방법으로 수행하여 통찰 혹은 지혜를 얻기.
5. 참회의 기회를 얻어 청정한 마음을 회복하기.
6. 통찰을 통해 무지를 지혜로 바꾸는 법을 훈련하기.

선칠에서 사용하는 방법은 호흡 주시[隨息], 호흡 세기[數息], 화두 수행 그리고 묵조默照이다. 이어지는 법문들에서 논의되겠지만, 호흡 주시와 호흡 세기의 목적은 마음을 어떤 의도적인 행위에 집중하여 망념妄念을 줄이는 것이다. 그것을 꾸준히 하다 보면 주의를 호흡 자체에서 그 호흡이 일어나는 경험 속의 심적인 '공간'으로 옮기는 것이 가능해진다. 이 과정을 한자어로는 '참參'으로 묘사하기도 하는데, 이것은 '들어가다, 진입하다, 뚫고 들어가다, 탐구하다'는 뜻이다. 지금 이 문맥에서 그것은 부분을 보기보다는 과정 전체를 본다는 의미이다. 그것은 화두 수행에도 적용된다. 화두는 짤막한 어구로서 흔히 물음의 형태를 취하며, 어떤 공안에서 핵심적인 어구일 수 있다. "이 송장 끌고 다니는 것은 누구인가(拖著死屍走的是誰)?" 하는 물음을 분석해 보려고 하면, 그것은 마음의 사고 작용을 소신시키는 데 도움이 되고 따라서 어떤 비개념적 통찰을 가져올 수도 있다. 그러나 더 직접적인 접근법은 그냥 그 물음이 움직이는 공간을 주시하는 것이다. 허운 화상의 가르침에서 수행자가 해야 할 일은 주의를 '손님'에서 '주인'으로 옮기는 것이다. 손님이란 망념, 호흡 또는 화두이다. 그것은 주인이라는 바탕에 상대적으로 존립하는 형상이며, 그 바탕 안에

서 마음은 점차 가라앉는다.12)

성엄 스님도 공안 참구를 하나의 방법으로 사용하지만, 당신은 그럴 때도 조심하신다. 당신은 오래된 이야기(公案)들을 가지고 공부하는 습관은 죽은 송장을 부활시키는 것과 같다고 말한다. 뿐만 아니라 공안들에 친숙해지면 많은 공안이 본질적으로 비슷해서, 관련되는 공안들을 금방 '타파'하는 것이 가능해진다. 그렇다면 일련의 공안을 타파하는 것이 곧 진보인 그런 체계에 우리는 의문을 갖게 된다. 하나를 타파하면 일련의 비슷한 공안들을 다 타파할 수 있는데, 이것은 하나를 해결한 것인가, 여럿을 해결한 것인가? 스님에 따르면, 의미 있는 유일한 공안들은 현재의 상황에서 자아와 관련되는 것들이다. 유일하게 살아 있는 공안은 사실 여러분 자신이다. 도겐 선사가 말했듯이, 공안은 일상생활 속에서 일어난다. 누가 만든 공안을 반드시 사용할 필요는 없다. 여기서 우리는 가마쿠라 무사武士 공안들을 상기하게 된다. 중국의 대각大覺 화상은 13세기에 가마쿠라鎌倉에 왔을 때 일본어를 거의 몰랐고, 그의 제자들은 중국의 고전적인 선종 문헌을 거의 알지 못했다. 그래서 그는 고전적인 공안 대신 제자들의 즉각적인 체험에서 나오는 단순하고 직접적인 물음들을 고안했다. 그 방법은 활기찬 것이었고 긍정적인 반응을 이끌어냈다.13) 이것은 오늘날의 서양인들에게도 교훈적이다.

호흡 주시나 화두 참구와 같은 방법들은 확고한 좌선 자세를 유지하는

---

12) 더 볼 자료: Master Sheng-yen, Tso-Ch'an(坐禪). 1988. *Chung Hwa Buddhist Journal*(中華佛學學報), vol.2. pp.361-386. 허운 화상의 접근법은 Lu K'uan Yu. 1960. *Ch'an and Zen Training, First Series*. London. Century에서 묘사하고 있다. 서양선우회 선칠에서 화두를 채용하듯이 Charles Berner가 '깨달음 집중수련 (*Enlightenment Intensives*)'의 의사소통 훈련에서 화두를 사용한 것은 Crook, J.H., D. Fontana (eds.). *Space in Mind: East-West Psychology and Comtemporary Buddhism*. Shaftesbury. Element 중 J.H. Crook이 쓴 두 장章에서 묘사된다.
13) Leggett, T. 1985. *The Warrior Koans: Early Zen in Japan*. Arcana.

가운데 해야 하며, 가급적이면 벽을 마주하고 앉아야 한다. 스님은 깨어 있는 정식 자세, 곧 등을 곧추 세우되 긴장되지 않게 하고, 머리는 곧되 약간 앞으로 기울어지게 하며, 두 다리는 가부좌하고 눈을 뜬 자세가 바람직하다고 강조한다. 그러나 일부 일본 선사들처럼 부동의 경직된 자세를 유지할 것을 그다지 고집하지 않으신다. 일주일에 많은 시간 좌선할 수 없는 대다수 서양인 재가자들은 선칠에서 적절한 자세를 장시간 유지하기 어렵다는 것을 스님은 인정한다. 다리와 허리가 많이 아프기 마련이다. 비교적 경험이 없는 이런 수행자들은 몸에 대해 너무 심하게 고뇌하기보다는 정신적 수행을 계발하는 것이 더 중요하다. 그래서 특별한 걸상을 쓰거나 다양한 자세가 허용되며, 제한된 범위 내에서 몸을 움직일 수도 있다.

묵조는 조동종의 첫째가는 방법이며, 일본에서는 지관타좌라는 변형된 형태로 알려져 있다. 이 수행에서는 고요한 자세를 유지하는 것이 중요하며, 마음은 그 기본적인 고요함에 대해 명상한다. 물론 이 고요함 안에 머무르기는 상당히 어렵다. 왜냐하면 1차적으로 망념妄念과 혼침昏沈이 일어나기 때문이다. 화두 참구와는 달리 마음에 어떤 의도적인 과제가 주어지지 않았기 때문에 망념을 몰아내기가 그만큼 더 어렵다. 스님의 말씀인즉, 일본선을 하는 곳에서는 이것을 흔히 사용하지만 당신은 이 방법을 자주 권하지 않고 있다고 하신다.14) 왜냐하면 여기서 이익을 얻으려면 확고한 수행이 이미 확립되어 있어야 하기 때문이다. 만일 마음이 많이 헤맨나면 묵조를 수행하려고 해 봐야 좌설감만 느끼고 성과가 없을 수 있다. "해결 중인 어떤 문제도 없는 단계에 가 있어야 합니다. 외적인 생각이 거의 없이 부단히 집중하면서 좌선할 수 있어야 합니다. (…) 여러

---

14) Kraft, K. 1988. *Zen Tradition and Transition: an Overview of Zen in the Modern World*. London. Rider의 성엄 스님 장(제2장)을 보라.

분의 마음이 참으로 '밝고 열려 있는지' 아니면 그냥 공백 상태인지 분간하기 어렵습니다. 매우 미세한 생각들을 가진 채 그냥 게으르게 보내면서 자신은 묵조를 닦고 있다고 믿을 수도 있습니다. 또 아무것도 비추지 않으면서 묵연하기만 할 수도 있습니다."15) 묵연함과 비춤이 같이 있으면서 서로를 강화해야 한다. 하지만 이 방법을 일단 터득하고 나면 이것은 매우 강력하다.

묵연하게 고요히 말을 잊으니	默默忘言
또렷하고 생생하게 앞에 나타나네.	昭昭現前
깨달을 때는 시간이 한계가 없고	鑒時廓爾
체험할 때는 공간이 신령스럽네.	體處靈然16)

스님은 나와 나눈 한 대화에서 공안과 묵조의 두 방법을 비교하셨다. 공안 수행에서는 마음이 공안의 의미를 뚫고 들어가려고 하는 과정에서 큰 '의단疑團'을 일으킨다. 마찬가지로, 화두를 사용하여 그런 의심을 일으킬 수도 있다. 이 탐색이 워낙 강렬하기에 마음은 문자 그대로 그 과제에 대한 몰입에 사로잡히며, 다른 어떤 것도 돌아볼 여지가 없다. 이 참구 과정에서는 개인적 존재의 모든 측면이 의심이라고 하는 이 중심 불구덩이 속으로 빨려든다. 신체적 통증, 개인적 업(karma), 해결되지 않은 인간관계, 형이상학적 근심들, 신과의 괴리, 죽음에 대한 생각 등이 모두 한 점으로 모인다. 그 마음이 완전히 통일되면 그 사람 전체가 말하자면 한 곳에 집결된 것이다. 그럴 때 홀연히 해결이 일어날 수 있다. 앞의 자

---

15) Sheng-yen, Master. 1982. *Getting the Buddha Mind*. New York. Dharma Drum. p.78 이하(2005년 판, p.106, 『부처 마음 얻기』(탐구사, 2013), 118쪽).
16) 굉지 선사, 「묵조명」. Sheng-yen, Master. 1987. *The Poetry of Enlightenment*. New York. Dharma Drum. p.91.

전自傳에서 묘사된 스님 자신의 첫 견성 체험이 이런 유형이었다. 그러나 '견성'이 늘 이런 방식으로만 일어나지는 않는다. 허운 화상은 좌선 중 깊은 몰입을 한 뒤 차를 마실 때, 누가 따라주는 차를 받다가 갑자기 잔을 떨어뜨렸다. 이때 견성이 일어났다. 치요노千代野 비구니[17]는 깨닫지 못한 채 여러 해 동안 애쓰던 중, 어느 날 밤 물 한 통을 들고 마당을 가로질러 갔다. 달이 밝았고, 달빛이 물통에 반사되고 있었다. 문득 대나무 손잡이가 끊어지면서 물이 온 마당에 쏟아졌다. "물도 없고 달도 없네, 손 안에는 공空뿐이네."[18] 성엄 스님은 초월적 혹은 신비적 체험이―아마 심리적으로는 동일한 형태이겠지만―많은 종교적 수행에서 자연적으로 일어난다는 것과, 워즈워스 같은 시인들, 소로(Thoreau)나 리처드 제프리스(Richard Jefferies)[19] 같은 자연주의자들에게도 일어나며, 실로 거의 모든 유형의 사람에게서 일어난다는 것을 인정한다. 선에서 견성의 의미는 불법에 대한 바탕공부와 관련된다고 스님은 말씀하셨다. 자아가 내재적으로 존재하는 주체라기보다 공空이라고 이해하는 사람은 견성 체험으로 무상無常의 '실체'에 대한 독특한 통찰력을 얻는다.

묵조의 수행은 사뭇 다른 방식으로 통찰을 가져온다. 여기서는 마음이 점차 고요해져서 어떤 무념의 상태에 들어간다. 마음이라고 하는 끝없는 사회적 계산법이 종식되고 고요한 기쁨의 비춤이 일어나는데, 이는 '존재하는 것'을 마치 거울에 비친 듯이 그대로 반사하는 하나의 청정한 자각 속으로 녹아드는 것이다. 그런 관점에서 비로소 '견성'이 일어날 수 있다. 스즈키 다이세츠 박사의 말로, 이것은 "자기 자신이나 공안을 의식한다는

---

17) (역주) 일본 최초의 여선사인 무외여대無外如大 선사(Mugai Nyodai, 1223~1298). 치요노는 속명이다. 남송에서 건너온 무학조원無學祖元 선사(1226~1286)의 법제자.
18) Rajneesh, Bhagwan Shri. 1975. *No Water, No Moon*(『물도 없고 달도 없다』). Poona. Rajneesh Foundation.
19) (역주) 영국의 자연주의 작가(1848~1887).

것이 함축하는 그런 분리가 없는 상태"이다.[20] 이런 분리가 없을 때는 '존재하는 것'이 단순히 존재하면서, 원초적인 명징함으로 빛난다.

스님과의 선칠에서는 소참小參[개인 면담]에서의 협의를 통해 이런 방법들 중의 하나를 사용하기로 하는 결정이 이루어진다. 스님은 소참 때 그 수행자가 보여주는 자아와 삶에 대한 이해와, 그가 불법 안에서 이전에 한 수행을 고려한다. 그러나 어떤 방법을 고집하지는 않으신다. 왜냐하면 스님은 일어나는 상황에 따른 유연성에 많은 중점을 두기 때문이다. 예컨대 '지관타좌'를 해 나가던 중에 갑자기 어떤 공안이 일어날 수도 있다. 스님은 상황에 따라, 그럴 때는 그 공안을 참구하라고 말씀하실 수도 있다. 이것은 공안들이 일상생활 속에서 일어나므로 그것을 미리 정해 놓아서는 안 된다고 하는 도겐 선사의 견해와 궤를 같이 한다. 스님이 강의를 하실 때는 통역자를 데리고 하지만, 소참은 직접 영어로 하신다. 당신은 수행자가 무슨 말을 하느냐보다 그 개인의 수행 과정에서 무슨 일이 일어나고 있는지에 더 관심이 있다. 서양인들은 당신이 언어의 장벽을 뛰어넘는 예리한 통찰력을 가지고 계시다고 증언한다.

선칠에서 스승의 임무는 수행자가 더 깊고 통찰력 있는 수행으로 움직여 가도록 도와주는 것이다. 때로는 이것이 엄격한 방법일 수도 있다. 맹렬한 방식이 의단을 심화시켜 파열점에 이르게 할 수 있을 때가 그런 경우이다. 그런 맹렬함이 전적으로 타당할 수도 있는데, 특히 임제종의 전통에서 그렇다. 그것은 자비의 역설적인 측면이다. 하지만 다양한 근기를 가진 수행자들과 다양한 방법이 있을 때는, 균형 잡힌 접근법과 함께 수행자의 다양한 상태에 대한 신속한 반응이 요구된다. 스님이 뉴욕에서 처음 선칠을 하실 때는 훨씬 더 맹렬한 방식이어서, 좌선자들을 돕기 위해

---

20) Fields, R. 1981. *How the Swans came to the Lake*. Shambhala. p.138.

경책警策[선사가 쓰는 향판]을 아낌없이 사용하셨고, 입선入禪 시간 사이사이에 빠른 경행을 할 때는 걸음을 재촉하기 위해 그것으로 수행자들의 다리를 가볍게 툭툭 치시기도 했다고 한다. 요즘은 당신의 방식이 더 부드러운데, 이는 각계각층의 재가자들로 이루어진 좌선자들 다수의 근기를 반영한 것이다.

개인 면담[소참]은 스승과 수행자 간의 접촉에 있어 핵심적 요소이다. 스님은 외관상 여러 가지 면모를 취하는 능력을 가지고 있다. 소참 때 당신은 소원한 듯이 보일 수도 있고 엄격한 듯이 보일 수도 있으며, 완전히 초연하고 무관심한 것처럼 보일 수 있다. 심지어는 사람을 주눅 들게 하면서 뭔가 가치 있는 것을 내놓기를 기다리다가, 그렇게 하지 못하면 나가라고 말씀하신다. 아니면 자비롭고 자상하게 보이면서, 늘 문제를 그 수행자에게 되돌려 줄 수도 있다. 유머러스하여 마치 친한 친구처럼 사람을 매료시킬 수도 있고, 가늠할 길 없는 깊이를 드러내어 사람들이 당신의 뜻을 몰라 헤매게 할 수도 있다. 침묵이 있을 수도 있고 말씀이 있을 수도 있지만, 늘 존재감이 있다. 각자 그들 나름의 업력을 통해 당신을 알게 된다. 스님은 다양한 방편의 달인이시다.

선기禪期 중의 의식儀式

매일 아침저녁 빠놓지 않고 하는 예불에서는 다라니(*dharanis*)나 진언을 창송唱誦하는 것이 의식의 일부이다. 중국어와 영어로 창송하거나 읊조리는 이 과송課誦은 사찰에서 매일 하는 것을 축약한 것이다. 이 예불 수행은 선칠을 법맥의 전통 속에 위치시키고, 열망과 감사의 감정을 불러일으킨다. 조석 예불의 중심은 『반야심경』으로, '색즉시공 공즉시색色卽是

空 空卽是色'의 통찰이 그 핵심임을 환기시킨다. 여기서 반야바라밀 경전들에서 나오는 철학적 관점의 중추적 위치를 재확인하게 된다.

매일 아침 우리는 보현보살의 10대원十大願을 창송한다.

첫째, 모든 부처님께 예경합니다.	一者禮敬諸佛
둘째, 여래님들을 칭송하고 찬탄합니다.	二者稱讚如來
셋째, 널리 공양을 닦겠습니다.	三者廣修供養
넷째, 업장을 참회합니다.	四者懺悔業障
다섯째, 다른 사람들의 공덕을 함께 기뻐합니다.	五者隨喜功德
여섯째, 법륜을 굴려 주시기를 청합니다.	六者請轉法輪
일곱째, 부처님이 세간에 머물러 주시기를 청합니다.	七者請佛住世
여덟째, 늘 불법을 배우고 따르겠습니다.	八者常修佛學
아홉째, 항상 중생들에게 수순隨順하겠습니다.	九者恒順衆生
열째, 모든 공덕을 두루 회향합니다.	十者普皆廻向

이어서 사홍서원四弘誓願을 한다.

가없는 중생을 다 건지겠습니다.	衆生無邊誓願度
끝없는 번뇌를 다 끊겠습니다.	煩惱無盡誓願斷
한량없는 법문을 다 배우겠습니다.	法門無量誓願學
위없는 불도를 다 이루겠습니다.	佛道無上誓願成

아침 예불은 삼귀의三歸依로 끝난다.

부처님께 귀의하오며, 모든 중생이 큰 도道를 깨치고 위없는 마음을 발하기를 원하옵니다.

불법에 귀의하오며, 모든 중생이 경전에 깊이 들어가서 지혜가 바다 같기를 원하옵니다.

승가에 귀의하오며, 모든 중생이 큰 조화를 이루어서 일체의 장애가 없기를 원하옵니다.

自歸依佛, 當願衆生, 體解大道, 發無上心.
自歸依法, 當願衆生, 深入經藏, 智慧如海.
自歸依僧, 當願衆生, 統理大衆, 一切無礙.

저녁 예불에서는 몽산시식蒙山施食을 창송한다. 이것은 모든 중생, 특히 악업의 고통 속에서 중음계中陰界를 떠도는 아귀餓鬼들에게 영적인 음식을 베푸는[施食] 것이다. 우리는 이 시식문을 문자 그대로 해석할 수도 있고 (분명 그것이 본래의 의도였겠지만), 아니면 그 의미를 깊이 읽어서 우리 모두가 이런 저런 때에 집착과 욕망에 사로잡힌 외로운 영혼 혹은 배고픈 귀신으로서 우울의 심연이나 마음의 다른 지옥들을 경험한다고 해석할 수도 있다. 저녁 예불은 중요한 진술로 시작한다.

만약 삼세(과거, 현재, 미래)의 모든 부처님을 알고자 한다면
법계의 성품은 일체가 마음이 만든 것임을 보아야 한다.[21]

若人欲了知, 三世一切佛.
應觀法界性, 一切唯心造.

이이서 일련의 진언(mantras), 즉 힘을 지닌 언구들이 온다. 그것을 염

---

21) (역주) 이 행의 번역은 영역문을 따랐다. 흔히 "법계의 성품을 관하라. 일체는 마음이 만든 것이다"로 옮기기도 한다.

송하는 것은 다음과 같은 기능이 있다. 첫째, 지옥의 힘을 깨트리는 것[破地獄眞言]이다. 둘째, 모든 존재들을 두루 공양에 초청하는 것[普召請眞言]이다. 셋째, 중생들의 맺힌 원한을 풀어주는 것[解怨結眞言]이다. 그런 다음 삼보를 청하고[仰請三寶], 일반적인 참회[懺悔三業]를 한다.

불자, 유정有情, 고혼孤魂들이 지은 모든 악업은
시작 없는 탐진치에서 비롯되고, 몸과 말과 마음에서 생겨났으니
이 모든 것을 불자, 유정, 고혼들은 참회합니다.
佛子(有情, 孤魂)所造諸惡業,
皆由無始貪瞋癡, 從身語意之所生,
一切佛子(有情, 孤魂)皆懺悔.

그 다음은 진언들이 계속된다. 업장을 제거하고[滅業障眞言], 아귀들의 좁은 목구멍을 벌려주고[開咽喉眞言], 계율을 확인하고, 시식 음식을 감로로 바꿔놓는 진언[變食眞言, 甘露水眞言] 등이다. 여래들에 대한 예경[七寶如來名]이 더 이어진 다음 그 음식을 축복한다[施無遮眞言].

신력 있는 주문으로 축복받은 청정한 법음식을 무수한 불자들에게 널리 베푸니, 원컨대 모두가 배불리 먹고 욕심을 버려 빨리 저승세계를 벗어나서 정토에 왕생하기를…….
神呪加持淨法食, 普施河沙衆佛子,
願皆飽滿捨慳貪, 速脫幽冥生淨土…….

이때 공덕이 온 법계에 두루하기를 바라면서, 밥과 물을 버무린 그 음식을 시식한다. 그 음식을 밖으로 내가서 시식할 때는 널리 공양하는 진

언[普供養眞言]을 염송한다. 그에 이어 『반야심경』, 그리고 사홍서원을 창송한다. 그런 다음 대중에게 다음과 같이 경계한다.

오늘이 이미 지나갔으니 수명도 그에 따라 줄었네.
물이 줄어든 고기와 같으니 무슨 기쁨이 있으리오?
열심히 정진하되 머리에 붙은 불 끄듯이 해야 하리.
오로지 무상을 생각하고 결코 게을리 보내지 말라!
是日已過, 命亦隨滅, 如少水魚, 斯有何樂?
當勤精進, 如救頭燃, 但念無常, 愼勿放逸!22)

이 의식은 삼귀의와, 공덕을 남들에게 회향하는 간단한 회향게廻向偈로 마무리된다.23)

「식심명」 텍스트

법문들은 스님이 말씀하신 순서대로 제시되어 있다. 그러나 독자들은 이 법문에 두 종류가 있다는 것을 알아야 한다. 이른 아침과 공양 시간에 하신 말씀들은 선칠 상황에 대한 즉각적인 반응이며, 참가자들에게 특정한 논평이나 지침을 내린 것이다. 저녁에 하신 법문들은 6세기 중국의

---

22) (역주) 이 게송을 '보현보살경중게普賢菩薩警衆偈'라고 한다. 앞의 네 구절은 『법구경』과 『출요경出曜經』에 나오며, 전체 구절은 『칙수백장청규勅修百丈淸規』에도 나온다.
23) 이상의 문구들은 『조만과송早晚課誦』(Liturgy for Morning and Evening Services. 뉴욕 Chan Meditation Center본)에서 뽑았다. 진언들 자체는 고대 산스크리트어를 한문으로 음사音寫한 것이나. 스즈키 다이세츠 박사는 한문에서 산스크리트어로 다시 옮긴 번역문을 제시하기도 했다. 그의 『선학 매뉴얼(Manual for Zen Buddhism)』. London. Rider. 1950(2판, 1956), pp.17-18을 보라.

고승 망명법사亡名法師가 지은 「식심명息心銘」이라는 시게詩揭에 대한 강해이다. 스님은 이 시게에 대한 당신의 설명이 수행자들—초심자가 대부분이지만—에 대한 가르침에 초점이 맞춰져 있다고 말씀하셨다. 학술적 관점에서 당신의 주제를 논하지는 않으셨다. 본질적으로 우리가 여기서 접하는 것은 「식심명」에 대한 스님 자신의 통찰이며, 선종의 조사들의 지혜를 우리 시대에 전달해 주는 법문이다. 독자들은 이 법문들을 원래 말씀하신 순서대로 살펴보거나, 저녁 법문들만 별도의 시리즈로 골라내고 싶을지도 모른다. 어느 쪽이든 이제 이 법문들에 귀를 기울여 보자. 스님이 말씀하셨듯이, 이것은 상서로운 기회이다.

이제 「식심명」(Calming the Mind)에 대한 스님과 협력자들의 번역문이 이어진다.24)

◎ 「식심명息心銘」25)

너무 많이 알면 활동이 많으니	多知多事
마음을 쉬는 것이 낫다네.	不如息意
생각이 많을수록 잃는 것이 많으니	多慮多失

---

24) 영역문은 스님의 *The Poetry of Enlightenment*(1987)에 수록된 것이다.
25) (역주)「식심명」은 원래 서두에 다음 몇 구절이 더 있다. "법계에 여의보인이 있으니, 그 몸을 거듭거듭 봉하고, 가슴에 이런 말을 새겼다. '옛날에 마음을 잘 제어하던 사람이다.' 이를 교훈삼아 경계하고 경계할 일이다! 생각을 많이 하지 말고, 많이 알려고 하지 말라(法界有如意寶人焉, 九緘其身, 銘其膺曰: 古之攝心人也, 誠之哉! 誠之哉! 無多慮, 無多知)."

마음을 하나로 함이 낫다네.　　　　　　　　　不如守一
Too much knowledge leads to overactivity;
Better to calm the mind.
The more you consider, the greater the loss;
Better to unify the mind.

생각이 많으면 뜻이 흩어지고　　　　　　　　慮多志散
아는 것이 많으면 마음이 어지럽네.　　　　　知多心亂
마음이 어지러우면 번뇌가 생기고　　　　　　心亂生惱
뜻이 흩어지면 도에 방해되네.　　　　　　　　志散妨道
Excessive thinking weakens the will.
The more you know, the more your mind is confused.
The confused mind gives rise to vexation.
The weakened will obstructs the Dao.

무슨 해害가 있느냐고 말하지 말라.　　　　　勿謂何傷
그 고통이 영영 오래 갈 수 있으니.　　　　　其苦悠長
겁낼 것이 뭐 있느냐고 말하지 말라.　　　　勿言何畏
그 화禍가 솥 안의 거품처럼 끓으리.　　　　其禍鼎沸
Don't say there is no harm in this,
The ensuing pain may last forever.
Don't think there is nothing to fear,
The calamities churn like bubbles in a boiling pot.

방울 물도 멈추지 않으면　　　　　　　　　　滴水不停
언젠가 사해를 채울 것이고,　　　　　　　　　四海將盈

가는 티끌도 쓸어내지 않으면   纖塵不拂
오악五嶽만한 산을 이룰 것이네.   五嶽將成
Water dripping ceaselessly
Will fill the four seas.
Specks of dust not wiped away
Will become the five mountains.

지말枝末을 막아서 근본을 보전할지니   防末在本
사소한 것이라도 가볍게 여기지 말라.   雖小不輕
일곱 구멍을 막고   關爾七竅
여섯 감각을 닫으라.   閉爾六情
Protect the branches to save the roots;
Though a small matter, it is not trivial.
Close the seven orifices,
Shut off the six senses.

형상을 보지 말고   莫視於色
소리를 듣지 말라.   莫聽於聲
소리를 듣는 자는 귀머거리요   聞聲者聾
형상을 보는 자는 장님이로다.   見色者盲
Pay no heed to form;
Do not listen to sounds.
Listening to sounds you become deaf,
You become blind observing forms.

글재주와 예능은   一文一藝

공중의 작은 매미요,　　　　　　　　　　　空中小蚋
기술과 능력은　　　　　　　　　　　　　　一伎一能
태양 아래 외로운 등불이로다.　　　　　　 日下孤燈
Literature and art
Are but busy gnats in the air;
Technique and ability
A solitary lamp in the sun.

똑똑하고 재주 있는 이들은　　　　　　　　英賢才藝
어리석고 아둔한 사람이네.　　　　　　　　是爲愚蔽
순수하고 단순한 것을 버리고　　　　　　　捨棄淳朴
아름다운 것에 빠져 허우적대네.　　　　　 耽溺淫麗
Those able and talented ones
Are really stupid fellows.
Discarding the pure and simple
They drown in too much beauty.

식識이라는 말은 함부로 날뛰고　　　　　　識馬易奔
마음이란 원숭이는 제어하기 어렵네.　　　 心猿難制
정신이 너무 수고로우면　　　　　　　　　　神旣勞役
몸도 병들고 죽게 되네.　　　　　　　　　　形必損斃
Consciousness is an untamed horse,
The mind is an unruly monkey.
If the spirit is overactive,
The body will sicken and die.

삿되게 행동하면 결국 미혹되고   邪行終迷
이 길로 가면 영영 진창 속이네.   修塗永泥26)
재능을 귀하게 여기지 말라.   莫貴才能
날이 갈수록 흐리멍덩해지리라.   日益惛瞢

Wrong conduct ends in delusion;
Those treading this path become mired in mud.
To regard ability as precious
Is called confusion.

졸렬함을 뽐내고 재주를 부러워하면   誇拙羨巧
그 덕이 크지 않고,   其德不弘
명성이 대단해도 행이 박약하면   名厚行薄
그 높은 평판도 금세 무너지네.   其高速崩

To exaggerate clumsiness and covet skill
Does not lead to great virtue.
Of much fame but little contribution,
Their reputation quickly crumbles.

책만 많이 읽으면   塗舒汚卷27)
그 쓰임새가 오래가지 않으니,   其用不恒
안으로 교만함을 품게 되고   內懷憍伐

---

26) (역주) 修塗의 塗(진흙)는 途와 같이 보아 "이 길로 가면"으로 옮길 수 있다. 그러나 이 구절은 위의 "삿되게 행동하면"과 대구對句이므로, "(진흙을 밟듯이) 너절하게 수행하면" 정도의 의미로 이해할 수도 있다.
27) (역주) 塗와 汚는 공히 '더럽히다'의 뜻이 있고, 舒卷은 '펴고 닫다', '(실력이나 재능을) 발휘하거나 숨기다'라는 뜻이다. 따라서 이 구절은 "펼침도 더럽히고 거둠도 더럽히며" 정도로 이해된다. 그러나 여기서는 塗舒汚卷을 '책을 이것저것 뒤적이다'의 의미로 이해하여 "책만 많이 읽으면"으로 번역하고 있다.

밖으로 원망과 미움을 초래하네.　　　　　　　外致怨憎

Merely reading books
Is of no lasting value.
Being inwardly proud
Brings the enmity of others.

입으로 말을 하거나　　　　　　　　　　　或談於口
손으로 글을 써서　　　　　　　　　　　　或書於手
남들의 칭찬을 얻는다면　　　　　　　　　邀人令譽
이 또한 몹쓸 일이네.　　　　　　　　　　亦孔之醜28)

Using speech
Or written words
To gain the praise of others
Is something most repulsive.

범부들이 길하다고 하는 것을　　　　　　凡謂之吉
성인들은 허물이라고 말하네.　　　　　　聖謂之咎
즐기는 것은 잠깐이고　　　　　　　　　賞翫暫時
슬픔은 오래 갈 것이네.　　　　　　　　悲哀長久

What common people regard as auspicious
The sage takes as evil.
The enjoyment gained is fleeting,
But the sorrow is everlasting.

---

28) (역주)『시경』, 소아小雅 편의 '시월지교十月之交'에 "시월 초하루 신묘에 일식을 하니 이 또한 몹쓸 일이다(十月之交朔日辛卯 日有食之 亦孔之醜)"라는 표현이 있다.

그림자와 발자취를 겁내면　　　　　　　　畏影畏跡
멀리 달아날수록 심해진다네.29)　　　　　逾遠逾極
나무그늘 아래 단정히 앉으면　　　　　　端坐樹陰
발자취는 소멸하고 그림자도 사라지네.　 跡滅影沉

Beware of shadows and tracks;
The farther you leave them the better.
Sitting upright in the shade of a tree,
Neither traces nor shadows remain.

태어남을 싫어하고 늙음을 걱정함은　　　厭生患老
생각을 따라 짓는 것이니　　　　　　　　隨思隨造
마음의 생각들이 소멸하면　　　　　　　 心想若滅
삶과 죽음이 영원히 끊어지리.　　　　　 生死長絶

Worries of birth and distress of old age
Are products of your own thoughts.
If the mind's thinking is ended,
Birth and death are forever cut off.

죽지도 않고 나지도 않고　　　　　　　　不死不生
형상도 없고 이름도 없네.　　　　　　　 無相無名
하나의 도가 텅 비고 고요하니　　　　　 一道虛寂
우주 만물이 평등하네.　　　　　　　　　萬物齊平

---

29) (역주) "자기 그림자와 발자국을 겁내어 그것을 떨쳐버리려고 달아나면 달아날수록, 그것이 계속 따라와 두려움이 더 심해진다"는 뜻이다. '그림자와 발자취'는 번뇌를 일으키는 자기 마음을 상징한다. 영역문은 이와 달리 "그림자와 발자취를 조심하라. 그것들을 멀리 떠날수록 좋다"로 되어 있다.

Not dying, not born,
Without form or name
The Dao is empty and tranquil
The myriad phenomena are equal.

무엇이 귀하고 무엇이 천하며,	何貴何賤
무엇이 욕되고 무엇이 영예로운가?	何辱何榮
무엇이 낫고 무엇이 못하며,	何勝何劣
무엇이 중하고 무엇이 가벼운가?	何重何輕

What is of value? What is cheap?
Where is there shame or glory?
What is excellent or inferior?
How can there be light or heavy?

깨끗한 하늘이 맑음을 부끄러워하고	澄天愧淨
찬연한 해가 밝음을 부끄러워하네.30)	皎日慚明
태산만큼 안정되고	安夫岱嶺31)
금빛 성벽같이 굳세어라.	同彼金城

The clear sky puts purity to shame.
No brightness compares with the brilliant sun.
Stable as Mount T'ai;
Steady as a golden wall.

---

30) (역주) 이것은 하늘의 맑음과 해의 밝음을 넘어서는 참된 맑음과 밝음이 있다는 의미로 이해된다. 영역문은 이와 달리 愧와 慚를 '부끄럽게 하다'로 새겨, "맑은 하늘이 맑음을 부끄럽게 하고, 어떤 밝음도 밝은 해에게는 비할 수 없다"고 옮기고 있다.

31) (역주) 岱嶺은 오악五嶽의 하나인 태산泰山의 별칭이다.

어진 이들에게 이것을 바치니　　　　　　　敬貽賢哲
이 도가 영원히 머무를지어다.　　　　　　　斯道利貞32)

*I respectfully present this poem to all virtuous ones
so that this Dao will forever remain.*

---

32) (역주) 『주역』의 '원형이정元亨利貞' 개념은 우주만물의 영원한 순환을 상징한다.

법문

웨일스에 당도하기

저는 여러분 가운데 어떤 분들은 웨일스에 오는 것이 선칠을 하는 것과 다소 비슷하다는 점을 이해할 수 있으리라고 봅니다. 지난 사흘간 우리는 제대로 잠도 못 자면서 50시간 이상을 비행기에서 보냈는데, 실제로 오게 될지 어떨지는 전혀 확실치 않았지요! 하지만 우리는 여기 와 있습니다. 또한 제가 보니 여러분 모두 시작할 준비가 되어 있습니다. 모든 것이 짜여 있군요. 모두 자기 자리가 표시되어 있고, 소임도 배정되었습니다. 그러니 우리는 확실히 바로 시작해야 합니다.

여러분도 아시겠지만 저는 작년에 여기 오려고 했습니다. 그러나 그때는 저에게 비자가 없다는 것을 몰랐습니다. 그러다가 올해는 비자를 냈는데, 우리가 타이베이 공항에 도착해서는 막 비자 기한이 끝났다는 것을 알았습니다. 이 무슨 장에입니까! 우리가 할 일은 즉시 뉴욕으로 날아가는 것뿐이었습니다. 거기서는 비자 얻기가 쉬울 테니 말입니다. 그래서 우리는 뉴욕에서 몇 시간을 보낸 다음 다른 비행기를 탔습니다. 믿으실지 모르겠으나, 그 비행기는 이륙하기 직전에 고장이 났고 우리는 모두 내려야 했습니다. 물론 그때쯤에는 우리가 몹시 지쳐 있었습니다. 이해하시겠지만, 지금 제 머릿속에 있는 단 하나의 생각은 잠을 자야겠다는 것입니다. 지금은 말을 아주 많이 하지는 않겠습니다.

사실 저는 올 생각을 거의 포기했다는 말씀을 드려야겠습니다. 그러나 여러분이, 특히 존이 이번 일을 준비하면서 했을 모든 일을 생각하고는 어떤 이유로도 여러분을 실망시킬 수 없다고 느꼈습니다. 그래서 여기 와 있습니다. 그렇다면 이것은 아주 귀중한 기회입니다. 많은 장애가 있었음에도 불구하고 일이 이루어졌습니다. 여러분 각자 이 기회를 소중히 여겨 열심히 수행하시기 바랍니다.

이제 여러분이 저에게 말해 보십시오. 선칠을 한 번도 해 보지 않은 사람은 몇 분이나 됩니까? 세 번 이상 선칠을 한 사람은 몇 분입니까? 특히 조동종 전통의 선칠에 참여해 보신 분이 있습니까? 아니면 임제종 전통은? 저의 책을 읽어보신 분은 있습니까? 오, 두 분이군요! 좋습니다. 여러분은 선禪의 목적이 돈오頓悟를 얻기 위한 것은 아니라는 것을 알게 될 것입니다. 오히려 수행 그 자체가 목표입니다. 대부분의 사람들은 어떤 돈오법을 사용하여 '견성見性'하는 것이 편리하고 빠른 길이라고 생각합니다. 그러나 그것은 중대한 오해입니다. 물론 깨닫는 경우도 있지만, 대개는 거짓 깨달음들입니다. 만일 깨달으려고 너무 조급해 하면, 일종의 착각에 불과한 체험을 얻고는 그것을 '깨달음'이라고 부르기 쉽습니다. 그것은 매우 안타까운 일일 것입니다.

여기 오기 위해 그토록 고생했지만 저는 여러분에게 깨달음을 드리러 오지는 않았습니다. 그것은 말도 안 되겠지요. 그보다는 제가 방법을 전해드리면 여러분이 그것을 가지고 자기 수행을 향상시킬 수 있을지 여부를 알기 위해 왔습니다. 이 수행은 식사를 하는 것과 같습니다. 우리는 한 입 먹고 한두 번 씹고 나서 배가 부르기를 기대할 수 없습니다. 차린 음식을 다 먹고 나야 충분히 먹었다는 것을 알게 됩니다. 우리는 몸과 마음에 이익이 될 수행법들을 사용할 것입니다. 그것이 가장 중요한 것입니다.

우리가 사용할 수 있는 여러 가지 방법이 있습니다. 첫 소참에서는 어떤 방법이 여러분의 필요에 가장 잘 맞는지 여러분 각자와 논의하겠습니다. 처음에는 잘 모르겠으면 그냥 호흡을 세십시오. 다른 방법으로는 일본 조동종의 지관타좌법과 비슷한 묵조가 있고, 화두와 공안의 방법도 있습니다. 그런 것들에 대해서는 나중에 이야기할 것입니다.

우리가 웨일스에 오는 데 문제가 있었듯이 여러분도 자신의 방법으로 수행하는 가운데 장애를 만나게 될 것입니다. 그런 장애는 여러분 자신의 마음과 몸에서 일어나지 다른 데서 오지 않습니다. 우리는 그저 꾸준히 수행을 계속해 나가야 합니다. 투쟁할 각오를 하십시오. 우리 앞에 엿새가 남아 있는데, 그 장애를 인식하는 것 자체도 참된 수행의 시작입니다.

산중의 이 작은 집 안에 우리는 숨겨져 있습니다. 지금이 상서로운 때로군요. 자, 좌선하십시오.

첫째 날 첫 법문

우선 첫째로 우리가 알아야 할 것은, 선禪에는 어떤 고정된 방법도 없다는 것입니다. 각 선칠이 독특합니다. 참가한 사람이 누구든 선칠은 그들에 적응하고, 환경에 적응하고, 그 때에 적응합니다. 저는 그런 것들에 잘 반응하며, 상황이 발전할 수 있다고 제가 느끼는 방식을 직관적으로 신뢰합니다. 그것은 어쩌면 식당에 가서 메뉴를 보는 것과 같지만, 그 순간 그 메뉴는 백지입니다. 이번은 제가 여러분의 나라를 처음 방문한 것이어서, 우리가 나아갈 수 있는 최선의 길을 함께 찾아볼 것입니다. 뉴욕이나 대만의 방식은 웨일스 산간의 작은 농가에는 맞지 않을 수도 있습니다. 두고 보기로 하지요. 시작 삼아 몇 가지 기본적인 선칠 수칙을 짜 봅시다.

묵언. 물론 어떤 소임들은 몇 마디 말이 필요합니다. 특히 예를 들어 요리를 준비할 때 그렇습니다. 그러나 그런 필요한 대화 외에는 어떤 대화도 일절 없어야 합니다. 자신의 상태가 어떻다든가, 선칠이 어떻게 되어 간다고 생각한다는 이야기를 해 봐야 수행에는 아무 도움이 안 됩니다. 그것은 마음이 분산되는 것일 뿐이고, 집중된 마음의 에너지를 낭비하는 것입니다.

무소음. 여러분 자신을 단정하고 고요하게 유지하십시오.

생각하지 않기! 어떤 임무를 처리하려면 자신이 무엇을 하고 있는지 고려하거나, 자기가 할 일의 순서를 계획할 필요가 있습니다. 그러나 많은 소임들은 생각이 꼭 필요하지 않습니다. 그저 손이 일하게 내버려두십시오. 마음을 여러분이 하고 있는 그 일에 가 있게 하십시오. 그냥 그 일을 할 뿐, 그것을 평가하거나 자신을 남들과 비교하지 마십시오. 마음을 그 일에, 식사에, 용변 보기에 두십시오. (식사할 때) 자신이 먹고 있는 음식을 판단할 필요가 없습니다. 여러분이 해야 할 일은 수행할 에너지를 얻기 위해 배를 채우는 것입니다.

남을 쳐다보지 않기. 남들이 어떻게 하고 있고, 문제에 어떻게 대처하는지 살펴봐야 아무 소용 없습니다. 선칠에서 남들이 어떻게 하는지 헤아리는 것은 마음을 비본질적인 걱정으로 채우는 것입니다. 그것은 여러분이 상관할 바가 아닙니다.

주위를 돌아보지 않고, 기분 좋은 소리에 귀를 기울이지 않기. 감각기관들을 고요히 유지하십시오. 만약 경치를 돌아보면 여러분은 그것을 판단하기 시작하겠지요. '햇빛이 정말 아름답군! 어이구, 비가 오네!' 소리들도 마찬가지입니다. 새소리, 트랙터 소리, 양들이 우는 소리, 모두 똑같이 취급하십시오. 주의를 기울이지 마십시오. 물론 여러분은 보고 듣겠지요. 그러나 의도적으로 주위를 돌아보거나 들리는 소리들을 평가하지 마십시오. 그 목적은 분별심이 일어나는 원천을 차단하는 것입니다.

법문이나 지시로 무슨 말을 하든, 분석하지 않기. 만일 제가 여러분에게 도움 되는 무슨 말을 하면, 좋지요! 도움이 안 되면, 잊어버리십시오!

자신의 고립을 유지하십시오. 여러분 각자는 상당히 독립적입니다. 누가 자기 옆에 앉아 있는지, 그들이 불평하는지 즐거워하는지 신경 쓰지 마십시오. 이 세상에서 여러분이 아는 것은 자기 자신뿐이고, 다른 누구도 알지 못합니다. 그리고 사실 여러분은 자기 자신도 모릅니다! 선칠에서 최선은 마음을 수행으로만 가득 채우는 것입니다.

시간을 엄수하십시오. 화장실이 많으니 종이 울리거나 향판 치는 소리가 날 때 지각할 필요가 없습니다. 실로 병이 났거나 어떤 특별한 이유가 없는 한, 늘 일찍 와서 제 시간에 앉을 준비를 하고 있어야 합니다.

하루 종일이 수행입니다. 좌선을 하든, 운동을 하든, 느린 경행이나 빠른 경행을 하든, 절을 하든, 아니면 요리를 하든 법문을 듣든, 모든 초점은 수행에 가 있습니다.

이제 여러분에게 드리는 몇 가지 질문입니다. 여기서 최연소자는 몇 살입니까? 그리고 최연장자는? 심장병, 고혈압, 편두통 기타 질환을 가지고 계신 분 있습니까? 정신과 치료를 받는 분 있습니까? 이전에 한 어떤 명상에서 이익이 되는 체험을 하신 분이 있습니까?

우리는 모두 일과표를 알아 두었고, 여러 가지 상황에 대한 신호를 배웠습니다. 자세와 방법들은 개인적으로 이야기하겠습니다. 저는 여러분이 원할 때만 향판을 사용하겠습니다. 졸리거나 산란할 때는 그게 효험이 있을지도 모릅니다. 요청하지 않으면 사용하지 않겠습니다.

이제 시작할 수 있겠군요. 많은 분들이 좌선의 이점에 대해 이미 좀 알고 계시니까, 우리는 가치 있는 수행기간을 가질 수 있겠습니다. 기억에 남을 만한 엿새를 함께 가져봅시다. 소참은 오늘 오후에 시작될 것입니다.

첫째 날 저녁 강해

저는 여러분의 나라에 온 지 하루밖에 안 되었지만 이미 이 나라 국민들에 대해 뭔가를 알게 되었습니다. 여러분은 오래된 것들을 애호하는군요. 이 집은 수백 년 된 것입니다. 여러분은 벌레 먹은 오래된 들보와 무너져 가는 석벽, 낡은 헛간의 구부러진 목재를 소중히 여깁니다. 대만의 우리들은 뭐든지 철거하고 새 것을 짓기에 바쁩니다. 선禪에서는 우리가 오래 된 것을 중시하면서도 늘 그것을 새롭게 만듭니다. 그래서 여기서도 한문 경전들 가운데 가장 오래된 것 중의 하나에 대해 여러분에게 이야기하는 것이 적절하겠습니다.

저는 6세기의 영국에서 어떤 일이 일어났는지는 모릅니다. 당시 중국은 양梁나라(502~556) 때였습니다. 불교는 이미 확립되어 있었고, 선이 발전하고 있었습니다. 하지만 그 초기에 중국인들은 자신들의 도교적 관념과 이 새로운 종교의 관념을 그리 분명하게 구분하지 못했습니다. 그래서 이 텍스트에서는 다수의 도교적 관념을 발견할 수 있는데, 그것이 그 시기의 선에 어떤 특별한 운치를 안겨줍니다.

이 텍스트는 워낙 오래 되어 누가 그것을 지었는지 우리는 확신하지 못합니다. 작자는 망명亡名 스님으로 되어 있지만, 그것이 가명일 수도 있습니다. 성은 송宋 씨였고, 관리로 봉직했습니다. 그러나 양나라가 멸망하자 출가하여 어느 선사 밑에서 스님이 되었습니다. 그의 지적 능력으로 보아 많은 스승들에게 교법敎法을 배웠음을 알 수 있습니다.

망명 스님은 마음의 통일이 특히 중요함을 강조합니다. 이 관념은 마음을 일념一念 상태로 만든다고 하는 오래된 도교적 관념과 인도 사상에까지 거슬러 올라갑니다. 그는 이 시게를 「식심명息心銘」(마음을 쉬는 글)이라고 부르는데, 초심자들에게 아주 유용한 것입니다. 이것은 수행방법과 그것을 하는 법을 묘사하고 있습니다. 망명 스님은 우리에게 걱정과 번뇌를 놓아버리고 삶이 자연스럽게 전개되도록 하라고 조언합니다.

이 시게에서 '마음[心]'은 두 가지 의미로 사용될 수 있습니다. 앞으로 우리가 보겠지만, 첫 번째 용법은 분별하는 번뇌심, 이완할 필요가 있는 긴장된 마음을 가리킵니다. 제목에서 말하는 것이 바로 이 마음입니다. 하지만 마음이 이완되었을 때, 그럴 때는 어떤 것이 '마음'입니까? 이것이 두 번째 용법—즉 환幻, 분별, 이완할 필요를 넘어선 마음입니다.

여러분 가운데 한 분이 집중하기가 얼마나 어려운지를 이야기했습니다. 여러분은 어떤 마음을 집중하려고 합니까? 우리가 여기서 이야기하고 있는 것은 환의 마음이고, 명료하게 보기 위해서는 그것이 차분해질 필요가 있다는 것을 확실히 알아야 합니다. 분별하고, 그런 다음 하나를 다른 하나보다 선호하는 마음, 그것이 늘 긴장을 만들어냅니다.

마음을 차분히 가라앉히려 할 때 지켜야 할 두 가지 중요한 원칙이 있습니다. 이런 것을 우리가 분명하게 알아야 합니다. 첫째는 걱정하기를 그만두는 것이고, 둘째는 지식에 상관하지 않는 것입니다. 여러분의 수행이 효과를 보려면 그래야 합니다. 걱정할 필요가 없고, 지적으로 이해할 필요가 없습니다.

수식數息이든 묵조든 공안 참구든, 우리는 자신의 방법에 온선히 집중할 수 있기를 바랍니다. 하지만 애를 쓰면 쓸수록 우리가 얻는 집중은 적습니다. 우리의 마음이 그냥 우리의 의도에 복종하지 않습니다. 우리는 방법을 고수하려고 애쓰지만, 모르는 사이에 마음은 딴 데로 흘러가 있습니다. 우리의 태도가 어딘가 잘못되어 있고, 그래서 우리는 좌절하고 길을 잃습니다.

오늘 아침 제가 여러분에게, 당분간 여러분과 관계를 맺어 온 모든 사람과 사건들을 뒤로하라고 했습니다. 우리의 삶과 관계 속에서 진행되는 문제들에 대해 생각하는 것을 멈춰야 합니다. 물론 그런 것들은 중요하고, 선칠이 끝난 뒤에는 다시 그런 문제를 처리하게 될 것입니다. 그러나 지금 여기, 선칠에서는 그런 것들을 놓아버려야 합니다. 과거와 미래로부터 거리를 두십시오.

이것이 그토록 어려운 것은 무엇 때문입니까? 일어나는 생각들은 대부분 과거와 관계되는데, 어쩌면 과거의 결과로 일어날 미래와 관계될 수도 있겠지요. 이것은 분별, 판단, 비교, 기억과 관련됩니다. 그것이 걱정스러운 긴장을 야기합니다. 이 긴장은 떠오르는 주제에 따라, 그리고 여러분 자신의 성향에 따라 그 강도가 천차만별입니다. 이 모든 것을 내려놓는 연습이 매우 중요합니다. 그냥 내려놓으십시오. 모든 과거, 모든 지식을 옆으로 치워두십시오. 연습하면 그것을 놓아 버릴 수 있습니다. 원하는 만큼 오랫동안 그렇게 할 수 있을 때, 여러분은 어떤 자유를 발견하게 됩니다.

부디 제 말을 오해하지 마십시오. 지식과 경험을 회피하거나 비난해야 한다는 것이 아닙니다. 그것은 중시해야 하지만, 우리는 그것을 사용할 때 통제력을 가져야 합니다. 그것들이 머릿속을 마구 휘젓고 다니면서 걱정과 불안의 씨를 뿌리게 내버려두면, 그것은 우리에게 부담이 됩니다. 번뇌가 되고 장애가 됩니다. 어떤 사람들은 걱정하면서 온밤을 보냅니다. 그러나 어떤 사람들은 생각들을 걷어치우고 푹 잡니다. 우리의 기억, 근심, 지적인 앎을 치워버리는 기술을 배양할 필요가 있습니다.

이 시계의 첫 대목은 이렇습니다.

너무 많이 알면 활동이 많으니	多知多事
마음을 쉬는 것이 낫다네.	不如息意
생각이 많을수록 잃는 것이 많으니	多慮多失
마음을 하나로 함이 낫다네.	不如守一

많이 알면 알수록 더 많은 것이 여러분에게 고민거리를 안겨줄 수 있습니다. 아는 것이 적으면 단순할 수 있습니다. 수행할 때는 여러분이 하고 있는 일을 지적으로나 이론적으로 생각하지 마십시오. 여러분이 해야 할 일은 수행뿐입니다. 그것으로 다른 모든 것을 대체하십시오. 혼란에 빠져 개념적 안개로 가득 차 있으면 우울해지고 힘겨울 수 있습니다. 너무 판단하려 들지 않는 것이 중요합니다. 사실 어떤 생각도 환幻입니다. 그것은 결코 사물 그 자체가 아닙니다. 여러분이 무엇을 생각하든 모두 환입니다. 환이 정상이지요! 헤매는 마음을 겁내지 말고, 화를 내며 그것을 비난하지도 마십시오. 중요한 것은 그 순간 여러분에게 와 있는 그 생각의 상태를 그냥 인식하는 것입니다. 환의 생각인 줄 알면 보통 그것은 제거됩니다. 생각에 대해 반감을 갖는 것은 또 한 수준의 환을 유지하는 것입니다.

'마음을 하나로 함이 낫다네'의 한문 원문(不如守一)은 '하나를 지켜라'로 옮길 수 있습니다. 이 '하나'가 무엇입니까? 여기에는 두 가지 의미가 있습니다. 첫째는 분산되고, 분별하고, 환적인 사고로 가득 찬 마음을 가리킵니다. 이런 마음을 집중시켜 단 하나의 점으로 모을 필요가 있습니다. '하나를 지킨다'는 것은 마음을 이 단일한 자리로 모으는 것을 뜻합니다.

그리고 그것은 수행법을 통해서 이루어집니다.

선의 전통에서 수행은 목우인牧牛人의 우화(십우도)로 그려집니다. 이 소는 일을 하도록 길을 들여야지 남의 뜰을 돌아다니게 해서는 안 됩니다. 목우인은 먼저 회초리로 소를 길들여야 합니다. 나중에 소가 길이 들면 먹을 때는 먹고, 쟁기를 끌 때는 끕니다. 마음이 분산됨이 없이 당장 해야 할 일을 합니다. 이것이 하나를 지키는 것입니다.

일단 마음이 한 점에 이르면 '하나'라는 말이 더 깊은 의미를 갖습니다. 이제 마음은 더 이상 수행을 하지 않습니다. 도달한 것입니다. 회초리를 치워버려도 됩니다. 이때 세 가지 일이 일어납니다. 첫째, 몸과 마음이 하나입니다. 둘째, 안과 밖이 통일됩니다. 셋째, 앞생각과 뒷생각이 이어집니다.

더 이상 마음이 몸과 분리되어 있다고 느끼지 않습니다. 더 이상 보는 자와 보이는 대상이 분리되어 있지 않습니다. 시간이 지금과 그때로 분리되지 않는 가운데 경험이 흐릅니다. 이 세 가지 상태가 함께 일어납니다. 하나가 존재하면 다른 두 가지도 존재합니다. 일단 마음이 통일되면 하나가 지켜집니다. 여러분 가운데 선칠에 몇 번 참가한 분들은 그런 체험들을 해 봤을 거라고 저는 확신합니다.

생각이 많으면 뜻이 흩어지고	慮多志散
아는 것이 많으면 마음이 어지럽네.	知多心亂
마음이 어지러우면 번뇌가 생기고	心亂生惱
뜻이 흩어지면 도에 방해되네.	志散妨道

또한 선은 반지성적이라는 잘못된 믿음에 떨어지지 마십시오. 저 자신도 학술적 연구를 오래했고, 이론과 주석들을 탐색했습니다. 여러분 중에

도 많은 분들이 그렇게 했습니다. 이 구절들이 말하는 것은, 수행의 맥락에서 생각은 부적절하다는 것입니다. 가끔 어떤 사람이 공안에 대한 답을 들고 저를 찾아옵니다. 저는 그것을 어디서 얻었느냐고 물어 볼 수도 있는데, 때로는 분명히 책에서 얻은 것입니다. 그 답은 지식이나 사고의 결과였습니다. 환을 벗어난 마음에서 일어난 답이 아닙니다. 그것은 지혜가 아닙니다. 책이나 이론, 혹은 다른 사람들의 묘사에 의지해서는 결코 공안을 풀 수 없습니다. 책의 지혜는 직관하는 지혜가 아닙니다. 생각을 굴리면 멀리 어긋납니다. 멀리 어긋나면 미혹되고, 번뇌가 일어날 것입니다. 지적인 의문이 있다면 그 깨침은 결함이 있을 수밖에 없습니다.

둘째 날 이른 아침 법문

오늘은 다음 세 가지 단어가 주안점입니다.

고립
무의존
무집착

이런 말들을 제시하는 목적은 여러분의 수행에 주의의 초점을 드리기 위해서입니다. 좌선 중이든, 아니면 일을 하거나 식사를 하면서 대중과 관계할 때든, 순간순간 자각하라는 것입니다.

'고립'은 여러분 자신을 환경과 타인들로부터 분리해 두는 것입니다. 고립은 수행의 한 태도입니다. 좌선을 하거나 남들과 일을 하고 있을 때도 마치 자신이 여기 있는 유일한 사람인 것처럼 하고, 마치 선당禪堂 내에,

건물 전체에, 좌선하는 곳이 단 한 군데뿐인 것처럼 하십시오. 그것은 여러분이 마치 홀로 사는 산중의 고독한 수행자인 것과 같습니다. 때로는 물러나서 혼자 있는 것, 고립되고 분리되는 것이 중요합니다. 보통 우리는 환경과—즉, 우리의 일상적 세계들과 부단히 교류하고 있습니다. 우리는 세상 돌아가는 일들, 뉴스 속보, 정치, 새로운 세금, 예전에 하던 일들로 동요됩니다. 이런 모든 것들에 관계하다 보니 우리의 기본적 존재(basic being)와의 접촉을 잃게 됩니다. 우리가 세간의 소음으로 가득 차게 됩니다. 수행하면서 여러분 자신을 과거와 미래로부터 고립시킨 채 그냥 현재에 존재하면, 장애 없이 더 쉽게 자성을 볼 수 있습니다. 이 속으로 점점 들어가면 결국 자신을 앞의 생각에서도 고립시키고, 뒤를 잇는 생각에서도 고립시킬 수 있습니다. 자신의 생각에서 철수하면서 여러분은 독립적이고 조건 지워지지 않은 자아를 발견하기 시작합니다.

'무의존無依存'이라는 것은, 다른 사람들이 생각하고, 행위하고, 말하는 것에 상관하지 않는다는 뜻입니다. 우리의 삶의 대부분은 우리가 어떤 식으로든 영향을 미치고 싶어 하는 타인들에게 다소간 맞춰 가는 데 소비됩니다. 어쩌면 우리는 누군가를 기쁘게 하고 싶거나, 어떤 식으로든 그렇게 할 수밖에 없다고 느낄지도 모릅니다. 혹은 누군가에게 어떤 신세를 지고 있을 수도 있고, 혹은 누군가를 배척하거나 피해를 주고 싶을 수도 있습니다. 우리는 타인들과의 그러한 연관에 의해 추동推動되며 그것을 놓아버리지 못합니다. 이것이 의존입니다. 우리 자신을 우리 자신이게 하면 남들과 연관되지 않습니다. 여전히 타인들에 대해 마음을 쓸 수는 있겠으나 그들의 생각, 태도 혹은 의견에 의존하지 않습니다. 선칠 중인 이곳은 묵언 등의 규칙이 있어 의존에서 벗어나기 쉬울 것처럼 보이겠지만, 그래도 그렇지 않다고 여러분은 느낄지 모릅니다. 남들의 태도를 의식할 수도 있고, 다른 사람에 대해 호감이나 거부감을 가질 수도 있습니다. 또

제가 여러분에 대해 좋게 생각할지 달갑지 않게 생각할지 염려할지도 모릅니다. 내면적 자아에서는 여러분이 독립적이지 않은 것입니다. 여러분은 여전히 의존의 습관에 구속되는데, 그것을 좌선하거나 일을 할 때 자신의 주위에 드러내 보이고 있습니다. 만약 그렇다면 그것을 알아차리십시오. 여러분 자신을 고립시키십시오. 남들에게 의존하지 않는 마음을 발견하십시오. 설사 외로움이 두렵다 해도, 진보하려면 그것을 실험해 봐야 합니다.

여러분 자신을 훈련시켜서 언제 어느 때든 마음만 먹으면 내면적으로 자기 자신을 세상으로부터, 남들로부터, 과거와 미래로부터, 앞생각과 뒷생각으로부터 벗어나게 할 수 있어야 합니다. 그것이 곧 자유를 발견하는 것입니다. 그럴 때 자신이 벗어났고 지혜를 가졌다고 생각할지 모르지만, 그것은 그렇지 않습니다. 홀로 있음이나 상대적인 자유의 체험에 집착하면 안 됩니다. 독립에도 집착하지 않고 사람들과의 어울림에도 집착하지 않을 때, 지혜가 나타날 것입니다. 고립과 독립이 무집착을 이룹니다. 제가 말하려는 것은 여러분의 자아에 대한, 여러분이 자신을 안전하게 하는 장치들에 대한 무집착입니다. 이 허망한 안전을 넘어설 때 자유와 지혜를 발견하며, 그 지혜에서 세상을 바라볼 때 자비가 나옵니다.

둘째 날 점심공양 때의 말씀

수행 안에서 마음과 몸이 통일되는 그 단계에 갈 수 있느냐 여부는, 우리가 긴장을 이완하고 몸을 편안하게 할 수 있느냐에 달려 있습니다. 이것은 말 타기를 배우는 것과 같습니다. 초신자에게는 말이 움직임이 사람을 몹시 지치게 만듭니다. 숙달된 승마인이라 해도 만약 그 말이 사나운 말이면 그것을 타는 사람에게 힘겨운 시간이 될 수 있습니다. 하지만 길든 말을 타는 초심자든 사나운 말을 타는 숙달된 승마인이든, 사람과 말이 하나가 되면 승마가 편안하고 힘들지 않습니다. 이때는 투쟁이나 분리의 느낌이 없습니다.

만일 몸이 힘들어하면—예를 들어 좌선에 지쳐 하면—우리가 애를 쓴 탓에 피로하다는 느낌이 듭니다. 하지만 방법이 순조롭게 진행될 때는 몸과 마음에 대해 잊어버립니다. 그 둘이 하나가 되기 때문입니다. 이럴 때는 기분이 좋고 이완된 느낌입니다. 우리가 장시간 좌선할 때는 몸을 잊어버리는 것이 중요합니다. 그와 같이 선칠에서는, 우리가 해야 할 소임이 있을 때는 그냥 그것을 하고, 마음이 어떻게 느끼는지는 신경 쓰지 마십시오.

우리가 어떤 소임을 보고 있을 때 마음이 산란해지면 많은 생각이 꼬리를 물고 일어납니다. 마음이 몸의 움직임과 분리됩니다. 만약 소임에 집중한다면 그냥 그것만 하십시오. 당근을 썰고, 탁자를 청소하고, 바닥을 쓸어내십시오. 그럴 때 우리는 마음을 의식하지 못합니다.

선칠 첫째 날 대부분의 사람들은 일과에 익숙지 않습니다. 이제 둘째 날이니, 좌선을 하든 소임을 보든 여러분의 마음과 행위가 하나가 되게 하십시오. 그것이 분리되지 않게 하십시오.

둘째 날 저녁 강해

무슨 해害가 있느냐고 말하지 말라.	勿謂何傷
그 고통이 영영 오래 갈 수 있으니.	其苦悠長
겁낼 것이 뭐 있느냐고 말하지 말라.	勿言何畏

그 화禍가 솥 안의 거품처럼 끓으리.   其禍鼎沸

망명 스님은 우리가 그를 가볍게 여기기를 원치 않습니다. 그는 매우 진지합니다. 그는 만약 우리가 추론의 습習, 즉 알음알이를 계속 굴리는 습을 놓아버리지 않으면, 좌선에서 이익을 얻을 수 없다고 말합니다. 그런 습을 지속하는 것은 중대한 문제가 됩니다. 누구도 '겁낼 것이 뭐 있느냐'고 생각해서는 안 됩니다. 오히려 그런 습은 해를 야기할 수 있고, 그 해가 무한정 지속될 수 있다는 것을 알아야 합니다.

불경에는 '감인堪忍'이라는 특별한 용어가 나오는데, 이것은 이 세간의 괴로움을 견뎌낼 수 있는 우리의 능력을 가리킵니다. 우리는 이 세간이 괴로움의 세계라는 것은 인식하지만, 계속 그것을 감내합니다. 그뿐만 아니라 기꺼이 괴로움을 용납합니다. 우리는 세간적 삶의 관심사들에 집착하고 있습니다. 걱정, 허영 그리고 우리가 서로를 판단하는 데 사용하는 분별심에 집착합니다. 이 세상은 우리가 끝없이 괴로움에 대처하면서도 좀처럼 그것을 넘어서지 못하는 그런 곳입니다.

마찬가지로, 선 수행자가 산만한 망념들이 잠재적으로 위험하다는 것을 잘 알지는 모르나, 그래도 여전히 그런 것에 적극적으로 끌릴 수 있습니다. 어쨌든 모두 재미있는 것들이니 말입니다. 손에 잡힐 듯 마음을 끄는 그런 관념들을 떠올리지 말고 아무것도 생각하지 말라고 하면, 그 수행자는 이내 수행을 매우 지루해 합니다. 예를 들어, 우리는 서로 묵언하기로 합의했습니다. 우리는 대화가 좌선의 집중력을 잃게 한다는 것을 잘 압니다. 그럼에도 불구하고 몇 마디 말을 건네는 상황들이 일어납니다. 우리는 대답으로 몇 마디 더 하여 그 대화를 연장하지 않고는 못 배깁니다. 그게 그렇게 즐거운 일로 보입니다.

우리는 정말 진지하게 수행에 임하고 있으니 이런 경고를 가볍게 생각해서는 안 됩니다. 이런 것을 조심하면 우리가 알음알이를 넘어설 수 있고, 참된 수행이 시작될 수 있습니다.

방울 물도 멈추지 않으면   滴水不停
언젠가 사해를 채울 것이고,   四海將盈
가는 티끌도 쓸어내지 않으면   纖塵不拂
오악五嶽만한 산을 이룰 것이네.   五嶽將成

작은 망념 하나쯤이야 별 상관없다고 생각하지 마십시오. 어쩌면 이 좌선 시간, 이 하루, 이 선칠에서는 작은 망념 하나만 있을지 모르지만, 이 작은 망념들이 쌓이면 하나의 거대한 망념―괴물이 됩니다.

이런 습이 시작 없는 옛적부터 형성되어 왔습니다. 우리는 끝없이 우리의 알음알이와 과거의 경험에 대한 기억으로 사물과 서로를 판단하고 있습니다. 그리고 이것이 생에서 생으로 전해져 왔습니다. 실로 그것은 업 그 자체입니다. 우리가 이 습이어서 그 안에 말려들고 제약받는데, 이것을 우리는 모르고 있습니다.

수행에 집중하면 우리가 이 진실을 보기가 아주 쉬워집니다. 그 산란한 생각들을 볼 수 있고, 그것을 놓아버리기가 얼마나 어려운지 알 수 있습니다. 우리의 유한하고 협소한 관념과 판단들, 우리가 가진 편견들의 끝없는 순환을 말입니다. 그리고 그런 것들을 분명하게 보면 볼수록 우리가 성공할 가능성은 높아집니다.

자, 지난 이틀간 여러분은 수행에서 가장 어려운 요소가 무엇이라고 느꼈습니까? 우리가 졸고 있을 때입니까, 아니면 망념을 가지고 있을 때입니까?

혼침昏沈이 더 큰 문제일 때는, 기력이 달리거나 일시적으로 몸이 찌뿌

드드하거나 감기 또는 바이러스 때문일지도 모릅니다. 여러분이 수행을 잘하고 있는데 큰 혼침이 오면, 때로는 어떤 방법도 실제적인 도움이 되지 못합니다. 몹시 기진맥진한 상태가 된다면 쉬는 것이 중요합니다. 그러나 게으른 탓에 기력이 달리거나 단지 조금 졸릴 뿐이라면, 숨을 더 크게 쉬고 신선한 공기를 쐬거나, 다시 힘을 충전할 수 있는 운동을 좀 하십시오. 사실 망명 스님은 혼침의 문제를 논하지 않습니다. 아마 그 시대의 수행자들은 기력이 결코 달리지 않았겠지요!

남은 문제는 망념입니다. 여러분은 망념에 대처하는 법을 알고 있습니까? 첫째 단계는 마음이 헤맬 때 알아차리는 것입니다. 망념이 워낙 미묘하게 엄습하여 우리가 그것을 알아차리지도 못할 때가 많습니다. 그러다가 문득 말합니다. '어, 대체 내가 무슨 생각을 하고 있지?' 그래서 우리는 수행할 때 자신이 무엇을 하고 있는지 주의해야 합니다. 그리고 우리의 마음이 헤매고 있는 것을 발견했을 때는, 자신에게 짜증을 내거나 그 생각들을 혐오하지 않는 것이 중요합니다. 자기 자신의 마음과 싸우자는 태도를 취하면 여러분이 지치기만 할 뿐입니다! 역설적인 것은, 흔히 자신이 헤맨다는 사실을 인식하자마자 마음이 맑아진다는 것입니다. 인식 그 자체가 문제를 해결합니다.

때로는 피로나 기력 부족으로 마음이 헤매기도 합니다. 거기에는 생리적인 이유가 있을지 모릅니다. 어쩌면 실제로 졸리지는 않지만 집중할 기력이 달리는지도 모릅니다. 대처 요령은 마음의 상태를 거듭거듭 알아차리는 것입니다. 마음이 헤매고 있으면 그냥 그것을 다시 초점으로 돌려놓으십시오. 거듭거듭 이렇게 하면 결국 몸의 기력이 새로워지고, 망념이 일어나는 시간들이 더 적어질 것입니다. 기력은 매일 어떤 주기가 있습니다. 어떤 시간대에는 다른 때보다 기력이 적을 것입니다. 그것은 자연스럽습니다. 싸울 필요가 없습니다. 그저 언제나 주의 깊게 자각하십시오.

여기서 우리는 하나의 비유를 사용할 수 있습니다. 좌선은 부채를 사용하는 것과 비슷합니다. 손으로 부치는 구식 부채 말입니다. 여러분은 그 부채 위에 깃털 하나를 받아야 할 과제가 있습니다. 그러나 부채를 움직일 때마다 깃털이 날려가기 쉽습니다. 까다로운 작업입니다. 깃털이 제풀에 내려앉는 공간 바로 밑에 부채를 아주 고요히 들고 있어야 합니다. 그러면 깃털이 부채 위에 내려앉게 됩니다. 이것이 얼마나 어렵고 얼마나 쉬울지 여러분은 상상할 수 있겠지요! 힘을 조금만 써도 깃털을 놓칩니다. 하지만 원리를 파악하고 나면 아주 쉬운 일입니다. 마음을 고요히 하는 것도 부채로 깃털을 받는 것과 같습니다. 인내와 꾸준함이 필요합니다. 수행할 때는 산만한 생각을 겁내지 마십시오. 몸에 문제가 있다 해도 신경 쓰지 마십시오. 마음이 걱정을 하면 그 걱정을 내려놓으십시오. 마음을 방법상에 두고, 깃털이 부채 위에 내려앉기를 기다리십시오. 여러분이 아주 좋은 상태에 있어서 마음의 분산도 없고 망념도 없다고 합시다. 무엇을 하든, 절대 스스로 즐거워하지 마십시오. 그러면 깃털이 이내 날아갑니다! 그러니 기뻐하지 마십시오! 자신이 얼마나 성공하고 있는지 생각하지 마십시오. 가까워지거나 멀어지는 움직임 없이 그저 상황을 지켜보십시오. 마음이 움직이면 망념이 시작됩니다.

또 한 가지 비유가 있습니다. 닭들에게서 깃털을 좀 가져오고 오리들에게서 좀 가져옵니다. 그런데 오리의 깃털은 물에 젖지 않습니다. 오리는 물에서 즐겁게 떠다닙니다. 아무 문제가 없습니다! 닭의 경우는 전혀 다릅니다. 헤엄을 치려는 닭의 깃털들이 어떤 상태일지 상상해 보십시오! 우리가 수행할 때, 마음은 닭의 깃털 같은 그런 깃털을 가지고 시작합니다. 그 마음은 아무것에나 쉽게 동요됩니다. 그러나 때가 되면 평정심이 일어나서, 어떤 생각이 지나가도 우리가 신경 쓰지 않는 상태를 발견하게 됩니다. 그럴 때 우리는 오리의 깃털을 갖습니다! 물론 닭이 오리가 될

수는 없지만, 수행을 통해 마음은 지나가는 생각의 소나기에 젖지 않게
됩니다.

지말枝末을 막아서 근본을 보전할지니	防末在本
사소한 것이라도 가볍게 여기지 말라.	雖小不輕
일곱 구멍을 막고	關爾七竅
여섯 감각을 닫으라.	閉爾六情

여기서 "지말"은 작은 번뇌들이고 "근본"은 평생을 갈 수 있는 큰 번뇌입니다. 작은 번뇌들을 조심하지 않으면 그것이 큰 번뇌로 발전할 수도 있습니다. 예컨대 여러분은 누구를 강탈하거나 살해하려고 하지 않겠지만, 만약 마음이 사소한 증오나 탐욕에 가득 차 있으면 비록 (지금은) 그런 자극 요인에 따라 행동하지 않는다 해도, 언젠가 그에 추동되어 범죄를 저지를지도 모릅니다. 그럴 가능성으로부터 마음을 보호하는 것이 중요합니다. 우리는 좌선할 때 자신의 마음이 어떻게 움직이는지 자각해야 할 뿐 아니라, 일상생활에서도 조심할 필요가 있습니다. 좌선할 때는 여러분이 삿된 생각을 밀쳐둘지 모르지만, 세상을 돌아다니게 되면 그런 생각들이 여러분에게 엄습할지 모릅니다.

이런 식의 실수로 가득 찬 생애들의 사례가 많이 있습니다. 어떤 사람들은 산중에 들어가서 여러 해를 보내기도 합니다. 그들은 자신이 모든 탐욕과 증오를 넘어섰다고 느끼게 됩니다. 마음이 차분한데 그런 부정적인 생각들이 어떻게 일어날 수 있겠습니까? 심지어 자신이 해탈을 성취했다고 느낄 수도 있습니다. 그래서 하산하여 다시 세간 사람들과 교류하기 시작합니다. 그러니 이내 남들에게 짜증을 내거나 어떤 정시적 집착을 형성할 수 있고, 그것을 자신이 제어할 수 없다고 느낍니다. 탐욕과 증오

가 나타나고, 그래서 그들은 자신이 여전히 큰 번뇌를 가지고 있다는 것을 인정하지 않을 수 없게 됩니다.

이런 결과가 나오는 까닭은, 사람들이 설사 산중에 은둔하여 어떤 큰 문제를 경험하지 않는다 해도, 작은 환幻들―망념 나부랭이들―이 여전히 내려놓아지지 않았기 때문입니다. 작은 망념까지도 끊어 버리는 것이 얼마나 중요한지 알 수 있습니다. 어떤 방법을 가지고 열심히 공부하는 사람이라고 해서 허망한 생각들을 언제나 모두 끊지는 못하겠지요. 그러나 적어도 그런 사람은 단 몇 초, 몇 분 혹은 몇 시간, 심지어 며칠간이라도 그런 것을 끊는 단계에 도달할 수 있습니다. 여러분의 마음이 환에서 벗어날 수 있다는 것을 인식하는 것이 중요합니다.

그런 사람이 일상생활에서 어려움에 직면하면, 그런 어려움의 본질을 인식하기가 더 쉬워집니다. 번뇌가 일어날 때도 그 수행자는 그것을 자각하고 부정적인 결과가 나타나지 않게 예방합니다. 그러나 산에서 돌아온 뒤에 수행을 하지 않으면, 설사 자각을 한다 하더라도 결과가 보통 발생하기 마련입니다. 그래서 우리들 중 많은 사람이 선칠에 참가하거나 산중에서 수행해 보기를 고대하는 것입니다.

일곱 구멍―두 눈, 두 귀, 두 콧구멍, 입―을 막고 여섯 감각―보고, 듣고, 냄새 맡고, 맛보고, 감촉하고, 인식하기―을 닫는 것은 우리가 세간적인 것들에 대해 가지고 있는 집착에서 물러나는 훈련입니다. 선칠에서의 그런 훈련을 통해 우리는 환의 마음이 어떻게 작용하며, 명료함이 계발되는 공간을 그것이 어떻게 제공하는지 지각할 수 있게 됩니다.

망명 스님의 시계는 우리들 중 어떤 분들에게 한 가지 문제를 야기하고 있는지도 모릅니다. 공양주 사이먼은 점심때 제가 요리를 칭찬하자 어쩔 줄 몰라 했습니다! 사이먼은 자신의 훌륭한 요리로 인해 제가 좌선에서 마음이 분산되지 않을까 걱정한 것입니다. 저는 그에게 맛난 음식을 요리하는 것을 중단할 필요가 없다고 했지요! 맛난 음식은 뭐 그냥 맛있습니다. 저의 메시지는 단순히 이겁니다. '거기에 집착하지 말라.' 다 먹은 뒤에는 놓아버리십시오. 다음번에는 (맛이 없어) 실망하게 될지도 모릅니다. 그리고 즐거웠느니 실망했느니 하는 별 시시한 생각이 다 일어납니다. 그럴 때 여러분의 좌선은 정말 흐트러집니다.

망명 스님이 우리에게 일곱 구멍과 여섯 감관을 닫으라고 하는 것은, 우리에게 아무 감각이 없는 산송장(zombi)이 되어 보지도 말고 듣지도 말고 느끼지도 말라는 뜻이 아닙니다. 그가 우리에게 경계하는 것은 우리가 무슨 음식을 먹게 될까 하고 계속 궁금해 하지 말라는 것입니다. 기대와 실망은 집착과 탐욕을 만들어냅니다.

옛날에 제가 상하이 근처의 사미승일 때, 너무 가난해서 먹을 것이 변변히 없는 한 무리의 소년들과 함께 있었습니다. 하루는 형편이 나은 한 노스님이 우리에게 몇 가지 음식을 더 주었습니다. 그 중에는 두부도 한 접시 있었습니다. 그것이 워낙 귀한 음식이라, 한 아이는 작은 두부 조각 하나를 나중에 먹을 요량으로 아껴두었습니다. 그는 그것을 매일 조금씩 먹었습니다. 그렇게 사흘을 가고도 남아 있었는데, 우리 선생님들 중 한 분이 그 사실을 알았습니다. 선생님은 소년을 후려치고는 그의 두부를 던져 버렸습니다. 선생님이 말했습니다. "이런 식의 태도를 가지고 있으면 너는 나중에 아귀가 되어 영영 배불리 먹지 못하게 된다!"

좌선을 하고 있을 때는 우리의 수행이 사물을 비교하는 태도로 충만해서는 안 됩니다. 어떤 사물은 멋지게 보이고, 어떤 소리는 나쁘게 들릴지도 모릅니다. 만약 그렇다면 그냥 내버려두십시오. 본 것도 못 본 것처럼, 들은 것도 잘 듣지 않은 것처럼 행동해야 합니다. 우리는 우리 자신을 훈련하여, 환경에 의해 촉발되는 비교와 허망한 선호가 마음에서 일어나지 않게 합니다. 우리가 경험해 본 것들은 모두 그냥 그렇습니다. 그에 대해 흥분할 필요가 없습니다.

여러분은 산울타리의 아름다운 꽃을 볼지 모릅니다. 그 꽃이 마음에 들어 따가지고 집에 가져갑니다. 그러자 꽃이 시들어 죽습니다. 아마 물 주는 것을 잊었겠지요. 우리는 매일 양들과 새끼양들이 우는 소리를 듣습니다. 이 동물들이 마당 안에 있으면 마치 해안에 부딪치는 파도소리처럼 정말 시끄럽습니다. 여러분이 참으로 수행을 하고 있다면, 그 소리를 지켜보기만 하고 그 이상 아무것도 하지 않습니다. '아, 저 어린 양들은 얼마나 귀여운가! 아, 저 양은 정말 슬프겠구나! 아마 자기 새끼를 잃어버렸나보다.' 하는 생각을 하지 않을 것입니다. 양들이 마당에 있다, 그뿐입니다. 수행을 할 때는 그런 것에 신경 쓸 필요가 없습니다.

형상을 보지 말고	莫視於色
소리를 듣지 말라.	莫聽於聲
소리를 듣는 자는 귀머거리요	聞聲者聾
형상을 보는 자는 장님이로다.	見色者盲

여기에는 더 깊은 의미가 있습니다. 여러분은 소리를 들을 때 자신의 성품에 따라 그것을 해석합니다. 형상들을 관찰할 때도 마찬가지로 그에 대해 어떤 이야기를 만들어냅니다. 그러나 여러분이 갖는 이런 관념들은 실제 현실이 아닙니다. 그 소리의 실제 성품은 우리가 듣지 못합니다. 형상의 실제 성품은 우리가 지각하지 못합니다. 우리가 사물을 볼 때 실상을 지각하지 못한다는 점에서 우리는 장님과 같고, 소리를 들을 때는 귀머거리와 같습니다. 경험의 허망한 성품을 이해하고, 무슨 일이 일어나든 동요되지 말아야 합니다.

여러분 중 한 분이 반론하기를, 만약 우리가 장님이자 귀머거리로 살면 세계의 아름다움을 지각할 수 없고, 삶에 감사하는 마음을 경험할 수 없을 거라고 했습니다. 즐거움과 감사함은 서로 관련되어 있습니다. 물론 감사함을 느끼는 것은 잘못이 아닙니다.

또다시 망명 스님의 뜻을 오해하지 않는 것이 중요합니다. 우리는 그것을 미세하게 이해할 필요가 있습니다. 그는 단순히 감사와 같은 감정들은 수행 안에 들어설 자리가 없다는 것을 이야기하고 있습니다. 수행하기 전이나 수행한 뒤나 여러분은 이 세간의 쾌락과 고통을 경험합니다. 감사가 일어나고, 자비심이 일어나고, 사랑이 일어납니다. 그 자연적 상태에 대한 분명한 지각을 얻기 위해서는 그런 것들 없이 수행할 필요가 있습니다. 자연적 상태는 그냥 있는 그대로이고, 적나라하고, 무의도적이며, 감정으로 장식되어 있지 않습니다. 우리가 여기서 이야기하는 것은 집중 수행의 핵심 요소들인데, 이런 수행에서는 명료한 마음을 갖는 것이 필수입니다. 나날의 활동 속에서 우리는 환을 포함한 삶 전체를 경험합니다. 수행을 통해 우리는 그 핵심을 꿰뚫을 수 있고, 알아차림(mindfulness)[1] 또한 일상생활의 일부가 될 수 있습니다.

우리는 여전히 닭의 깃털 상태에 있습니다. 우리는 아직 『반야심경』에서 말하는 "형상이 곧 공이고 공이 곧 형상(色即是空 空即是色)"이라는 구절의 의미를 지각하지 못합니다. 따라서 우리의 수행에서는 힘 있게 참구하는 것이 중요합니다. 감관들을 차단하면 망념이 침투해 들어오는 일 없이 마음을 지각합니다. 그것이 수행의 본질적 측면입니다.

---

[1] (역주) mindfulness(Sati, 念)의 번역어로 '마음챙김'은 '마음이 마음을 챙긴다'는 이원석 분리의 느낌이 있고, '알아차림'은 '사각을 놓쳤음을 알아차린다'는 의미로 먼저 다가온다. 그러나 이것의 본질은 '주의 깊게 깨어 있는 지속적 자각의 상태'이다. 따라서 '알아차림'이라는 역어도 그리 정확한 것은 아니다.

셋째 날 이른 아침 법문

오늘은 두 가지 주제가 있습니다.

매 생각은 현재의 순간
매 순간은 하나의 재탄생

시간이 가면서 여러분은 생각의 흐름을 지켜봅니다. 생각이 생각으로 이어지기에 여러분은 시간이 지나가는 것을 경험합니다. 수행에서는 매 생각을 현재 순간으로 만드는 것이 중요합니다. 여러분 자신을 그 순간과 하나로 만들면 그 생각을 멈추게 됩니다.2) 그러면 시간이 없는 경험만 있게 됩니다. 왜냐하면 생각이 없으면 시간은 하나의 지속적 현재가 되기 때문입니다. 그 순간과 하나가 된다는 것이 실제로 어떤 것인지는 여러분 스스로 발견해야 합니다.

매 생각을 현재 순간으로 만들 때는 시간의 연속이 없고, 순간에서 순간으로의 이월이 없습니다. 일체가 지속적으로 싱그럽습니다. 마치 공중으로 솟구쳐 오르는 샘물처럼 말입니다. 그런 수행에서는 매 순간이 하나의 재탄생입니다. 여기서는 우리에게 생각에 이어지는 생각이 없고, 오히려 끝없는 재창조, 분리된 순간이 없는 하나의 끝없는 연속성이 있습니다. 옛 선사가 말했듯이 "일념이 만년(一念萬年)"3)이라는 것입니다. 하지만 이 만년에서는 어떤 생각도 없습니다. 단지 하나의 지속적이고 부단한 새로움만 있습니다.

---

2) (역주) '자신을 현재의 순간과 하나로 만들라'는 것은 '지금 여기 있는 자신의 존재만을 자각하라'는 것이다. 이 첫 설칠에서 스님은 묵조선법의 기초를 가르치고 있다.
3) (역주) 삼조三祖 승찬대사의 「신심명」에 나오는 말이다.

그래서 초심자에게는 생각을 넘어서는 수행이 중요한 것입니다. 따라서 오늘은 현재 순간에 직접 집중해 보십시오. 그에 대해 생각할 필요는 없습니다. 마치 도약대를 떠난 다이빙선수처럼 그냥 현재 순간 속으로 들어가십시오. 판단이나 고려 없이 그 속으로 뛰어드십시오. 다이빙선수는 다이빙할 때 놓아버립니다. 물속으로의 긴 낙하가 있을 뿐이고, 시간이 걸리지 않습니다. 여러분도 좌복에 앉을 때마다 현재 순간 속으로 뛰어들어 아무 생각 없이 그것과 하나가 되십시오. 그러면 매 순간이 실로 하나의 재탄생이라는 것을 발견할 것입니다.

셋째 날 아침공양 때의 말씀

미국에서는 저의 서양 제자들이 특별히 중요하게 여기는 질문이 하나 있는데, 그 질문을 여기 계신 여러분에게도 드리고 싶습니다. 동양의 전통에서는 무아無我에 큰 강조점을 둡니다. 무아를 발견해야 하는 것입니다. 하지만 서양 심리학의 관점에서 가장 중요한 것은 우리의 개인적 자아를 최대한도로 계발하면서, 자신의 개인성, 독특함 그리고 바람직한 자질을 강조하는 것입니다. 이런 적극적인 자아 계발 없이는 출세할 수 없는 것처럼 보입니다. 여기서 동양과 서양 간에 하나의 모순이 존재하는 것같이 보입니다. 이것을 어떻게 해결할 수 있습니까?

실은 동양과 서양 공히 동일한 것을 이야기하고 있지만, 강조하는 수준이 서로 다릅니다. 우리가 젊을 때는 세상과 맞서기 위하여 우리의 개인적 정체감을 계발해야 합니다. 만일 존, 메리, 에스메랄다, 혹은 해리가 우리가 '나'라고 부르는 이것에 대한 이름임을 모른다면, 우리가 다른 사람들과 관례적으로 관계를 맺거나, 시험에 합격하거나, 직장을 얻지 못하겠지요. 그리고 개인적 복리는 수입에 달려 있고 우리는 생계를 유지해야 하므로, 그 생계 범위 내에서 개인들로서 살아가야 합니다. 그것은 우리가 타인들과의 관계를 꾸려갈 줄 알아야 한다는 것을 의미합니다. 서양 심리학자는 한 개인이 되는 것의 중요성을 강조하는데, 이것은 현실적으로 일리가 있습니다.

사실 여러분의 개인적 정체성, 즉 보통의 일상적 의미에서 자신이 누구인지를 파악하고 있지 않으면 불교적 수련을 할 수 없을 것입니다. 불법의 수행은, 수행을 하고 방법을 닦겠다는 의지를 가진 하나의 개인성과 함께 시작됩니다. 자아를 넘어서기 위해서는 확고한 자아감이 있어야 합니다. 어수선한 사람, 환경에 변화가 있을 때마다 기분이나 의도가 변하는 사람, 자기 자신과 강한 영향력을 가진 다른 사람들을 구분하지 못해 본 사람은 선 수행을 할 자격이 없습니다.

하지만 지혜는 기본적인 정체성의 구조를 넘어서는 데서, 즉 걸어 다니고, 말하고, 싸우고, 다투는 이것이 누구인지를 참구하는 데서 옵니다. 그것을 넘어설 때 우리는 더 큰 자아감을 계발합니다. 이 과정에서 하나의 큰 단계는 나뉘지 않은 마음—곧, 분별심에 의해 산출된 분리들이 그 안에서 치유되는 마음—을 발견하는 것입니다. 일전에 제가 내적인 존재와 외적인 존재의 통일, 혹은 몸과 마음이 하나가 되는 것을 이야기할 때 바로 이것을 말한 것입니다. 하지만 그 통일심은 분리된 마음과 동일한 구조로 남아 있습니다. 아직은 넘어서지 못한 것입니다. 그것은 무아가 아닙니다.

그러면 무엇이 무아입니까? 그 단어를 살펴보십시오. 그것은 자아가 없는 존재(being)의 상태입니다. 자아중심이 없고, 자기준거(self-reference)의 습이 없습니다. 경험하는 다른 모든 것은 이전과 같지만, 존재의 질은 근본적으로 달라져 있습니다. 무심의 출현은 보통 그 이전에 마음의 통합이 일어나는 데 달려 있기 마련입니다. 자아와 대상이 분리되어 있는 한, 하나가 다른 것을 보는 이원성이 있습니다. 분리된 분별심은 그 자신의 습을 초월하지 못합니다. 분리된 마음을 가지고는 무심으로 녹아드는 것을 체험할 수 없습니다. 통일심을 가지고서만 그럴 수 있습니다. 그리고 무아가 있는 곳에 무심이 있다고 말할 수 있겠지요. 왜냐하면 이런 관점에서 볼 때, 보통의 마음은 자아의 활동이기 때문입니다.

따라서 수행은 마음을 통일하는 방법들에 초점을 맞춥니다. 우리는 수행을 통해 우리 자신이 전체적 존재임을 발견합니다. 그리고 점차 마음의 과정을 장악하여 평정과 통합을 가져오면서, 우리 자신을 장악하게 됩니다. 원숭이 마음을 우리가 통제하는 것입니다. 이 전체성은 늘 하나의 새로운 체험입니다. 그것을 발견하는 것은 자유와 이완, 그리고 명료함의 한 원천입니다. 자아로 말하면 그것은 자아의 완성입니다. 이 상태에 도달하는 것만도 하나의 큰 진전입니다. 우리들 대다수는 마음과 몸이 산란한 가운데 분별을 하고, 자신과 다투고 남들과도 다툽니다.

오늘은 셋째 날입니다. 마음과 몸의 통합을 시도해 봅시다. 이것이 (묵조선의) 첫 번째 단계입니다. 여러분 자신을 하나가 되게 하십시오. 몸과 마음이 경험상 분리되지 않은 상태를 이루십시오. 그리고 나면 안과 밖도 통일될 것입니다. 여러분의 방법 속으로 오롯이, 아무 의심이나 거리낌 없이 뛰어드십시오.

셋째 날 점심공양 때의 말씀

오늘 아침에 제가 매 생각이 현재 순간이며, 매 순간이 새로운 재탄생이라고 말했습니다. 매 생각이 현재에 머물러 있으면 시간이 흐르지 않을 것입니다. 만일 매 순간이 하나의 새로운 시작이면 시간이 흐릅니다. 매 생각이 현재 순간이라면 시간 같은 것이 있을 수 있겠습니까? 또 설사 시간이 있다 해도 현재 같은 것이 있을 수 있겠습니까? 하지만 시간이 없으면 현재도 없습니다.

훈련받지 않은 수행자는 현재에 지속적으로 존재하기가 불가능합니다. 따라서 그는 시간이란 없다는 것을 알 수 없습니다. 하지만 여러분이 과거와 미래에 대한 생각에 말려들어 있는 한, 현재가 여러분이 존재해야 할 최선의 장소입니다.

초심자인 우리에게는 시간이 있고, 과거와 미래가 있습니다. 그리고 과거와 미래 사이에 우리가 부단히 붙들려고 하는 이 현재 순간이 있는데, 이렇게 붙들려고 하기 때문에 매 현재 순간이 새로운 시작인 것입니다. 우리의 마음이 움직이고 있기에 우리는 부단히 새로 시작하고 있습니다. 하지만 매 현재 순간이 새로운 시작일 때는 실패, 언짢음 혹은 실망이 있을 수 없습니다. 왜냐하면 그런 것들은 시간의 이월을 의미하기 때문입니다.

즐거운 순간에는 즐긴다는 느낌이 따르지만, 그 순간이 존재하는 한 즐길 것도 없고 슬퍼할 것도 없습니다. 매번의 새로운 시작에는 본질적으로 좋고 나쁨이 없습니다. 하나가 다른 하나를 그냥 뒤따를 뿐입니다.

여러분이 주방에서 일을 하다가 실수로 손을 베이면 새로운 상처가 생깁니다. 여러분이 새 옷을 사 입으면 면모가 새롭습니다. 양치질을 하면 입은 오래된 것이지만 치아는 새로 닦은 것입니다. 저는 매일 흰머리를 새로 발견합니다. 이것은 새로운 것이고, 새로운 반백의 머리가 나타납니다. 만일 우리가 매 현재 순간은 하나의 새로운 시작이고 새로운 재탄생이기도 하다는 것을 늘 알고 있으면, 즐거워하거나 슬퍼할 것이 아무것도 없습니다. 단지 새로운 경험들의 집합이 나타나고 있을 뿐입니다.

제가 어릴 때 중국은 일본과 전쟁을 하고 있었습니다. 온 나라가 몹시 가난했고, 제가 살던 마을도 그랬습니다. 예전에는 설날이 되면 새 옷을 입고 새 신을 신는 풍습이 있었습니다. 그러나 그해는 새 옷도 새 신발도 있을 수 없었습니다. 그래서 제가 어머니에게 말했습니다. "올해는 전부 낡은 거네요." 어머니가 말했습니다. "그렇지 않아. 전부 새 거야. 옷들을 새로 빨았고, 바지는 새로 기웠어. 신발들도 새로 수선하고 깨끗하게 했지." 그 말에 저는 기뻤습니다.

수행할 때는 늘 현재 순간에 있으십시오. 현재 순간들 하나하나가 새로운 재탄생입니다.

셋째 날 저녁 강해

우리의 「식심명」 강해를 계속하자면, 이제 이런 구절입니다.

글재주와 예능은	一文一藝
공중의 작은 매미요,	空中小蚋
기술과 능력은	一伎一能
태양 아래 외로운 등불이로다.	日下孤燈

우리의 기술이나 학식이 무엇이든, 우리는 자신이 비범하다거나 우리의 능력이 특별하다고 생각해서는 안 됩니다. 어느 중국 철학가(장자)는 "우리의 삶은 유한하나 앎은 무한하다(吾生也有涯 而知也無涯)"고 했습니다. 그렇다면 우리가 어떻게 무엇을 성취했다고 자부할 수 있겠습니까? 많이 배워 복잡한 분야에 통달해 있거나 기예技藝에서 솜씨를 발휘하는

총명한 사람들은 종종 자신들의 활동이 세상에서 제일 중요하다고 생각합니다. 그들은 자신이 이룬 것에 자부심을 가진 채 기량이 그보다 못한 사람들을 얕봅니다. 그들은 자신의 탁월한 능력을 보통 사람들의 범용함과 비교하는 습관이 있습니다. 의심할 바 없이 그런 사람들은 비범한 재능이 있지만, 선 수행에서는 큰 문제가 있을 것입니다.

자기 분야에 해박하고 자기 전공에 숙련되어 일가를 이룬 학자는 모든 것을 학문의 관점에서 보는 경향이 있습니다. 과학자는 모든 것을 어떤 신나는 패러다임의 견지에서 볼지도 모릅니다. 철학자는 보통 어떤 학파를 찬양하고, 예술가는 한 가지 스타일을 구사하면서 그것을 다른 것들보다 더 숭상합니다. 그런 모든 경향은 실은 지식에 대한 집착이라기보다는 자아에 대한 집착입니다. 어떤 기량을 계발했다는 것이 그 사람의 한 특징이 되어, 우월한 태도로 자부심을 가지고 그것을 방어합니다. 그런 기법과 능력들은 햇빛 앞의 등불과 같습니다. 자부심에 속박되면, 햇빛과 하나가 되어 자신의 마음을 무한대로 연장하는 것이 불가능해집니다. 전설상의 어떤 새는 날개를 펴면 이쪽 지평선에서 저쪽 지평선까지 닿는다고 했습니다. 그에 비하면 날벌레 따위는 하찮은 것입니다.

한번은 제가 일본에 있을 때 한 선칠에 참가했습니다. 저녁에 스승이 일장 법문을 했습니다. 꼬박 두 시간 동안 저를 질책했는데, 모두 제가 문학박사 학위를 가지고 있기 때문이었습니다. 그분은 이렇게 말했습니다. "그렇게 책을 많이 보고 공부를 많이 한 게 다 무슨 소용 있나요? 그것은 수행에 장애일 뿐입니다. 그런 공부는 사람을 오만하게 만들어 뱃속에 지푸라기만 가득 들어차게 합니다." 나중에 제가 그 점에 대해 생각해 본 뒤 스승을 찾아가서 말했습니다. "어째서 저를 나무라시는 데 그렇게 많은 시간을 소비하셨습니까?" 그분이 대답했습니다. "만일 내 말이 자네에게 먹히지 않았다면 자네가 나를 보러 오지 않았겠지." 저는 그건 정말 그렇다고 인정하지 않을 수 없었습니다. 너무 많은 학식은 실로 장애가 될 수 있습니다. 이 선칠을 시작할 때 존이 저에게 말하기를, 참가자들 대부분이 교육을 잘 받았고 지성적인데, 이것 자체가 문제가 될 수도 있다고 했습니다. 그렇습니까?

똑똑하고 재주 있는 이들은 　　　　　英賢才藝
어리석고 아둔한 사람이네. 　　　　　是爲愚蔽
순수하고 단순한 것을 버리고 　　　　捨棄淳朴
아름다운 것에 빠져 허우적대네. 　　耽溺淫麗

자신이 유능하고 총명하다고 여기는 사람들은 실은 어리석습니다. 여러분이 자신을 바보로 생각한다면 지혜의 씨앗을 가지고 있는 것입니다. 문제를 경험하는 수행자가 공부를 잘하는 것입니다. 자신에게 아무 문제가 없다고 생각하는 사람은 정말 문제가 있습니다! 물론 여러분이 완전히 깨달으면 아무 문제가 없습니다. 그러나 수행을 막 시작한 우리들로서는 자신의 문제를 인식하는 것이 중요합니다. 그렇지 않으면 힘겨운 시간을 보낼 공산이 큽니다.

저는 몸과 마음의 번뇌로 많은 문제를 가진 수행자들과 소참을 할 때가 종종 있습니다. 저는 그들에게 말합니다. 만약 당신이 자신의 장애를 인식한다면, 확실히 수행을 진지하게 잘 하고 있는 것이라고 말입니다. 자신의 번뇌에 대처할 수 있는 방법을 찾아내십시오. 만약 이러지도 저러지도 못하면 저를 찾아오십시오. 결국 어려움은 해소될 것입니다. 만일 그 번뇌가 '나에게는 아무 문제가 없다'는 믿음이라면, 그것은 때로는 해결이 아주 어려운 경우일 수 있지요! 그런 사람은 올바른 동기를 발견하기가 어렵습니다. 망명 스님은, 만일 우리가 집착을 놓아버리고 순수하고 단순한 상태로 돌아갈 수 있으면 진보할 수 있다고 말합니다. 그렇지 않으면 문제가 기다리고 있습니다.

선 수행자들은 온갖 기량을 익히고 많은 분야에서 뛰어나야 합니다. 그런 것들은 마음의 빛이며, 우리에게 마음의 범위가 넓다는 것을 보여줍니다. 그것은 또한 우리가 남들을 도울 수 있는 방편이기도 합니다. 하지만 결코 그것을 무한한 지혜로 착각하지 마십시오. 그러한 기량과 성취에는 기댈 만한 것이 전혀 없습니다. 만약 그런 것에 집착한다면, 총명함이 여러분을 어리석게 만들어 버린 것입니다.

식識이라는 말은 함부로 날뛰고	識馬易奔
마음이란 원숭이는 제어하기 어렵네.	心猿難制
정신이 너무 수고로우면	神旣勞役
몸도 병들고 죽게 되네.	形必損斃

만약 제어하기 어려운 그 원숭이를 인식한다면, 어떤 망념이 여러분을 장악하는지 알아차리기 시작하겠지요. 그 망념들을 잘 살펴보면, 그것이 끝없이 다양하고 재미있는 것이기보다는 사실 소수이고 범위도 한정된, 반복적이고 지루한 것임을 발견하게 됩니다!

아마 여러분은 자신이 얼마나 많은 망념을 가지고 있는지, 그것들의 성품이 어떤 것인지 모를 것입니다. 그것들은 이 주위에 있는 양들과 같습니다. 물론 여러분은 선칠 중에 있는 좋은 수행자들이니 양들을 보지 않았겠지요! 그러나 선칠이 시작되기 전에는 아마 보았을 겁니다. 자신이 얼마나 많은 양들을 가지고 있는지, 몇 마리가 검고 몇 마리가 흰지를 알아내기 위해서는 웨일스의 목동처럼 되어야 합니다. 이 목동은 능숙한 개들을 데리고 양들을 한데 모아 우리 안에 몰아넣습니다. 양들을 다 모아 놓은 다음에는 그가 양들을 세고 점검할 수 있고, 심지어 양들에게 이름을 붙여줄 수도 있습니다. 여러분이 함부로 날뛰는 말과 같든, 제어하기 어려운 원숭이 같든, 혹은 울어대는 양과 같든, 같은 원리가 해당됩니다. 양들을 다 한데 모으는 목동처럼 되십시오. 그러면 무엇이 문제인지 알 수 있습니다.

문제는 원숭이들을 어떻게 길들이냐입니다. 수행의 첫 번째 방법은 그들을 우리에 가두는 것입니다. 그러자면 그들을 한 곳에 묶어두면 됩니다. 생각들이 일어날 때마다 포착하여 그것이 헤매지 못하게 합니다. 그렇게 하는 방책 중 하나가 수식법數息法(호흡 세기)입니다. 이 방법에는 원숭이들이 날뛰는 정도에 따라 많은 방식이 있습니다. 만일 마음이 상당히 집중되어 있다면 호흡을 자각하기만 하면 되고, 그것을 셀 필요는 전혀 없습니다. 집중이 잘 안 되는 마음이라면 호흡을 세는 것이 유용합니다. 호흡 지켜보기[隨息]로는 망념을 막기에 충분치 않기 때문입니다. 만약 마음이 심하게 산란한 경우라면 호흡 세기[數息]로도 마음을 제대로 집중시키지 못합니다. 잡념들이 계속 뚫고 들어옵니다. 그래서 호흡을 역순으로 세거나, 아니면 홀수와 짝수를 번갈아 세어서 방법을 더 어렵게 합니다. 방식이 너무 단순하다 싶으면, 해야 할 것을 더 많이 만들어서 망념들이 발을 붙이지 못하게 합니다. 그것은 원숭이를 잡은 다음 나무에 묶어 두는 것과 같습니다.

공안법公案法도 비슷한 원리에 기초하고 있습니다. 이 방법은 우리가 집중할 필요조차 없는 지점에 도달하게 해줄 수 있습니다. 우선 공안을 사용하는 것은 기계적으로 호흡을 세는 것과 흡사합니다. 그 공안을 진언처럼 거듭거듭 되풀이합니다. 그러다가 마음이 더 집중되면 공안을 더 엄밀히게 사용할 수 있습니다. 한자어로 이것을 '참구'[參]라고 하는데, 그것은 '탐구', 즉 마음의 성품을 인식하기 위해 마음을 탐색하는 것을 뜻합니다.

마음이 집중되면 공안을 드는 어떤 맛을 보게 되고, 거기서 힘을 얻게 됩니다. 그것은 여름날 아이스크림을 먹는 것과 같습니다. 그것이 점점 더 매혹적으로 되며, 여러분이 거기에 점점 더 몰입함에 따라 망념이 줄어듭니다. 심지어 망념이 완전히 사라질 수도 있습니다. 그러나 그렇다고 해서 깨달았다는 것은 아닙니다. 그것은 단지 두서없이 일어나던 생각이 그쳤다는 것을 의미할 뿐입니다. 공안이 원숭이를 나무에 묶어둡니다. 그리고 그 속으로 점점 더 깊이 들어가다 보면 마침내 깨닫는 지점에 도달합니다. 그것이 무엇입니까? 어떤 설명도 여러분에게 도움이 되지 않을 것입니다. 그 통찰은 여러분 자신이 체험해야 합니다.

공안법이 처음에는 수식과 비슷하기는 하나, 그것은 여러분을 끝까지 데려다 줄 것입니다. 수식만 해서는 그렇게 되기가 쉽지 않을 것입니다. 그렇기는 하나 수식을 통해서 우리가 삼매에 들 수 있고, 삼매는 수행의 가치 있는 한 측면입니다.

망명 스님은 "정신이 너무 수고로우면 몸이 병들고 죽게 된다"고 말합니다. 그 말은, 만약 여러분이 너무 많은 잡념과 너무 힘들게 투쟁하면 몹시 기진맥진할 거라는 뜻입니다. 우리 속의 야생 원숭이들이 난폭하게 날뜁니다. 이럴 때는 수행 방법이 올바른지 살펴봐야 합니다. 깃털을 받으려면 평화로운 마음, 부드러운 방식으로 연습할 필요가 있습니다.

삿되게 행동하면 결국 미혹되고	邪行終迷
이 길로 가면 영영 진창 속이네.	修塗永泥
재능을 귀하게 여기지 말라.	莫貴才能
날이 갈수록 흐리멍덩해지리라.	日益惛瞢

여러분은 기어올라야 위로 올라갈 수 있고, 공부를 해야 지혜를 얻는

다고 생각할지 모릅니다. 선의 관점에서 보자면 그것은 전도顚倒된 사고입니다. 올라가려고 하는 사람은 결국 내려가고 맙니다. 지혜를 얻으려고 하는 사람은 미혹에 떨어집니다.

가장 높은 산은 어디에 있습니까? 카라코람 산맥에 있습니까, 히말라야에 있습니까? 히말라야에 있다고 합시다. 바다에서 가장 깊은 곳은 어디입니까? 대서양이나 일본 근해의 어디쯤일지도 모릅니다. 여기 해양학자가 없기 다행이군요! 우리는 밤을 새며 그것을 토론할 수도 있습니다. 많이 알면 알수록 문제도 많아집니다.

우리는 상식적 관점에서 히말라야가 가장 높고 대서양이 아마 가장 깊을 거라고 말합니다. 그러나 인공위성을 타고 날면 그와는 다른 견해를 갖게 됩니다. 그때는 무엇이 높습니까? 그때는 무엇이 깊습니까? 멀고 가까움, 높고 낮음, 크고 작음, 이런 것들은 모두 우리의 관점에 따라 상대적입니다. 우주비행사에게 '높다'는 것은 네덜란드 주민에게 '높다'는 것과 의미가 전혀 다릅니다. 보통 우리의 마음 범위는 좁고 한정되어 있습니다. 그것은 마치 우리가 절대적인 가치와 평가기준을 만들어 그것을 가지고 사물을 판단하는 것과 같습니다. 반면에 우리가 아주 큰 마음을 갖게 되면 상식적 개념들에 집착하지 않습니다. 무한한 범위를 가지고 성찰할 수 있습니다. 지상인의 관점에서 아무리 높이 오른다 해도 우주비행사가 경험하는 고도에 비하면 아무것도 아닙니다. 강물에 깊이 잠수하는 사람들도 바다의 깊이가 어느 정도인지는 모릅니다.

지식은 우리의 관점에 의해 구성됩니다. 그것은 사고의 범위에 의해 필연적으로 한정됩니다. 우리가 온 생애를 바쳐 지식을 축적한다 해도, 그것은 에베레스트 산에 비해 개미집과 같을 것입니다. 그것은 지혜와 전혀 같은 차원이 아닙니다. 그러면 무엇이 지혜입니까? 신의 관점에서 지혜는 집착에서 벗어난 상태, 가늠에서 벗어나고, 자기준거(자기중심)에서 벗어나고, 번뇌가 비워진 상태입니다. 그것은 축적을 통해서나 지식의 무더기에 무엇을 보태서, 혹은 우리가 남들보다 얼마나 멀리 와 있는지 가늠하는 것을 통해서는 발견될 수 없습니다. 그 길로 가면 우리는 미혹에 미혹을 더할 뿐입니다.

공안을 사용할 때 우리는 보통 그 이야기에서 단 하나의 언구에만 집중합니다. 이 언구가 화두입니다. 우리는 그것을 마치 마음을 자세히 들여다보는 일종의 렌즈처럼 사용합니다. 하지만 이것은 지적인 과정이 아닙니다. 우리가 예를 들어 "나는 누구인가?"나 "무엇이 무無인가?"라고 할 때, 그것은 무엇을 길게 묘사하거나 이론을 상세히 설명하기 위해서가 아닙니다. 화두를 참구한다는 것은 그 속을 탐색한다는 뜻입니다. 마음의 추리推理로써라기보다 마음의 눈으로써, 바로 지금 일어나고 있는 경험의 순간 속을 직접 들여다보는 것입니다. 묘사는 시간이 걸리며, 그것은 누적되고, 쌓여갑니다. 참구에는 시간이란 것이 없습니다. 왜냐하면 그것은 지속이 없는 현재 속에서 일어나기 때문입니다. 그것은 마음의 허공 속을 있는 그대로 들여다보는 것입니다. 마치 금붕어 어항 속을 아무 생각 없이 들여다보듯이 말입니다. 금붕어가 움직일 수도 있고, 햇빛이 고기비늘에서 빛날 수도 있지만, 절대로 어떤 개념적 검사도 없습니다. 단지 있는 그대로의 관찰 그 자체만 있습니다. 그것이 계속 그대로 갑니다. 화두는 말하자면 여러분이 겨냥하도록 설정된 과녁에 지나지 않습니다. 더욱이 그것은 물음의 형태를 하고 있기는 해도, 마음이 신속한 지적 답변을 하지 못합니다. 보통 나오는 식의 영리한 대답들은 회로가 금방 끊깁니다. 어디선가 퓨즈가 나갑니다!

그렇게 바라보게 되면 큰 의심이 일어납니다. 그 의심이 워낙 강렬하여 마음은 자동적으로 한 점에 모이고, 도저히 풀 수 없는 화두의 역설에 완전히 몰입합니다. 화두 안에서 여러분 자신을 잃어버립니다. 완전히 잃어버렸을 때, 그것이 참구입니다. 집중의 이 강렬함이 오래 지속될 때, 홀연히 전체 의심 덩어리가 타파되고 해소됩니다. 그 순간이 깨달음입니다. 그때 거기에 무엇이 있는지에 대해서는 아무 말도 할 수 없습니다. 그것은 언어를 넘어서 있습니다.

또 한 가지 방법이 있는데, 이것은 제가 보통 초심자들에게는 권하지 않습니다. 그것은 어느 정도의 사전 수행을 요합니다. 이것은 조동종의 묵조법默照法으로, 특히 12세기의 굉지정각宏智正覺 선사(1091~1157)가 주창한 것입니다. 이것은 일본의 대선사인 도겐道元 선사가 선호한 방법으로, 그가 일본에 도입했습니다. 일본에서는 이것을 지관타좌只管打坐라고 합니다. 사실 그것은 아마도 인도의 조사祖師들 시대까지 거슬러 올라가는 아주 오래된 방법일 것입니다. 그것은 과녁으로서의 화두가 없는 참구라고 말할 수도 있겠지요. 정좌한 채 경험이 일어나는 대로 그 속을 묵연히 관조합니다. 그에 대해 굉지 선사는 이렇게 말합니다. "이 묵조에서 어떤 경계가 나타나든 마음은 세부적인 데까지 아주 또렷하지만, 일체는 그것이 원래 있던 제자리에 있다. 마음이 일념에 머물러 만년을 가지만, 안팎의 어떤 형상에도 머무르지 않는다(却恁麼來, 歷歷不昧, 處處現成, 一念萬年, 初無住相)." 이 방법에서는 우리가 마음을 점점 더 고요하게 하여 마음 자체가 그 자신의 묵연함 안에 몰입되게 합니다. 그것은 못의 물이 완전히 고요해지도록 내버려두는 것과 같습니다. 진흙 알갱이가 모두 바닥으로 내려앉으면 물이 맑기가 수정 같습니다. 이 수정 같은 명료함이 애씀 없이 자연히 깨달음이 됩니다. 공안법과 마찬가지로 이것은 오묘하고 직접적인 방법입니다. 무엇을 볼 때 아무 알음알이도, 아무 성취도 없습니다.

여기서 제가 무슨 말을 더 하면 내일은 아무 할 말이 없겠지요!

넷째 날 이른 아침 법문

오늘 아침 저에게는 또 여러분을 위한 세 가지 핵심 단어가 있습니다.

신심
서원
자비

여기서 제가 말하는 신심(확신)은 단순히 자기를 내세우는 문제만은 아닙니다. 이 신심은 자기 마음이 어느 수준에서 작용하고 있는지를 알고, 자신이 어떤 상황에 있는지 알며, 그래서 자신이 무엇을 할 수 있는지 혹은 무엇을 해야 하는지 아는 데 있습니다. 그것은 여러분이 알아차리고 있을 때 갖는 자기앎(self-knowledge)이자 자기자각(self-awareness)입니다.

선 수행에 대한 신심에는 세 가지 측면이 있습니다. 첫째는 알아차림에서 오는 신심입니다. 둘째는 불법과 수행법에 대한 신심입니다. 셋째는 스승에 대한 신심입니다.

불법에 대한 신심은 바로 여러분 모두를 이곳에 오게 한 그것입니다. 여러분은 선종의 역사를 알고 있습니다. 많은 사람들이 불법을 통해서, 그리고 선법을 통해서 지혜를 얻었습니다. 그 점에 대해서는 길게 논할 필요가 없습니다.

스승에 대한 신심이 종종 문제입니다. 여러분 각자가 믿음이 가는 스승을 발견해야 하는데, 이것은 끌리는 느낌에 달렸습니다. 예를 들어 여러분 대다수가 이번에 저를 처음 만났습니다. 저에 대해서 안 지도 얼마 되지 않았습니다. 남들이 저에 대해 이야기한다고 해서, 또는 저의 책을 한 권 읽었다고 해서 저절로 저에게 믿음을 갖게 되지는 않을 것입니다.

우리가 한동안 같이 머무르고, 선칠도 하고 소참도 하면서 그냥 두 사람으로서 서로를 겪어 봐야 합니다. 저와 함께 있는 것이 어떤 면에서 여러분에게 이익이 된다고 느끼면 신심을 갖기 시작하겠지요. 수행자가 스승에 대해 모든 것을 알 필요는 없고, 그의 인격이나 호감이 가고 안 가는 면들에 대해 추측할 필요도 없습니다. 만약 그런 끌림의 느낌이 있으면 신심이 증장됩니다. 이 믿음이 없으면 방법이나 그의 지도에 대해 믿음이 있을 수 없습니다.

'서원'이라는 말은 열망과 결의의 의미를 갖습니다. 번뇌를 극복하겠다는 서원이 없었다면 부처님은 깨달음에 이르지 못했을 것입니다. 부처님은 보리수 아래 앉을 때 깨닫기 전에는 일어나지 않겠다는 서원을 세웠습니다. 그 서원의 힘이 그분을 계속 이끌고 갔습니다. 부처님은 중생들이 가여운 상태에 있는 것을 볼 수 있었습니다. 당신은 혼자 깨달은 상태로 쉽게 머물러 있을 수도 있었지만, 남들을 돕겠다는 서원을 세웠습니다. 그에 앞서 출가수행을 결심했을 때도 그분의 서원은 자기 개인의 이익만을 위한 것이 아니었습니다. 늙고 병들고 죽는 세상 사람들의 슬픔을 이미 보았고, 만약 자신이 성불하여 해탈할 수 있으면 그때는―그리고 그럴 때에만―남들에게 실제로 도움이 될 수 있을 거라는 것을 알았습니다. 그것을 이루지 못하면 장님을 인도하는 장님밖에 되지 못하겠지요. 그분의 서원은 자기중심적인 것이 아니었고, 광대한 서원이었습니다.

매일 아침, 오후 그리고 저녁에 우리는 사홍서원을 염송합니다.

가없는 중생을 다 건지겠습니다.	衆生無邊誓願度
끝없는 번뇌를 다 끊겠습니다.	煩惱無盡誓願斷
무량한 법문을 다 배우겠습니다.	法門無量誓願學
위없는 불도를 다 이루겠습니다.	佛道無上誓願成

성불하겠다는 서원은 네 가지 서원 중 마지막이라는 점을 유념하십시오. 첫 번째는 중생들을 돕겠다는 것입니다.

이제 우리는 세 번째 단어, 자비에 이르렀습니다. 지혜가 없는 자비는 감정과 집착으로 물든 하나의 정서입니다. 이런 유의 자아중심적 자비는 선행을 낳을 수는 있지만, 그것은 한정된 틀 안에서일 것입니다. 선善을 행하는 것도 더 큰 맥락에서 살펴보면 잘못된 것으로 보일 수 있습니다. 부처님은 지혜를 깨달을 때까지 기다린 뒤에 남들을 돕기 시작했습니다.

우리의 경우, 그렇게 오래 기다려서는 안 됩니다. 왜냐하면 우리 앞에는 부처님이라는 모범이 있기 때문입니다. 우리를 인도하는 가르침이 있고, 불법이 있습니다. 우리는 지혜를 얻기 위해 수행하는 동안 부처님의 가르침에 기초하여 자비도 닦을 수 있습니다. 하지만 만약 불법의 말씀에만 의지하면서, 좌선을 하지 않고 불법 안에서 우리 자신을 훈련하지 않는다면, 우리의 자비는 기초가 허약한 채로 남을 것입니다. 그것은 지혜에서 일어나는 자비가 아니겠지요.

제가 말한 것을 반복하겠습니다. 만약 믿음이 없으면 여러분이 좌절하기 쉬울 것입니다. 만약 서원이 없으면 수행을 꾸준히 해내기 어려울 것입니다. 서원이 없으면, 여러분이 수행에서 곧바로 이익을 얻지 못한다고 느낄 때 후회할 수 있습니다. 서원이 없으면 결의를 상실합니다. 모든 중생의 이익을 위해 노력하겠다는 서원은 큰 서원입니다. 그것은 여러분이 꾸준함을 얻는 데 도움이 될 것입니다. 더욱이 참으로 자비로운 생각은 무아적이며, 그로 인해 지혜가 열리기 시작할 것입니다. 불법 안에서 지혜와 자비는 늘 함께 가면서 서로를 강화합니다.

이제부터 여러분은 좌선을 하고 방법을 닦기 위해 자리에 앉을 때마다, 좌복 앞에 서서 이번에는 수행을 잘 하겠다는 서원을 세워야 합니다. 좌선할 때는 몸을 움직이지 마십시오. 방법 안에서 마음을 집중하십시오.

방법을 뚫고 나서 자리에서 일어나겠다고 서원하십시오. 좌선을 떠나지 않겠다고 서원하십시오. 몸이 약해서 쓰러진다 하더라도 자발적으로 자리를 떠나지는 않겠다는 서원을 세우십시오. 이것을 '앉은 자리에서 죽겠다(死在坐上)'는 서원이라고 합니다. 물론 죽지는 않습니다. 여러분의 몸이 그것을 보장할 것입니다. 그러나 몸이 더 이상 감당하지 못할 때까지는 일어나지 않겠다고 서원하면, 놀랄 만한 힘을 발견하게 될 것입니다. 주저하기 때문에 마음이 분산되고 좌선의 힘이 약해집니다.

전 세계에서 불법을 이해하고 실제로 그것을 수행하는 사람들은 매우 적다는 것을 알아야 합니다. 우리가 여기서 함께 수행하고 있다는 사실은 우리에게 선근善根이 있다는 것을 뜻합니다. 여러분은 여기서 큰 신심을 얻을 수도 있습니다. 세상에는 도움이 필요한 사람들이 너무 많지만, 만약 우리가 수행을 하지 않으면 우리 자신조차 돕지 못하는데 다른 사람들을 돕지 못할 것은 말할 나위가 없습니다. 우리가 신심과 서원을 가지고 수행할 때는, 지혜와 자비가 서로를 증장합니다.

넷째 날 아침공양 때의 말씀

선칠 중에는 시간을 경험하는 것이 달라집니다. 처음 사흘은 느리게 천천히 갑니다. 하루하루가 1년처럼 길게 느껴질지도 모릅니다. 반면에 마지막 사흘은 쾌마快馬가 달려가는 것 같습니다. 그것은 선칠 전반부에는 참가자들이 선칠에 익숙하지도 않고 방법을 사용하는 데도 익숙지 않기 때문입니다. 그래서 고생을 합니다. 후반부에는 몸과 마음이 선칠에 적응되어 시간이 빨리 지나가는 것처럼 보입니다.

오늘은 넷째 날입니다. '이틀밖에 안 남았다', '지난 4일간 아무 일도 일어나지 않았으니, 아무것도 발견하지 못하겠지'라고 생각하지 마십시오. 그런 식으로 생각하면 노력이 느슨해지고 정진이 약해질 수 있습니다. 그것은 유감스러운 일이고 큰 실수가 될 것입니다. 선칠은 경주와 같습니다. 결승선을 넘어야 경기가 끝납니다. 마지막 순간에 역주하여 상을 탈 수도 있습니다. 그러나 여러분은 자기 자신과 경주하고 있습니다.

방법을 가지고 수행하는 것은 높은 산을 오르는 것과 같습니다. 정상에 도달해야만 오르기가 끝났다고 말할 수 있습니다. 어쩌면 여러분은 짙은 안개나 구름에 가린 산을 오르고 있는지도 모릅니다. 처음부터 여러분은 자신이 어느 정도 높이 올라와 있는지 모릅니다. 전혀 올라온 것 같지 않은데 문득 (정상에) 도달할 수도 있습니다. 혹은 정상 근처에 거의 왔다고 생각하는데, 또 다른 비탈들이 눈앞에 솟아 있을지도 모릅니다. 여러분이 할 수 있는 것은 오르는 것뿐입니다. 오르지 않고는 어디에도 도달하지 못합니다. 믿음을 실행에 옮겨 그저 한 발 한 발 내딛습니다. 만일 자신이 아무데도 도달하지 못하고 있다고 믿으면 해이해질 것이고, 그 등산은 여러분을 기진맥진하게 만들 것입니다.

선칠에서는 스스로 특정한 수행 목표를 설정하지 마십시오. 그저 올바른 방향으로 계속 가십시오. 그러면 한 걸음 한 걸음이 목표에 도달하는 행위가 됩니다. 계속 가는 것이 목표입니다. 목표는 가는 데 있습니다. 만일 경주를 하는데 마음이 벌써 결승점에 가 있으면, 여러분 자신을 지금과 그때로 나누게 됩니다. 목표를 잊어버리고 그저 자신의 모든 주의를 힘껏 달리는 데 두면, 문득 그곳에 도달한 자신을 발견할 것입니다. 산을 오르는 사람이 마음을 정상에 집중하고 있으면, 그 등산이 무척 피곤한 일이라고 느껴져 중도에 포기하고 그만두기 쉽습니다.

산을 오를 때 우리는 가끔 가파른 비탈을 만납니다. 또 어떤 때는 평탄한 지대를 만나 수월하게 건너가기도 합니다. 지혜로운 등산가는 이런 차이점에 특별히 주목하지 않습니다. 가파른 비탈과 평탄한 지대 둘 다 이미 높은 산중에 있습니다. 그와 마찬가지로, 우리가 수행할 때도 어떤 때는 좋은 상태가 일어나고 어떤 때는 곤란한 상태가 일어납니다. 만약 좋은 경계에 있다고 느끼면 너무 즐거워하지 마십시오. 바로 앞에 더 가파른 비탈이 있을지 모릅니다. 반면에 어려울 때도 낙담하지 마십시오. 그 비탈이 이내 수월해질 것입니다. 선칠에서는 한 입선시간이 그 앞 시간과 어떻게 달라질지 예측할 수 없습니다. 그냥 앉아서 알아내는 수밖에 없습니다. 매 입선이 하나의 새로운 탄생입니다.

산을 오를 때는 다양한 경사도의 차이, 기력과 탄력을 요하는 정도의 차이를 부단히 경험합니다. 이 과정이 정상에 도달할 때까지 계속됩니다. 마찬가지로, 선칠에서도 성과를 얻으려고 너무 안달하지 마십시오. 어떤 것도 구함이 없이 앞으로 나아가는 태도를 견지하십시오. 평상심으로 부지런히 수행하십시오.

가끔 사람들은 자신이 가파른 비탈만 계속 만난다고 느낍니다. 그들은 평탄한 지대를 한 번도 만나지 못합니다. 참 불운하지요! 기억하십시오. 여러분은 정말 가파른 산에 도전하고 있다는 것을 말입니다! 그런 경우에는 자신의 수행을 위해 더 튼튼한 토대를 구축할 필요가 있습니다.

넷째 날 저녁 강해

오늘밤도 망명 스님의 시게를 계속 나가봅시다.

졸렬함을 뽐내고 재주를 부러워하면	誇拙羨巧
그 덕이 크지 않고,	其德不弘

| 명성이 대단해도 행이 박약하면 | 名厚行薄 |
| 그 높은 평판도 금세 무너지네. | 其高速崩 |

많은 사람들이 열등감에 시달립니다. 또 어떤 사람들은 자기가 아주 대단한 사람이라고 여기면서, 자신의 자존감을 과대하게 부풀립니다. 이 두 가지 감정 모두 자신을 남들과 비교하는 데서 일어납니다. 혼자 살 때는 그런 감정들이 비교적 덜 일어난다는 것을 알게 됩니다.

현대 심리학이 그런 감정들을 어떻게 분석하는지는 모르겠지만, 불법의 관점에서 보면 그런 감정들은 모두 동일한 기본적 성향이 서로 다른 형태로 나타나는 것입니다. 열등하다고 느끼는 사람은 분명 자신감이 부족하지만, 자신의 중요성을 과장하고 오만하게 행동하는 사람도 마찬가지입니다. 열등감과 우월감 둘 다 자신감의 부족에서 옵니다.

자신감이 부족하면 여러분이 수행을 잘할 수 없습니다. 여러분은 남들을 보면서 그들은 참 잘하고 있겠구나 하고 생각합니다. 마치 다른 사람은 아무도 문제가 없고, 거기 앉아서 걱정하고 근심하는 사람은 자기뿐인 것처럼 생각합니다. 가끔 어떤 수행자가 그런 식으로 걱정하고 있는 것을 발견하면 저는 이렇게 말합니다. "너무 자신 없어 하지 마세요! 저도 같은 길로 왔습니다. 저도 젊었을 때는 수행에서 큰 어려움을 감내해야 했습니다. 방법을 써서 열심히 노력한 끝에 마침내 약간의 이해를 얻은 것입니다." 어떤 때는 그런 수행자가 저에게 이렇게 말합니다. "스님, 제가 어떻게 스님에 비할 수 있겠습니까? 스님께서는 선사이신데, 어떻게 제가 같은 정도의 성취를 이루리라고 기대할 수 있겠습니까?"

그리고 또 한 부류의 사람은 앞서의 사람만큼 흔하지는 않지만, 저에게 이렇게 말할 수 있습니다. "스님, 스님께서는 너무 연로하시고 저는 젊습니다. 제가 스님의 연세가 될 무렵에는 분명히 스님을 앞서 있을 겁니다!" 그런 사람은 분명 큰 자신감을 가지고 있습니다. 그렇지만 이 수행자는 무엇을 근거로 그런 견해를 갖습니까? 어떻게 그렇게 확신할 수 있지요? 사실 그런 자신감을 가지고 있다 해도 큰 문제가 남습니다.

이런 수행자들 중 첫 번째 유형은 자신을 낮춰 봅니다. 무능감과 열등감이 있습니다. 두 번째 유형은 오만으로 가득 차 있습니다. 물론 저는 모든 제자가 저를 능가한다면 매우 기쁘겠지만, 수행자들이 그런 태도를 보일 때는 그다지 즐겁지 않습니다. 어느 쪽의 태도도 수행에 도움이 되지 않습니다. 특히 오만을 통해 자신감의 결여를 보이는 사람은, 그런 식으로 생각하는 한 진보할 가능성이 희박합니다.

이제 여러분에게 묻겠습니다. 여러분은 열등감을 느끼는 동시에 우월한 듯이 행동하는 것이 가능하다고 생각합니까? 혹시 그런 감정을 드러내 본 적이 있습니까? 손들을 드는 걸 보니 우리들 중 많은 사람이 그런 문제를 인식하고 있군요! 우리가 그런 것을 인식할 수 있다는 사실은 이미 진보의 한 표지입니다. 만일 자신에게 그런 약점이 있는 줄 알면서 여전히 그것을 은폐하고 마치 정말 자신이 있는 것처럼 행동한다면, 그것은 저 사마귀나 마찬가지입니다. 어떤 우화에서, 한 사마귀는 수레가 자기 쪽으로 굴러오고 있는 것을 보았습니다. 사마귀는 다리를 들어 수레를 멈추려고 했습니다. 사실 사마귀는 그것이 불가능하다는 것을 잘 알고 있었지만, 그럼에도 괜히 허세를 부리고 싶었던 것입니다. 그 사마귀는 실은 매우 가엾습니다. 그런 능력이 있는 척하는 것은 자기중심성(에고)의 발로일 뿐입니다.

물론 어려움을 전혀 해결하려 들지 않는 사람들도 있습니다. 그들은 어려운 상황을 가능한 한 회피하기 좋아합니다. 그런 사람은 모래 속에 머리를 묻고 사자가 사라지기를 바라는 타조와 같습니다. 진실은 우리 모두가 번갈아 사마귀이자 타조라는 것, 그래서 우리가 미혹 속에 남아 있다는 것입니다.

동양의 많은 사람들이 이와 같습니다. 아마 서양에서도 마찬가지겠지요. 서른 살을 바라보는데 머리가 빠지기 시작한 남자를 여러분은 만나 보지 않았습니까? 그래서 혹시 남들이 볼세라, 그는 자기 머리를 왼쪽에서 오른쪽으로 넘어가게 빗기 시작합니다. 하지만 그를 실제로 바라보는 사람은 누구나 그의 머리 한가운데가 벗어진 것을 금방 볼 수 있지요! 물론 여러분이 선 수행자인데 한가운데가 벗어졌다면, 뭐, 한가운데가 벗어진 거지요.

선 수행자는 이런 자기인식을 가질 필요가 있습니다. 자신이 어떤 외모를 가지고 있는지 알고 그것을 편안하게 생각해야 합니다. 어떤 상황에서도, 여러분은 자신의 능력으로 어느 정도까지 도달할 수 있는지를 알아야 합니다. 그런 능력이 있으면 행동하고, 없으면 행동하지 마십시오. 야단할 것도 없고, 과시할 것도 없습니다.

제가 이 선칠에 왔을 때, 여러분 가운데 많은 사람이 교육을 잘 받았고 심리학 여타 분야의 학위가 있다는 것을 알았습니다. 저는 그에 대해 별로 생각해 보지 않았고, 그런 분야들을 책으로 찾아보고 이런 저런 것에 대한 질문에 대비하려고 하지 않았습니다. 사실 저는 전혀 준비하지 않았습니다. 그냥 왔을 뿐입니다. 여기 제가 있습니다. 저는 제가 아는 것을 여러분에게 이야기할 수 있습니다. 설사 제가 대답 못하는 것들이 있다 한들, 그게 어떻다는 겁니까! 그래도 우리는 함께 이야기할 수 있습니다. 중요한 것은 우리 자신이 어떤 존재인지를 인식하는 것입니다. 자신이 어떤 존재이든, 어떤 능력이나 무능력을 가지고 있든, 그냥 그것을 인식하고 자기 자신을 받아들이십시오. 남과 비교하여 번뇌를 일으킬 필요가 없습니다. 여러분이 그렇게 해 나갈 수 있으면 인격이 확고해질 것이고, 더 건강하고 평화로워질 것입니다.

이제 망명 스님의 시게에서 나중 두 행을 살펴봅시다.

명성이 대단해도 행이 박약하면   名厚行薄
그 높은 평판도 금세 무너지네.   其高速崩

오늘 소참 도중 여러분 중 한 분이 저에게, 자기는 사회를 돕고 싶다고 말했습니다. 제가 말했습니다. "그렇다면 당신의 공부를 끝내고, 평판과 다소의 명성을 얻어야겠지요. 그러면 사회적 사건들의 흐름에 영향을 줄 수 있을지 모릅니다." 선 수행자들이 유명해진다고 해서 잘못은 없습니다. 만일 그 평판이 능력과 부합한다면 아무 문제될 것이 없습니다. 저 자신도 상당히 유명해졌습니다. 저는 열심히 수행했고, 사람들에게 도움이 될 수 있었습니다. 사람들이 저에 대한 이야기를 듣게 되었고, 그것은 어쩌면 가치가 있는 일인지도 모릅니다. 결과적으로 더 많은 사람들이 도움을 받을 수 있으니 말입니다. 평판과 실제가 부합할 때, 진실은 그냥 있는 그대로입니다. 반면에 평판이 실제와 부합하지 않고 사람들을 오도하는 자기선전의 결과일 뿐일 때는, 위험성이 있습니다. 그런 오만하고 속 빈 행동은 남들에게 해로울 수 있고, 어떤 사람이 불도를 닦는 데 깊이 피해를 줄 수 있습니다.

우리는 이 연의 네 구절이 연관되어 있다는 것을 알 수 있습니다. 열등감을 느끼는 사람은 자기 실력 이상의 평판을 추구하고 싶은 유혹을 느낄지도 모릅니다. 이것은 약함에 토대를 둔 오만입니다. 그것은 남들에게 해를 끼치고 자기 자신에게도 해를 끼칩니다. 선 수행자들은 자신의 약점을 알아야 합니다. 여러분이 그것을 고치려고 들면서 은폐하지 않으면, 더 완전한 인격이 되고 남들이 신뢰하는 사람이 될 것입니다. 성자가 될 필요는 없고, 그냥 자기 자신과 조화를 이루는 전체적인 사람이 되면 됩니다.

 여러분이 두 사람을 만나게 되어 있는데, 한 사람은 자화자찬이 심하고 또 한 사람은 여러분에게 직설적으로 이렇게 말한다고 가정해 보십시오. "어이, 조심해, 나는 악당이야! 만약 나와 함께 어울린다면 주의하는 게 좋을 거야." 여러분은 누구와 상대하고 싶습니까? 첫 번째 사람이 상대하기 쉬워 보이지만, 후자가 더 믿을 만한 사람으로 드러날지 모릅니다. 사실 이런 유형들의 어느 쪽도 진정성 있게 행동할 만큼 자신을 잘 알지 못합니다. 악당도, 자화자찬하는 구루(guru)도 그것을 광고할 필요가 없습니다. 그들의 실추된 평판이 아마 먼저 알려져 있겠지요.

책만 많이 읽으면	塗舒汚卷
그 쓰임새가 오래가지 않으니,	其用不恒
안으로 교만함을 품게 되고	內懷憍伐
밖으로 원망과 미움을 초래하네.	外致怨憎

 여러분이 책에서 얻는 것은 지식일 뿐입니다. 그것은 여러분 자신의 체험이 아닙니다. 저자는 자신이 말하고 싶은 것만 여러분에게 들려줍니다. 현 상황에서 여러분에게 무슨 말을 하려고 책을 쓴 것이 아닙니다. 책은 일반적인 방향을 설정하는 데 유용하지만, 거기서 말하는 것을 여러분 나름대로 확인해 봐야 합니다. 책에서 얻는 답은 묘사에 불과합니다. 책에 있는 답은 다른 누군가의 것이지 여러분 자신의 것이 아닙니다. 저 자신의 책에서는, 처음에 제가 저 자신의 이익을 위해 책들을 엮었다고 썼습니다.

 만일 여러분 주위에서 자신의 스승이 될 수 있는 사람을 찾지 못하면, 책을 보고 얼마간의 도움을 얻을 수도 있습니다. 책은 문제들에 어떻게 접근하고 그것을 어떻게 해결할지에 대한 개념을 제공해 줍니다. 하지만 책에서 지식을 축적하기만 했지 실천을 하지 않았다면, 자신이 많이 안다고 생각하기 쉬워도 그것은 자기를 속이는 것일 수 있습니다.

가장 좋은 것은 여러분 자신을 남들과 비교하지 않는 것입니다. 자신의 우월함을 증명하려 하다가 그 반대를 드러내게 될지도 모릅니다. 가끔 어떤 스님이나 재가자가 저를 찾아와서 이렇게 말할지 모릅니다. "스님, 저는 스님께서 선에서 높은 성취를 이루셨다고 확신합니다. 이런 질문을 드려도 되겠습니까? 저는 이러이러한 체험을 했습니다. 이런 성취에 대해 어떻게 생각하십니까?" 저는 말합니다. "저는 당신이 아닌데, 제가 어떻게 알겠습니까?"

물론 성취에 대한 기준들은 있지만, 저의 개인적 관점을 가지고 다른 사람을 판단할 수는 없습니다. 저는 그 사람이 아닙니다. 제가 할 수 있는 것은 필요에 반응하는 것뿐입니다. 다른 사람의 불안정한 상태를 확인해 준들 아무 이익이 없습니다. 성취할 필요가 없을 때, 어쩌면 정말 무엇을 발견한 것이겠지요.

입으로 말을 하거나	或談於口
손으로 글을 써서	或書於手
남들의 칭찬을 얻는다면	邀人令譽
이 또한 몹쓸 일이네.	亦孔之醜

선에서는 우리가 말에 의지해서는 안 된다고 이야기합니다. 아무 말도 하지 않는 것이 더 나을 때가 많습니다. 선 수행에서는 말이나 글이 군더더기입니다. 진심에서 우러난 의사소통만이 신뢰할 만합니다. 옛 친구들이나 가족들이 여러 해 동안 헤어져 있다 다시 만날 때, 그들이 처음

하는 말이 무엇입니까? 할 말이 너무 많아서 아무 말도 못할 때가 많습니다. 그냥 끌어안거나 악수를 하는데, 그것으로 충분합니다. 그 접촉이 모든 것을 말하고 있습니다.

작년에는 오랜 세월 만에 처음으로 중국 본토에 갔습니다. 저는 38년간 속가 형들을 만나지 못했습니다. 그 사이 그들에게는 너무 많은 일이 일어났습니다. 저에게도 너무 많은 일들이 일어났지요. 우리는 만나자 아무 말도 하지 못했습니다. 그냥 눈물만 뺨에 흘러내렸지요. 저 자신은 우는 것이 몹시 쑥스러웠지만, 내면에서는 눈물이 흘러내리고 있었고 속이 미어졌습니다. 바로 그런 식으로 모든 것이 서로 전해졌습니다.

전설에 따르면 석가모니 부처님은 모든 불법을 초조初祖 마하가섭에게 전할 때 아무 말씀도 하지 않았습니다. 스님들이 모인 그 자리에서, 부처님은 확실한 답을 할 수 없는 형이상학적 질문들에 답하지 않았습니다. 당신은 그저 꽃 한 송이를 손에 들고 있었습니다. 아무도 말이 없었으나 마하가섭은 미소를 지었습니다. 그러자 부처님이 말했습니다. "마하가섭은 이해했구나!"

소참 때 여러분 중 한 분은 저에게 말하기를, 자기 처가 이렇게 말했다고 했습니다. "웨일스에서 당신이 보리달마를 보기를 바래요." 글쎄요, 저는 제가 보리달마라고 생각하지 않습니다. 만약 제가 달마라면 면벽하면서 시간을 보내지 사람들에게 이야기를 하지 않았겠지요! 여러분은 제가 보리달마이고, 자신은 2조 혜가慧可이기를 바랍니까? 만약 그렇다면, 저는 이야기를 그치고 벽을 향해 돌아앉아 무엇을 해야 할지 판단해야겠지요! 아, 리처드가 저에게 자기 팔을 보여주는군요. 마치 혜가가 가르침을 얻기 위해 팔을 잘라 바쳤을 때 보리달마가 그것을 받아들였듯이, 제가 그것을 잘라야 할까 봅니다. 하지만 여기서는 그것이 쓸모없겠지요. 설사 제가 팔 세 개를 자른다 해도 지금은 쓸모가 없을 것입니다.

사실 여러분에게는 보리달마가 영국에 올 필요도 없습니다. 그는 이미 여기 있습니다. 만일 이것이 이해가 안 된다면, 그것을 공안으로 여기고 참구해 보십시오.

망명 스님은 말합니다. 만약 여러분이 참으로 수행하지는 않고 자신이 성취한 것을 말이나 글로 남들에게 들려주기만 한다면 그것은 부끄러운 일이라고 말입니다. 사실, 이야기도 쓸데없습니다. 사람들이 이런 저녁 강해와 공양시간 법문에 따라서 실제로 행하지 않는다면, 이 또한 쓸데없습니다. 만일 사람들이 실행하지 않으면, 이 선칠 전부와 이 강해와 모든 설법이 마치 제가 진흙덩이 하나를 동쪽 산에서 옮겨와 서쪽 산에 버리는 것과 다를 바 없습니다. 단순히 정보만을 전파하는 것은 여러분의 수행에서 아무 쓸모가 없습니다. 어떤 사람은 말할지 모릅니다. 선이 무아를 이야기하기는 하나, 보살들은 여전히 자비롭게 다른 사람들을 가르친다고 말입니다. 이런 것들은 좋은 가르침입니다. 그것을 듣는 것만도 좋은 일이고, 그래서 그것을 남들에게 전해야 합니다. 그것은 그렇습니다. 그러나 제가 여러분에게 말씀드리지만, 수행이 없이는 그 가르침이 세간에 출현하지 않습니다.

다섯째 날 이른 아침 법문

오늘은 여러분이 명심해야 할 두 가지 중요한 구절이 있습니다.

평상심平常心
무소구無所求[구하는 것이 없음]

평상平常한 마음 상태의 편견 없는 내용(체험하는 경계)은 자연스럽고 지속적입니다. 마음이 자연스럽기 위해서는 생각이나 추론에 의해 인위적으로 창조된 그 어떤 것, 경험이나 판단에 의해 형성된 그 어떤 것에서도 벗어나야 합니다. 그런 것들이 없을 때 우리는 마음이 자연적 상태에 있다고 말합니다. 마음이 자연스러우면 도道에 부합합니다.

그것을 이런 식으로 표현해 보겠습니다. 여기 이 산중의 돌과 나무로 지은 오래된 이 농가에 있는 우리는 자연과 가까이 살고 있습니다. 하지만 우리가 사용하는 도구들과 우리에게 시간을 알려주는 시계는 인공물로 남아 있습니다. 그것들이 완전히 자연적이지는 않지만, 우리에게는 그런 단순한 도구들을 사용하는 것이 충분히 자연적입니다. 그런 것을 사용하는 것은 우리의 천성에 속합니다. 옷을 입는 것은 자연스럽고, 우리는 그것을 편안하게 느낍니다. 옷을 벗고 불편을 느끼는 것은 우리에게 자연스럽지 않을 것입니다. 일견 벌거벗은 것이 우리의 원래 상태에 더 가까운 것처럼 보이기는 하겠지만 말입니다. 자연스럽다는 것은 적합하다는 것입니다. 자연스러운 것은 이런 것입니다. 즉, 하나가 있을 때는 하나가 있고, 둘이 있을 때는 둘이 있습니다. 사물들이 있는 그대로 있습니다. 우리의 기분, 생각 또는 판단에 맞추기 위해 평가기준을 덧붙일 필요가 없습니다.

뭐든 참으로 자연스러운 것은 지속적입니다. 제가 말하려는 것은, 자연스러운 것은 불변의 원리에 따르는 무시간적 과정의 일부라는 것입니다. 창문으로 들어오는 햇빛이 바닥을 가로질러 하나의 자국으로 움직입니다. 그것은 구름이 하늘을 가로지르는 데 따라서 오고갑니다. 해 자체가 지구에 대해 상대적으로 달라지는 그 자신의 길을 따라갑니다. 지구가 지축을 따라 자전하기 때문에 우리는 아침에 해가 뜨고 저녁에 해가 지는 것을 경험합니다. 바닥의 햇빛 자국은 시간, 장소, 날씨의 법칙에 따라서 나타납니다. 이 모든 것은 자연스럽고 지속적입니다. 물이 비가 되고, 비가 물이 됩니다. 이 또한 지속적입니다. 영구불변의 것입니다.

선 수행에서는 마음의 자연적인 기반을 발견하고 유지하는 것이 중요합니다. 만일 수행자가 허망한 생각을 계속 가지고 있으면 그의 마음은 분리됩니다. 그것은 자신의 자연적 상태 안에서 휴식하지 못합니다. 이 자연적인 기반을 발견하지 못하면 그 수행자는 조만간 자신의 탐색을 내버립니다. 그는 영구불변인 것을 만나지 못한 것입니다. 일단 그 영구불변인 것을 지각하면, 그 수행자는 포기할 가능성이 없습니다. 왜냐하면 자기 자신의 기반을 발견했기 때문입니다.

우리가 태어났을 때는 심신이 자연적인 상태에 있습니다. 그러다가 점차 부자연스러운 왜곡들을 받아들이게 되고, 만약 우리가 지혜롭다면 어떤 방어도 필요 없는 곳에서 우리 자신을 방어합니다. 선 수행은 우리가 자연적인 상태로 돌아갈 수 있게 해 줍니다. 존재의 영원한 본질을 재발견하게 합니다. 우리는 매일 일어나고, 씻고, 먹고, 화장실에 갑니다. 이 모든 것은 자연스럽습니다. 그와 마찬가지로, 좌선 수행을 우리의 일상생활 속에 건립할 필요가 있습니다. 그것이 일상생활의 자연적인 일부가 되게 하십시오. 따로 시간을 할애해야 하는 특별한 일이 아니라, 계속 이어지는 자각의 성질을 갖게 말입니다.

우리가 바깥의 개울을 바라보면 물이 흘러가는 것이 보입니다. 그 목적이 무엇입니까? 아무 목적이 없습니다. 그냥 흘러갑니다. 수행도 그렇게 되도록 하십시오. 수행 그 자체는 아무 특별한 목적이 없습니다. 만일 수행에 어떤 목적을 부여하면, 그것은 자연적인 수행이 아닙니다. 그것은 영구불변인 것에 뿌리 내리고 있지 않습니다. 여러분의 수행에 아무 목적이 없을 때, 수행 그 자체가 목적일 때, 그것이 자연적 수행입니다. 이 자연적 수행만이 소위 영구불변이라는 성질을 가지고 있습니다.

수행에 아무 목적이 없을 때, 여러분은 무엇을 추구하지 않습니다. 아무것도 원치 않습니다. 아무것도 원치 않고 원할 것이 아무것도 없을 때, 그럴 때는 무엇이 있습니까? 부디 그저 평상심의 상태로 수행하십시오. 추측, 기분, 정서, 판단이 필요 없습니다. 단순하게 여러분의 방법을 따르십시오. 아무 이유 없이 열심히 공부하십시오. 좌선에 어떤 목적도 없이 앉으십시오. 그 자연적인 상태가 지속적으로 일어나게 하십시오.

다섯째 날 아침공양 때의 말씀

선 수행에서 우리가 가져야 할 태도는 다른 종류의 일, 예컨대 학문적 공부를 할 때 갖는 태도와는 다릅니다. 다를 뿐만 아니라 사뭇 그 반대입니다.

보통 우리가 규율이나 연구가 필요한 일을 할 때는 그 일을 계속 해나가서 빨리 끝내고 싶어 합니다. 만약 서둘러서 계속 진행하면 가능한 한 많은 일을 해낼 수 있습니다. 서둘러서 열심히 하면 그 결과도 보통 그에 비례합니다.

반면 선 수행에서 여러분이 서두르는 태도를 취하면 바람직하지 못한 결과를 얻는 데 그칠 수도 있습니다. 마음을 가라앉히려고 서두르면 서두를수록 더 많은 장애를 발생시킬 것입니다. 깨달음을 얻으려고 서두를수록 더 많은 번뇌를 만들어내게 될 것이고, 여러분의 목표에서 더 멀어지게 될 것입니다.

선 수행은 인내심과 결의를 가지고 훈련하는 것을 수반합니다. 그것은 의지력의 계발을 요합니다. 수행의 목적은 우리 자신이 자아에서 벗어나고, 자아에 대한 집착을 넘어서는 것입니다. 만약 우리가 빠른 결과를 추구하고 있다면, 어떤 목표나 어떤 성취에 도달하는 것으로 만족하고자 한다면, 그것은 선의 목적과 반대입니다. 수행에서 아무 결과가 나오지 않는 것처럼 보인다고 해서 초조해하면, 그것은 실수를 범하는 것입니다. 선에서는 진보하려고 애쓴다고 해서 어떤 진보도 보장되지 않습니다.

다시 한 번 깃털과 부채의 비유로 돌아가 봅시다. 수행에서 어떤 결과를 얻기 전에, 부채를 아주 안정되고 평화롭게 잡고 있어야 합니다. 그리고 깃털이 부채 위에 내려앉으면 흥분하지 않는 것이 중요합니다. 너무 즐거워하면 손이 약간 움직여서 깃털이 날아가 버릴 것입니다. 문제는, 언제 그 깃털이 여러분의 부채 위에 내려앉아 다시는 날아가 버리지 않을 것이냐입니다. 여러분이 어떤 성취를 상상하고 그것을 원한다는 관념이 있는 한, 깃털은 계속 떠다니기만 할 것입니다. 사실 그 문제는 깃털과 부채가 여러분에게 존재하는 동안만 지속되겠지요. 어떤 성취를 추구하는 그 사람이 없고, 깨달을 어떤 성취도 없을 때에만 궁극적인 해결이 일어날 것입니다.

다섯째 날 점심공양 때의 말씀

수행 도중에 많은 사람들은 부지런한 것과 긴장하는 것, 게으른 것과 이완하는 것을 구분하기 어렵다고 느낍니다. 사실 마음은 가끔 쿡쿡 찔러주거나 심지어는 채찍질을 해줄 필요가 있고, 어떤 때는 위로나 위안을 해줄 필요가 있습니다.

방법을 쓰는 것은 요령이 있어야 합니다. 우리는 경험을 통해 수행의 방편을 터득해야 합니다. 만일 자신이 피로하거나 기진맥진이라고 느낀다면, 그것은 아마 여러분이 너무 긴장하여 앉아 있었기 때문일 것입니다.

반면에 졸리고 아무 일도 일어나지 않는 것처럼 보인다면, 너무 이완되어 해이해지고 있는 것인지도 모릅니다. 긴장과 이완의 올바른 균형을 찾는 것이 늘 쉬운 일은 아닙니다.

때로는 자신이 너무 긴장되어 있는 것을 발견할지도 모릅니다. 그럴 때 가장 좋은 것은 휴식을 취하는 것입니다. 그냥 눈을 감고 5분에서 10분 정도 마음을 이완한 채 아무것도 하려고 하지 마십시오. 그러나 좌선 자세를 유지하는 것은 중요합니다. 드러눕게 되면 모든 집중력을 상실할 것입니다. 일시적으로 방법을 놓는다 하더라도 자세를 놓아버려서는 안 됩니다.

가끔은 극도로 졸음이 올 수도 있습니다. 머리가 멍해서 머리를 들 수 없을 수도 있고, 들뜨고 조바심이 나서 몸을 이리저리 움직이며 가만히 앉아 있지 못할 수도 있습니다. 그런 경우에는 좌선을 아예 중지하는 것이 현명하겠지요. 어디론가 가서 드러누워 반 시간가량 낮잠을 자도 됩니다. 그러려면 방을 떠나야 합니다. 다른 사람들이 좌선하는 데서 드러눕는 것은 예의가 아니겠지요. 쉬면서 이완할 곳을 찾아 낮잠을 잔 뒤에 기력과 집중력을 회복하십시오. 그러면 기분이 한결 평화롭습니다. 그런 다음 돌아와서 수행을 하면 됩니다.

선칠 초기에는 자세를 엄격히 유지하여 몸을 움직이지 않는 것이 중요합니다. 내일은 선칠의 마지막 날입니다. 지금 중요한 것은 집중력과 평화로운 마음 상태를 유지하는 것입니다. 몸을 너무 세게 몰아댈 필요는 없습니다. 만일 아직도 다리나 허리가 많이 아프면 문제가 덜한 자세를 취하십시오. 그래도 통증이 있다면 어쩔 수 없이 최소한의 규율은 유지해야 합니다. 너무 많이 움직이지는 마십시오. 남들에게 방해가 될 테니 말입니다.

선칠이 진행되면서 어떤 사람들은 점점 더 효과적으로 집중할 수 있게 됩니다. 그러나 어떤 사람들에게는 그 반대의 경향이 나타납니다. 그들은 다리나 등이 점점 더 아파 오고, 자신이 많이 바스대는 것을 발견합니다. 또한 이런 바스댐은 다른 사람들을 동요시킬 수 있으므로, 시간을 내서 이완하여 더 평화로워지는 것이 중요합니다. 만일 여러분이 바스대는 사람 옆에, 혹은 그런 사람 둘 사이에 앉아 있다면, 더 분발하여 마음의 평화로운 안정 상태를 유지해야 합니다. 이런 식으로 수행의 방편을 발견해 가면, 수행하는 가운데서도 잘 알아차리게 됩니다. 여러분의 몸 안이나 방 안의 여러분 주위에서 일어나는 동요에 관계없이, 안정과 평화로움을 유지할 수 있게 됩니다. 수행에서의 그런 훈련은 일상생활에서도 유익합니다. 알아차림을 계발하여 타인들의 영향을 덜 받게 됩니다. 쉽게 웃어대거나, 울음을 터뜨리거나, 신경질을 부리지 않습니다. 대신 한결같은 자각을 유지하면서, 여러분 주위에서 일어나는 어떤 일에 대해서도 적절히 반응할 수 있습니다.

다섯째 날 절하기

선을 닦을 때 우리는 종종 절을 합니다. 선칠에서는 불상 앞에서 함께 절을 합니다. 스님이 요령을 흔들면 우리가 절을 하고, 다시 요령을 흔들면 바닥에서 일어납니다. 또 요령을 흔들면 절을 합니다. 이와 같이 계속됩니다. 우리는 절하는 리듬을 확립하고, 모두 거기에 침여합니다. 여러분에게 이미 선종의 법도에 따라 절을 하는 올바른 방법을 보여드렸지만, 시작하기 전에 몇 마디 더 해야 할 말이 있습니다.

수행자가 절을 하려고 하는 이유는 여러 가지입니다. 각 수행자는 그 당시 자신에게 가장 중요한 동기에 따라 절을 하는 것이 옳습니다.

절을 하는 첫 번째 이유는 기도하기 위해서입니다. 왜 기도를 합니까? 기도는 많은 종교에 공통됩니다. 기본적으로 우리는 기도하는 대상인 그 존재로부터 응답을 얻기 위해 기도합니다. 여기서는 여러분이 부처님을 어떻게 이해하든 관계없이, 여러분 자신이나 다른 사람들의 어떤 이익을 위해 기도하는 것입니다.

두 번째 이유는 존경심을 표하기 위해서입니다. 우리는 우리가 존경하는 사람들에게 마음으로나 몸으로 절을 함으로써, 그 존경하는 분을 닮고 싶은 열망을 나타냅니다.

셋째로, 수행자는 감사의 마음을 표하기 위하여 절을 할 수도 있습니다. 우리는 불법, 승가 그리고 부처님에게서 이익을 얻었다고 느낍니다. 그들의 은혜를 다 갚을 수 없고, 그래서 절을 통해 우리의 감사를 표시합니다.

네 번째 이유는 참회심을 표하기 위해서입니다. 우리는 자신이 많은 실수를 범했고, 불친절한 말을 했고, 거짓말을 했고, 남들에 대해 해로운 의도를 품었으며, 삿된 생각을 했고, 지키겠다고 발원한 계戒를 파했다는 것을 압니다. 이 모든 것을 우리는 진심으로 참회하고 싶어 합니다.

마음이 혼란스럽고, 번뇌로 가득하고, 수행에 장애가 있을 때는 참회의 마음으로 거듭거듭 절을 하는 것이 도움이 될 때가 많습니다. 우리는 각자 자기 나름의 업을 지어 왔습니다. 우리는 자신의 번뇌에 대해 책임을 져야 합니다. 종종 책임을 회피하고 우리의 문제를 남들 탓으로 돌리고 싶은 때도 있겠지만 말입니다. 참회의 마음으로 절을 하는 것은 좋습니다. 이와 같이 절을 할 때 여러분은 자기 자신과, 자신의 약점들, 자신이 범한 좋지 못한 실수, 심지어는 삿된 생각들과 자신이 저지른 행위들과도 마주 대면하게 됩니다. 이런 절을 할 때는 그런 것들을 회피하려고 들지 마십시오. 그것들을 은폐하거나 그런 생각으로부터 달아나지 마십시오.

여러분의 과오와 실수를 인정하고 시인하십시오. 여러분 자신의 업에 대해 자기에게 책임이 있음을 인정하십시오. 자신의 약점들을 인식하고 바로잡으려고 하십시오. 참회의 절을 할 때는 그러한 태도를 가지고 해야 합니다.

다섯 번째 이유는 수행으로서 절을 하는 것입니다. (이러한) 절을 할 때는 몸의 정확한 동작에 주의를 기울이십시오. 그 의도와 동작이 하나가 되게 하여 몸과 마음의 상태가 통일되게 하십시오. 이런 방법의 절하기는 마음이 어느 정도 안정되고 평온한 수준에 이른 사람들에게 유용합니다.

수행으로서의 절하기는 여러 가지 수준에서 할 수 있습니다. 첫 번째는 자신의 동작을 의식적으로 이끌면서 거기에 주의를 기울이는 것입니다. 이것을 계속하면 두 번째 수준에 이르는데, 이때는 자신이 몸의 움직임을 그냥 지켜보기만 한다는 것을 발견합니다. 몸의 각 동작을 또렷이 자각하지만, 더 이상 의식적으로 그것을 통제하지 않습니다. 절이 그냥 계속됩니다. 세 번째 수준은 두 번째 수행에서 이어집니다. 이제는 몸이 아주 천천히 올라갔다가 다시 내려가면서 저절로 움직입니다. 더 이상 몸을 지켜보지 않고, 더 이상 자신을 한 사람으로 전혀 의식하지도 않습니다. 움직임의 흐름만 있습니다.

그래서 여러분은 기도, 존경, 감사, 참회 또는 수행을 위해 절을 할 수 있습니다. 마지막 것은 마음이 원하는 대로 첫 번째 수준에서 세 번째 수준까지 이동하게 내버려두는 마음의 절입니다. 먼저, 마음이 몸동작을 통제합니다. 그런 다음 마음과 몸이 함께 움직입니다. 마지막으로 몸은 움직이지만 마음은 고요해집니다. 이제 여러분 각자 어떤 절을 할 것인지 결정해야 합니다. 스스로 선택하십시오. 저는 제가 절할 곳을 찾겠습니다. 여기가 좋겠군요.

다섯째 날 저녁 강해

망명 스님은 계속 우리에게 이렇게 말합니다.

범부들이 길하다고 하는 것을	凡謂之吉
성인들은 허물이라고 말하네.	聖謂之咎
즐기는 것은 잠깐이고	賞翫暫時
슬픔은 오래 갈 것이네.	悲哀長久

오늘은 선칠의 다섯째 날입니다. 이제 몇 분은 수행의 의미가 있는 어떤 체험들을 했는데, 다른 분들은 그들의 행운을 부러워할지 모릅니다. 일반적인 관점에서 보자면 그런 체험들은 정말 가치가 있지만, 구경究竟의 관점에서는 좋은 체험으로 보지 않을 것입니다. 전혀 특별할 것이 없습니다.

우리는 산을 오르는 사람들의 이야기를 했습니다. 오르는 도중 어떤 사람들은 평탄한 지대를 만나는 반면, 어떤 사람들은 굉장히 가파른 비탈과 마주칩니다. 우리는 수월한 경사지를 만나면 즐거워하면서 등산이 잘 되어 가고 있다고 느낍니다. 그러나 평지에서는 산을 오르는 사람이 전혀 높이 올라가지 않지요! 가파른 비탈에서 절벽과 바위를 힘들게 오르는 사람은 더 빠른 길로 가고 있는 것일 수도 있습니다. 평탄한 지대를 따라 어정거리는 사람은 산을 오른다기보다 돌고 있는지도 모릅니다! 만일 구름 속에서 산을 오르고 있다면 특히 그럴 수 있습니다.

어제 아침에 제가, 만일 어떤 사람이 늘 가파른 비탈 위에 있는 것처럼 보이면 불운이라고 말했습니다. 실은 그것은 전혀 그렇지 않을 수도 있습니다. 그런 사람이야말로 더없는 행운아인지 모릅니다.

몇 년 전, 미국에서 선칠을 할 때 제가 선 수행은 유리산을 오르는 것과 같다고 묘사한 적이 있습니다. 더욱이 그 산의 표면은 기름으로 덮여 있어 굉장히 미끄럽습니다. 그 산을 오르려고 하면 미끄러지지 않을 도리가 없습니다! 그럼에도 불구하고 산을 오르는 것이 여러분 앞에 놓인 과제입니다. 그 산은 매우 높지만 그래도 올라야 합니다. 그런데 여러분은 여전히 미끄러집니다. 선 수행이 이런 것입니다.

결국 여러분은 그 유리산이 하나의 환상이라는 것을 발견합니다. 그것은 실제적 존재성이 없습니다. 어느 날 여러분은 얼마쯤 거리를 올라갔다가 바로 밑바닥까지 도로 떨어져서는, 문득 정상과 바닥이 동일하다는 것을 보게 됩니다. 이것을 이해하려면 산을 오르는 사람이 되어야 합니다. 미끄러운 산을 오르는 노력을 해야 합니다. 오르지 않으면 정상과 바닥이 동일하다는 것을 결코 알 수 없습니다.

망명 스님은, 수행을 한 번도 해보지 않은 사람은 이런저런 경계와 체험들을 좋은 것, 가치 있는 것으로 여긴다고 말하고 있습니다. 그러나 성인은 체험이나 높은 경계에 대한 그런 집착들이 장애라고 인식합니다. 왜냐하면 그것은 해탈을 가져다주지 않기 때문입니다. 드높은 경계들, 봉우리들도 내려놓아야 합니다. 그런 식의 평가를 넘어서야 합니다.

여러분은 어떤 경계나 상태를 즐기면서 그것을 높게 평가할지 모릅니다. 그것은 아름다운 나무가 있고 개울이 흐르는 평탄한 지대로 올라가는 것과 같습니다. 그런 곳에 당도하면 그곳의 풍광이 아주 멋지다고 느낍니다. 그래서 앉아 이렇게 말합니다. "아, 정말 아름답구나!" 그러고는 산을 오르는 것을 잊어버립니다. 다음번에 또 오를 때도 다시 그 편안한 곳에 앉습니다. 어쩌면 잠시 단잠을 즐길지도 모릅니다. 꿈속에서는 황홀경에 취합니다. 여러분 가운데 산 위에서 그런 곳을 발견한 분이 있습니까?

예전 조사 스님들은 이 점에 대해 제자들에게 주의를 주었는데, 특히 깨달음의 맛을 처음 본 사람들에게 그랬습니다. 그들은 아직도 앞길이 까마득하다고 말입니다. 여러분이 막 걸음을 떼기 시작한 단계라면 아직 갈 길이 멉니다. 얼핏 '견성'을 했다면 더 열심히 수행해야 합니다. 물론 완전히 이해하게 되면 갈 데가 아무데도 없습니다.

위험한 점은 깨달음의 맛을 본 사람들이 즐거운 감각을 진짜와 혼동한다는 것입니다. 그들은 "바로 이거다"라고 믿습니다. 그런 감각은 지각상의 경험이거나 심리적 반응 혹은 상태들로서, 신선하고 또 우리에게 차분한 느낌, 평안, 심지어 어떤 심신의 통일까지도 안겨줍니다. 그런 모든 즐거운 체험들은 깨달음과 무관합니다. 그런 것은 수행도상에서 그냥 일어납니다.

이 지점에서 지혜로운 수행자는 매우 조심해야 합니다. 어쩌면 여러분은 앞생각과 뒷생각의 통일을 체험하게 되었는지도 모릅니다. 그 체험은 귀중합니다. 그것은 확고한 좌선 수행의 한 표지입니다. 하지만 그것은 깨달음이 아닙니다. 하나가 되는 것은 하나가 되는 것이고, 그뿐입니다. 하지만 그것은 느낌이 좋은데, 여러분은 깨달음이 뭔지 모르기 때문에 그것을 진짜로 착각할 수 있습니다. 그러니 주의하십시오. 일어나는 경계들에 집착하지 말고 그저 계속 수행하십시오. 망명 스님이 말하듯이, 그런 즐김들은 찰나적인 것이지만 그 환幻이 오래 갈 수 있으니 말입니다.

또 여러분이 어쩌면 '견성'을 했을지도 모릅니다. 만물에서 자아의 공함을 지각했습니다. 자아의 부존재에 대한 자각을 체험했습니다. 자아가 사라졌기 때문에 무아인 공空의 경계를 보았습니다. 깨달음의 맛을 처음으로 본 것입니다. 더 이상 그것을 의심할 필요가 없습니다. 하지만 그것을 깨닫고 그에 대해 생각하자마자 여러분은 더 이상 그곳에 존재하지 않습니다. 여러분이 그에 대해 이야기할 때, 그것은 과거의 것, 한때의 체험에 대해 이야기하는 것입니다. 그런 사람이 만약 자기가 깨달았다고 생각한다면, 그는 위험한 상태입니다. 그게 과연 무엇이었습니까? 이제 그것은 하나의 죽은 체험일 뿐입니다.

만일 여러분이 그런 태도를 취하면 진보할 길이 없습니다. 망명 스님은 말합니다. 만일 우리가 좋은 체험을 하고 나서 그에 집착하여 그것을 평가하고 그것을 되풀이하고 싶어 하면, 우리 앞에는 오랜 밤이 기다리고 있을 거라고 말입니다.

그림자와 발자취를 겁내면	畏影畏跡
멀리 달아날수록 심해진다네.	逾遠逾極
나무그늘 아래 단정히 앉으면	端坐樹陰
발자취는 소멸하고 그림자도 사라지네.	跡滅影沉

그림자와 발자취는 세간의 자극들입니다. 어떤 수행자들은 사회를 피하고 사람들에게서 멀리 떨어져 깊은 산중이나 너른 사막에 머무르는 것이 최선이라고 믿습니다. 세간적 삶 속에는 부정적인 경험들이 너무나 많습니다. 남들의 행위, 관념, 서둘러야 할 필요, 스트레스, 혼란, 정치 등은 모두 우리를 불편하게 하는 것처럼 보입니다. 그런 것들을 버려두고 멀리 가는 것이 좋겠지요. 매일의 삶이 문제들로 가득 차 있습니다. 먹을거리 찾기, 그것을 먹기, 인간관계, 씻기 등 모두 한 무더기의 문제들입니다. 산에서 단순하게 사는 것이 훨씬 낫겠지요. 만일 이런 태도가 마음에 깊이 새겨지면 여러분은 도道에서 더욱 멀어질 뿐입니다.

부처님은 불법이 세간에 있다고 말했습니다. 깨달음은 세간적인 것과 별개가 아닙니다. 만일 이 세간을 떠나서 깨달음을 구한다면 그것은 뿔 달린 토끼를 찾는 것과 같습니다. 그러나 망명 스님은 여기서 조심자들에게 이야기하고 있습니다. 여러분이 수행을 시작할 때는 한동안 자신을 고립시키는 것이 좋습니다. 그림자와 자취는 이전 업의 과보이며, 우리가 자신의 주위에 건립한 환경의 부정적인 모습들입니다. 이 환경이 우리를 압도할 수 있습니다. 그럴 때는 자신을 고립시키는 것이 좋습니다. 그렇게 하면 우리가 사물을 분명하게 볼 수 있기 때문입니다.

여기 웨일스의 산간은 우리에게 은둔적인 환경입니다. 여기 있는 리키는 일가를 이룬 음악가입니다. 우리는 그에게 우리가 좌선할 동안 우리를 위해 음악을 연주하고 노래를 불러 달라고 청할 수도 있겠지요. 그것은 즐거운 일일 수 있겠지만, 그러면 수행에서 진보하기는 매우 어려울 것입니다. 지혜로운 초심자는 자신을 그러한 자극에서 분리합니다. 따라서 수행할 때는 대개 번잡한 곳에서 떨어져 있는 것이 현명합니다.

하지만 자신의 수행력을 시험해 보는 것이 중요한 때가 올 것입니다. 그럴 때는 산에서 내려가 네거리에서 좌선을 해야 합니다. 어느 시점에서는 시장바닥에서 불법을 닦는 것도 필수적인 과정이 됩니다.

여러분이 나무 그늘 아래 꼿꼿이 앉아 있으면 그림자도, 발자취도 남지 않습니다. 그러나 나무가 어디 있습니까? 그 나무는 산중에 있을 수도 있고 시장바닥에 있을 수도 있습니다. 어느 경우든 여러분은 자신의 업보들에 에워싸입니다. 하지만 좌선을 올바르게 하면 그림자도 발자취도 남지 않겠지요.

대만에서 선칠을 할 때 하루는 제가 스님들을 데리고 절 밖으로 산책을 나가 시내로 들어갔습니다. 우리가 돌아온 뒤에 참가자들 중 한 명이 저에게 말하기를, 자기는 밖에서 걷고 있을 때 자동차가 움직이지 않는 것처럼 느꼈다고 했습니다. 돌아왔을 때도 전혀 떠난 적이 없다는 느낌이 있었고, 안과 밖이 그냥 똑같다고 느껴졌습니다. 그는 움직였지만 시간이 움직이지 않은 것입니다. 그런 체험은 귀중합니다. 그 체험이 없었다면 그 스님은 이 세상에서 실제로는 아무 일도 일어나지 않는다는 것을 알지 못했을 것입니다. 그런 통찰은 희유합니다. 하지만 그런 체험에 머무르다가는 큰일 날 수 있습니다. 자칫하면 차에 칠 수 있습니다!

태어남을 싫어하고 늙음을 걱정함은	厭生患老
생각을 따라 짓는 것이니	隨思隨造
마음의 생각들이 소멸하면	心想若滅
삶과 죽음이 영원히 끊어지리.	生死長絶

제가 젊은 승려였을 때 하루는 아주 연세가 많고 존경받는 노법사님을 한 분 만났습니다. 그분이 무슨 말씀을 하든 모두가 큰 존경심으로 그분의 말씀을 경청했습니다. 저는 그분을 워낙 우러러본 나머지 약간 부러워할 정도였습니다. 제가 그 스님에게 말했습니다. "저도 어른 나이가 들어서 사람들이 스님의 법문을 경청하듯이 제 이야기를 경청했으면 좋겠습니다." 노법사님이 웃으며 말했습니다. "그래, 사실 요즘은 사람들이 내 이야기를 귀담아 들어. 이제는 그럴 만도 하지. 나는 곧 죽을 테니까."

불가의 격언에, 스님들은 늙는 것을 겁내지 말아야 한다는 말이 있습니다. 정말 나이가 많아지면 보배처럼 대접받을 터이니 말입니다. 스님이 연세가 많으면 사람들은 그가 오랫동안 좌선을 해왔으니 수행이 깊을 거라고 생각하고, 그래서 그를 존경하며 보배로 받듭니다. 지혜로운 노스님은 심지어 '국보'라는 호칭까지 받을 수 있겠지요! 당연하지만, 일단 국보가 되면 죽을 날이 가까운 것입니다. 모두가 여러분의 말을 귀담아 들을 때가 되면 여러분은 현생에서 살날이 얼마 남지 않았을 것입니다. 죽음을 두려워하고 목숨에 집착하는 것은 사실 아무 소용없습니다. 생과 사가 별개의 둘이 아니라고 보아야 합니다. 여러분은 태어난 날부터 이미 순간순간 죽음에 가까워지기 시작했습니다. 탄생이 있으면 늘 죽음이 있습니다.

탄생은 죽음을 내포합니다. 탄생이 없을 때에만 죽음도 없습니다.

선 수행자는 망념과 허망한 사고가 바로 생사의 근본이라는 것을 깨달아야 합니다. 허망한 생각이 완전히 단절될 때에만 더 이상 생사가 없을 것입니다. 자아가 지속된다는 모든 허망한 생각과, 그런 생각들이 유지해 가는 번뇌가 최종적으로 단절될 때, 남는 것은 지혜뿐입니다.

지혜는 공성空性에 대한 이해를 의미합니다. 공성 안에서 모든 오고감은 같은 과정의 여러 측면, 즉 만물의 연기緣起로 보입니다. 오고감, 생과 사는 별개가 아니고 하나입니다. 죽음을 두려워하는 것은 곧 환幻에 집착하는 것입니다. 문제는, 여러분이 수행자로서 허망한 생각과 번뇌가 단절되는 지점까지 수행할 수 있느냐입니다.

우리는 목숨에 집착합니다. 우리는 죽음을 두려워합니다. 이것은 정상입니다. 왜냐하면 우리는 젊음을 유지하고 싶고, 늙기를 원치 않기 때문입니다. 물론 그것은 불가능합니다. 설사 죽고 싶지 않다 해도 결국은 죽게 될 것입니다. 시간 속의 이런 사건들을 생각하다 보면 우리는 시간의 산물에 집착하게 됩니다. 그 생각이 고통을 낳습니다. 우리의 수행에서는 생각을 넘어서 지속적인 현재 속으로 들어갑니다. 그 경계로 들어가면 생사에 대한 두려움과, 순간이 순간으로, 한 생각이 다른 생각으로 이어지는 것에 대한 두려움 등 모든 두려움이 완전히 단절됩니다.

한 번은 어떤 사람이 저에게 물었습니다. "스님, 만약 제가 스님의 말씀을 귀담아 듣고 아주 열심히 수행하지만, 모든 환과 번뇌를 단절하기 전에 비행기가 저의 집으로 추락하여 제가 죽는다고 가정하면 저에게는 어떤 일이 일어나겠습니까?" 제가 대답했습니다. "그럴 경우 자네는 아마 수행하는 귀신이 되겠지!"

저의 대답은 별로 진심은 아니었습니다. 사실 그것은 농담이었습니다. 불법에서는 다른 견해가 있습니다. 만일 여러분이 평생토록 부지런히 수행했다면, 삶의 한 방향을 확립한 것입니다. 이 방향은 여러분의 업의 일부가 되고, 다음 생에 그 경향이 이어질 것입니다. 계속 더 전진하면 허망한 생각이 사라지는 경계에 도달할 것입니다. 그것은 어린 나무를 밧줄로 붙들어 매어 어떤 방향으로 잡아당기게 해둔 것과 같습니다. 그 나무가 동쪽으로 당겨지고 있다고 합시다. 그러면 철이 계속 바뀌면서 나무가 새롭게 성장해 갈 때, 그것은 동쪽 방향으로 계속 자랄 것입니다. 결국 나무를 자르게 되면 그것은 역시 동쪽을 향해 쓰러집니다. 어릴 때 이러한 방향을 잘 설정하는 것이 중요합니다. 이미 말씀드렸듯이 수행자는 신심을 가져야 하지만, 서원이 없으면 그것이 충분치 않습니다. 수행할 의도를 가진 서원은 여러분의 삶에 어떤 방향을 부여하며, 새로운 유익한 업을 산출합니다.

죽지도 않고 나지도 않고	不死不生
형상도 없고 이름도 없네.	無相無名
하나의 도가 텅 비고 고요하니	一道虛寂
우주 만물이 평등하네.	萬物齊平

선의 관점에서는, '불생불사不生不死'를 말한다고 해서 여러분이 생사윤회 속으로 태어나지 않는 것이 아닙니다. 이 시계의 작자는 생과 사死 그 어느 것에도 객관적 실재성이 없다는 것을 지각했습니다. 이런 사건들은 실재물이 아니라 어떤 큰 연속성 안의 순간들에 불과합니다. 인因과 연緣의 서로 일어남 속에 있는 생사의 관념이 더 이상 시작과 끝의 분할을 낳지 않습니다. 이런 이름과 형상들이 더 이상 아무 차이가 없습니다. 그런 불교의 성인은 설사 생사윤회 속에 있다 하더라도 거기서 해탈해 있습니다.

소승불교 전통에서는 해탈이 생사의 초월, 즉 윤회에서 벗어나 열반에 드는 것을 의미합니다. 대승불교와 선의 전통에서는 해탈의 의미가 다릅니다. 설사 어떤 수행자나 보살이 윤회 속에 있다 해도, 그는 윤회를 괴로움으로 여기지 않습니다. 그런 사람에게 해탈이란, 그가 심지어 윤회 속에 있어도 윤회에서 해탈해 있고, 오고 감이 자유로움을 의미합니다. 그 보살에게 탄생은 태어남의 형식을 가질 필요가 없고, 죽음도 죽음의 형식을 취할 필요가 없습니다. 둘 다 더 큰 전체의 서로 다른 측면으로 간주되는데, 그것이 무슨 문제가 되겠습니까?

"하나의 도가 텅 비고 고요하니 우주 만물이 평등하네." 여기서 '도道'는 그 안에서 생과 사가 하나가 되는 연속성의 상태를 말합니다. 생사가 하나임을 지각하는 수행자에게는, 생과 사가 무엇이든 그것은 더 이상 관심사가 아닙니다. 번뇌가 없고 아무것도 원치 않으므로, 그에게는 일체가 광대한 고요함 속에서 평등하게 보입니다.

보살은 생사윤회 안에 머무르는 데도 집착하지 않고 그것을 떠나는 데도 집착하지 않습니다. 윤회와 열반이 그에게는 모두 동일합니다. 그는 더 이상 자신의 개인적인 필요에 집중하지 않습니다. 실로 보살에게 여전히 자기걱정의 느낌이 있다면, 그는 참으로 해탈한 것이 아닐 것입니다. 그는 자기걱정 없이 세계를 보고, 무수한 사람들의 괴로움을 봅니다. 보살이 굽어봄에 따라서 큰 자비가 태어납니다. 그것은 자기걱정이 전혀 없다는 데에 뿌리내린 자비입니다.

보살은 특별히 해야 할 일도 없고, 하지 말아야 할 일도 없습니다. 그는 특정한 표적을 겨냥하지 않습니다. 중생들은 많은 인연 속에서 괴로움을 보여줍니다. 보살은 바로 이런 상황에 반응합니다. 중생들에 대한 이 보살핌에서, 보살은 누구는 돕고 누구는 돕지 않는 식으로 그들을 차별하지 않습니다.

가끔 어떤 수행자는 이렇게 물을지 모릅니다. "만약 보살들이 그토록 많은 지혜와 자비를 가지고 있다면, 어떻게 아직도 중생들의 그 많은 괴로움이 존재합니까? 보살들이 어떤 이들은 보살피고 어떤 이들은 내버려 둡니까?" 불경에는 이에 대한 두 가지 비유가 있습니다. 첫 번째는 자비를 비에 비유합니다. 비는 만물을 차별하지 않고 내립니다. 하지만 큰 나무들은 빗물을 많이 받고, 큰 나무 그늘에 있는 작은 나무들은 적게 받습니다. 비가 대상을 가려서가 아니라 그것을 받지 못하는 조건들이 있는 것입니다. 두 번째 비유에서 자비는 햇빛에 비유됩니다. 비와 마찬가지로 햇빛도 두루 비춥니다. 가리지도 않고 차별하지도 않습니다. 하지만 장님은 햇빛을 보지 못합니다. 지하 감방의 죄수들도 그 빛을 볼 수 없습니다. 우리 자신이 과거에 지은 업의 조건들이 우리가 제불諸佛의 축복을 받을 수 있느냐 여부를 결정합니다. 이런 이유에서 수행이 필요한 것입니다. 우리는 남들이 거저 주는 자비에 의존할 수 없습니다. 우리 자신의 일을 해야 하고, 그 일이 무엇인지를 알아내야 합니다.

무엇이 귀하고 무엇이 천하며,	何貴何賤
무엇이 욕되고 무엇이 영예로운가?	何辱何榮
무엇이 낫고 무엇이 못하며,	何勝何劣
무엇이 중하고 무엇이 가벼운가?	何重何輕

분별이 있을 필요가 없다는 것, 분별의 모든 과정은 환의 문제라는 것, 그리고 사물들이 으레 그렇게 존재하는 것처럼 보이기는 해도 그것을 고정된 실체들로 여길 필요가 없다는 것을 수선자修禪者가 이해하게 되면, 일종의 참신한 시야를 얻게 됩니다.

우리가 사물들을 묘사할 때는 보통 우리의 집착에 기초한 이원적 방식으로 그렇게 합니다. 사물이 좋다 나쁘다, 높다 낮다, 크다 작다는 식으로 말입니다. 이런 것은 세간에서 우리가 실제적인 일들을 처리할 때 사용하는 말들입니다. 이런 관행을 깊이 탐색해 보면, 그것들이 우리를 말들의 감옥에 속박하는 것을 우리가 허용해 왔다는 것을 알게 됩니다. 무한한 대립항과 비교항들이 있습니다. 불법의 지견知見을 가진 사람에게는 그런 분별이 자의적으로 보입니다. 더 이상 얻거나 잃을 것이 없으면, 일체가 인연의 끝없는 일어남 속에서 평등하게 경험됩니다. 이것은 그냥 존재의 본질입니다.

깨끗한 하늘이 맑음을 부끄러워하고	澄天愧淨
찬연한 해가 밝음을 부끄러워하네.	皎日慚明
태산만큼 안정되고	安夫岱嶺
금빛 성벽같이 굳세어라.	同彼金城

무엇을 더 보탤 수 있겠습니까? 더 이상 말할 필요가 없습니다.

여섯째 날 이른 아침 법문

이것은 우리가 함께 하는 마지막 이른 아침입니다. 그래서 저는 여러분에게 두 묶음의 원칙들을 남겨드리고 싶습니다. 첫 번째 원칙들은 여러분의 좌선 수행을 위한 것이고, 두 번째 것은 일상생활을 위한 것입니다. 좌선을 할 때 명심해야 할 세 가지 원칙은 이렇습니다.

몸을 조절할 것[調身]

호흡을 조절할 것[調息]

마음을 조절할 것[調心]

    좌선을 할 때는 올바른 자세를 유지하는 것이 중요합니다. 이것은 전체 수행 과정에서 가장 유익한 것입니다. 올바르게 앉는 것은 건강에도 좋습니다. 심지어 어떤 질환들을 치유할 수도 있습니다. 다리는 결가부좌나 반가부좌를 해야 합니다. 그러나 이런 자세가 너무 어렵다면, 승인받은 다른 자세를 사용해도 됩니다. 다리를 유연하게 해 주는 몇 가지 요가를 하는 것도, 특히 좌선이 불편한 초심자들에게는 적극 권장됩니다. 등, 목, 머리가 수직이어야 하지만 긴장되어서는 안 됩니다. 입은 다물고 혀끝을 입천장에 붙여야 합니다. 두 손은 허벅지 위에 두고 손가락들이 가지런히 만나도록 합니다. 보통 눈은 뜬 채 수평에서 약 45도로 아래를 향해야 합니다. 일단 올바른 좌선 자세를 취하고 나면, 근육들이 부담을 받으면서 긴장한 채 앉아 있지 않도록 해야 합니다. 올바른 자세를 취하는 것뿐만 아니라 이완된 방식으로 그렇게 하는 것도 중요합니다.

    호흡은 부드럽고 자연스러워야 합니다. 특이한 방식으로 호흡을 제어할 필요가 없습니다. 그저 콧구멍을 통해 호흡이 들고나는 것을 지켜보십시오. 그런 다음 얼마 후 호흡이 복부까지 도달하는 것을 지켜보면서, 배 자체의 경미한 기복도 관찰하십시오. 이러한 움직임에 얼마동안 집중했으면, 자각의 중심이 그냥 배꼽 부위에 머무르게 하십시오.

    몸과 호흡이 조정되고 나면 마음이 점차 가라앉아 망념이 거의 없는 차분한 상태가 될 것입니다. 마음은 호흡을 따라서 자연스럽게 이완된 상태로 들어갑니다. 호흡이 자연스럽게 깊어지고, 길어지고, 미세해지면, 마음이 차분해집니다. 하지만 이 목표에 도달하기 위해 마음을 통제하려 들지 말아야 한다는 것을 기억해야 합니다. 마음이 자연스럽게 가라앉도록 해야 합니다. 과도한 노력으로 마음을 통제하면 번뇌만 일으키게 됩니다.
일상생활을 위한 세 가지 원칙은 이렇습니다.

자신의 말을 자각할 것
자신의 행위를 자각할 것
자신의 마음의 질을 보호할 것

우리는 「식심명」이라는 글의 내용을 살펴보고, 망념을 놓아버리는 것이 중요함을 관찰하면서 한 주일을 다 보냈습니다. 마음이 차분해지게 함으로써 이 환의 마음을 제어해야 합니다. 그렇게 할 때 우리는 무집착을 이해할 수 있게 됩니다. 따라서 여러분의 일상생활에서는 좌선 수행을 견지하여 일상적 자각의 질을 보호하는 것이 중요합니다. 깊이 생각하지 않고 말을 너무 많이 하는 것은 해로울 수 있습니다. 그것은 시끄러운 마음을 유지시키고, 우리의 망념들을 풀어 놓아 서로를 오염시킵니다. 그래서 우리가 서로를 돕기보다는 피해를 줍니다. 물론 이것은 늘 침묵하고 있어야 한다는 뜻은 아닙니다. 우리가 무슨 말을 하고 있는지 자각하고 있어야지, 입을 열고 그냥 나오는 대로 말을 해서는 안 된다는 뜻입니다. 우리가 하는 말에 대한 알아차림(자각)은 명료함을 유지시키고, 다른 사람들과의 교류도 순수하게 만듭니다.

그와 마찬가지로 우리는 자신의 행위를 자각해야 합니다. 손, 발, 다리로 온갖 신체 동작을 하는 것은 자연스럽습니다. 모든 동물과 마찬가지로 우리도 아침부터 밤까지 그렇게 합니다. 하지만 이런 행위들을 자연스럽게, 우리가 살고 있는 사회의 기준에 부합하게, 그리고 자신에게 유익한 것들을 존중하는 방식으로 해야 합니다. 이런 식으로 행위하지 않으면 우리 자신에게 해를 끼치게 됩니다.

자연스러운 원칙들을 따름으로써 몸과 마음의 자유를 얻은 수행자는 늘 자신과 남들에게 이익이 되는 방식으로 행동할 것입니다. 뉴욕에서는 선칠이 끝날 때 우리가 보통 단순한 의식을 거행하면서, 오계五戒4)를 지키겠다고 다짐합니다. 우리가 이 계율을 지키면 좌선의 세 가지 원칙과 일상생활의 세 가지 원칙을 자연스럽게 따르게 됩니다. 그러나 여기 계신 여러분은 모두 같은 배경을 가진 것도 아니고, 모두 불교도의 삼귀의三歸依를 한 것도 아닙니다. 어떤 분들은 이 계율의 어떤 측면과 충돌하는 것처럼 보일 수 있는 종교적 또는 비종교적 원칙을 가지고 있을 수도 있습니다. 그것이 불필요한 어려움을 야기하고 불필요한 번뇌를 일으키겠지요. 그래서 이번에는 우리가 그런 의식을 갖지 않겠습니다. 그 대신 우리는 제가 방금 말씀드린 여섯 가지 원칙에 따라 좌선을 해야 합니다. 여러분이 이 원칙에 따라서 살면, 그에 따라오는 이익이 어떤 것인지 스스로 발견하게 될 것입니다.

여섯째 날 아침공양 때의 말씀

이 선칠을 마무리할 때가 거의 다 되었습니다. 제가 웨일스에 온 것은 드문 기회였습니다. 저는 수행에 대해 제가 아는 모든 것을 남겨두어 여기 계신 모든 분께 드리고 싶습니다. 뉴욕에서 저와 함께 선칠을 해본 몇 분은 제가 보통 저녁에민 법문을 힌다는 것을 알 것입니다. 여기서는 이른 아침, 아침공양 때, 점심공양 때, 거의 매일 이야기를 했습니다! 제가 여기 다시 올 수 있을 것 같지 않아서, 바로 지금 최대한 많이 전해

---

4) 오계는 불살생, 불투도不偸盜, 불망어不妄語, 불사음不邪淫, 불음주이다.

드러야겠다고 느꼈기 때문입니다.

저는 큰 자루를 가지고 이 시장 저 시장 돌아다니는 무슨 상인과 같습니다. 저의 판매대를 설치하고 모든 것을 꺼내어 전시합니다. 만일 물건을 사는 사람이 있으면 좋고, 그렇지 않으면 저녁때 모두 거두어서 다시 자루에 담아 제가 갈 길을 갑니다.

웨일스 산간의 이 시장에서는, 여러분 모두 여기까지 오고 준비를 하느라고 많은 고생을 했고, 많은 시간 동안 과연 제가 여기 오게 될지 확신하지 못했습니다! 이제 우리는 6일간 함께 열심히 공부했고, 찾을 것도 얻을 것도 없다고 말하면서 집으로 갑니다!

집에 있기 좋아하는 사람들은 산을 오르는 이들이 정말 시간을 낭비한다고 말할지 모릅니다. 그러나 등산인들은 해야 할 더 좋은 일이 없고, 그래서 산을 오르면서 힘들어 지쳐하다가 보여줄 것 하나도 없이 돌아갑니다. 하지만 높은 산을 오르는 사람은 자기 집 문간을 결코 떠나지 않는 사람과는 매우 다른 방식으로 세상을 보고, 자연을 경험합니다. 진정한 등산가들은 명예를 얻기 위해 힘들게 히말라야를 오르지 않습니다. 그 명예를 부여하는 것은 남들입니다. 참된 등산가는 단순히 등산 그 자체를 위해, 등산의 경험을 얻기 위해 산을 오릅니다. 그리고 이것은 그 길에 발을 들여놓지 않는 그 누구도 가질 수 없는 경험입니다. 설사 그 산이 얼음으로 뒤덮인 유리산이고, 여러분이 하늘 가까이로 조금밖에 오르지 못한다 해도 말입니다.

만일 선禪에 어떤 목적이 있다면, 그것은 자아와 그 자아에게 나타나는 세계의 성품을 발견하는 것이라고 말할 수 있겠지요. 이 노력을 하는 사람은 드높은 뭔가를 발견합니다. 그들은 명예를 위해서나 남들의 칭찬을 얻기 위해 그렇게 하는 것이 아닙니다. 그들은 자아의 성품을 참구하는 과정에서 그것을 넘어, 묘사할 수 없는 경계에 도달할 수 있습니다.

그렇기는 하나 이 선의 등산가들에는 많은 부류가 있습니다. 어떤 사람들은 자신의 건강을 위해 유리산을 오르려고 합니다! 어떤 사람들은 높은 산을 좋아하고, 어떤 사람들은 낮은 산을 좋아합니다. 어떤 사람들은 심지어 정상에 도달하는 데 관심도 없습니다. 그들은 그냥 매일 일정한 거리를 가는 것을 좋아하며, 어떤 작은 산을 발견하면 그걸로 만족합니다. 어떤 사람들은 고개를 넘어 미지의 계곡으로 들어가는데, 그곳의 사람들은 이들이 알지 못하는 언어로 이야기합니다. 어쩌면 그들은 거기서 새로운 삶을 시작하겠지요. 물론 높이 올라갈수록 우리가 더 멀리 보지만, 가장 멀리 보려는 것만이 유일한 탐색은 아닙니다. 여러분의 탐색은 여러분의 업에 의해 결정됩니다. 참된 탐색은 여러분의 개인적 삶이라는 공안입니다. 누구의 삶도 다른 사람의 삶과 같지 않습니다. 우리는 각자 우리 자신의 산이 있고, 그 산 위에 우리 자신의 길이 있습니다. 정상을 목표로 하든, 아니면 가장 가까운 고지의 꼭대기로 적은 거리를 가기만 하면 되는 것이든, 여하튼 그 여정은 이익을 가져다줍니다.

그래서 여러분이 이 선칠에 들어온 이유가 무엇이든, 여기서 수행했다는 것은 수행하지 않은 것보다 낫습니다. 부지런히 수행하고, 거기에 시간과 기력과 집중력을 들이고, 방법의 의미를 이해하는 이 모든 것이 이익을 가져다주지만, 지금은 여러분에게 그것이 보이지 않을 수도 있습니다. 여기서 남은 시간 동안 자신의 방법을 놓아버리지 마십시오. 집중을 유지하십시오.

여러분이 집으로 돌아가면 매일의 수행을 유지하도록 노력하고, 기회가 오면 다시 집중적인 선 수행에 들어오십시오. 수행에 더 많은 노력과 시간을 들일수록 더 많이 깨닫게 될 것입니다. 비록 지금은 일주일 가까이 인내심 있게 좌선했는데도 여러분이 아무것도 '얻지' 못했다고 느끼지만, 집으로 돌아가면 다른 느낌이 들지도 모릅니다. 다시 자기 집에 있어

보면 그 차이를 느낄 수도 있습니다. 여러분은 6일 전과 같지 않습니다. 여러분 스스로 이것을 발견해야 합니다.

종료 의식과 마지막 말씀

여러분이 무엇을 받았을 때는 그것이 어디서 왔는지를 아는 것이 좋습니다. 만일 물 한 잔을 마신다면 그 물의 원천을 아는 것이 좋습니다. 아마 그것은 어떤 호수나 강에서 오겠지요. 다시 물을 마시고 싶을 때는 어디로 가서 물을 찾을지 알 것입니다. 만일 무엇이 어디서 오는지 알아차리지 못했다면, 여러분은 다리를 건넌 뒤에 그 다리를 무너뜨리는 사람과 같습니다. 다시는 돌아오거나 그것을 재사용하지 못합니다. 무엇이 어디서 오는지 알 때는 그 원천에 대해 고마워할 수 있습니다. 감사하는 마음은 지혜의 일부입니다.

물론 그 강은 자연발생적으로 흐르며 아무 조건이 없습니다. 그 물은 누가 고마워하는지 상관하지 않습니다. 물이 어디서 왔는지 아무도 기억하지 못해도 상관하지 않습니다. 그 물을 필요로 하는 것은 우리이고, 지혜가 있어서 그 원천을 기억하고 고마워하는 것도 우리입니다. 우리가 그 원천을 기억하지 못하면 긴급히 물이 필요할 때 우물을 파야 할 것이고, 그러면 너무 늦을지 모릅니다.

이 한 주일 동안 우리는 삼보三寶, 즉 불법승의 지도를 받았고, 수행 방법에 대한 지도와 수행할 기회를 얻었습니다. 우리는 이제 이런 것들에 대해 감사를 표해야 합니다.

누구에게 감사드립니까? 첫째, 시방삼세十方三世의 모든 부처님들께 감사를 표해야 합니다. 또한 역대 조사와 대덕大德 스님들께 감사를 표해야 합니다. 그분들이 역대 수행자들과 함께 노력한 덕에 불법이 전해질 수 있었습니다. 우리의 부모님과, 우리와 인연 있는 모든 중생들에게 감사드려야 합니다. 그들은 이런 저런 방식으로 우리를 도왔습니다. 이런 모든 것이 우리가 이번 기회를 가질 수 있도록 인연을 지어 주었습니다.

이 의식은 간단합니다. 제가 우리의 감사를 표하면 한 구절씩 끝날 때마다 우리가 절을 하는 것입니다. 그럼 합장을 해 주십시오.

시방삼세의 모든 부처님께 감사드립니다.
시방삼세의 모든 가르침에 감사드립니다.
시방삼세의 모든 스님들께 감사드립니다.
본사本師 석가모니 부처님께 감사드립니다.
석가모니 부처님의 모든 큰 아라한 제자들께 감사드립니다.
인도, 티베트, 중국, 일본 기타 나라들의 모든 역대 조사들께 감사드립니다.
선을 인도에서 중국으로 전하신 선종의 초조初祖 달마조사께 감사드립니다.
선법을 완성하신 육조혜능 대사께 감사드립니다.
스님이 그 법맥을 잇고 있는 근세의 큰스님 허운虛雲 노화상, 그리고 스님의 스승이신 영원靈源 노화상과 동초東初 노스님께 감사드립니다.
우리의 부모님과 일찍이 우리를 도와준 모든 분들께 감사드립니다.
이번 주에 우리와 함께 우리의 선 수행을 지도해 수신 스님께 삼사느립니다.

마지막으로, 저는 여러분 모두에게 감사를 표하고 싶습니다. 여러분은 서로를 도와서 이 과정을 완성하게 했고, 제가 이 불법과 선의 가르침을 영국에 가져올 수 있게 인연을 지어주었습니다. 그래서 서양에 법을 전하는 한 걸음을 더 내딛게 되었습니다. 여기에 대해 저는 무한히 감사드립니다. 함께 절을 합시다.

　이제 마지막으로 몇 마디밖에 할 말이 없습니다. 저 자신에게는 그리 대단한 수행이 없습니다. 단지 제가 열세 살 때 출가하여 이제 예순하나이니, 48년간 불법에 대해 얼마간의 체험을 얻었다는 것뿐입니다. 저는 이 불법이 얼마나 위대하고 얼마나 좋은지, 그리고 그것을 참으로 평가하는 사람이 얼마나 적은지를 깨닫게 되었습니다. 저는 여기 계신 모든 분들과 똑같은 일개 평범한 사람입니다. 저는 부처가 아닙니다. 제가 하는 일이라고는 남들을 돕기 위해 제가 아는 것을 응용하는 것이 전부입니다. 실은 제가 남들을 돕는 것이 아닙니다. 사람들을 돕는 것은 불법입니다.

　어제 아침 저는, 제가 마치 물건 자루를 메고 먼 지역까지 돌아다니는 상인과 같은 느낌이 든다고 말했습니다. 이 먼 곳에서 저는 제 자루를 열어서 모든 것을 뒤에 남겨두고 싶습니다. 그러면 저는 빈손으로, 편안하고 즐거운 마음으로 집에 돌아갈 수 있습니다.

　제가 여기 가져온 물건들이 여러분에게 쓸모가 있는지 없는지는 여러분이 판단하겠지요. 만일 쓸모가 있었다면, 당연히 저는 고마움을 느낄 것입니다. 그러나 불법을 여기 가져온 것은 실은 어떤 목적을 위해서가 아닙니다. 그것은 어떤 이유에서 온 것이 전혀 아닙니다. 불법 그 자체가 목적입니다. 그러니 불법을 여기 가져온 데 대한 보답으로 저는 아무것도 달라고 하지 않습니다. 여러분도 같은 태도를 가지면 좋겠습니다. 우리 각자가 수행을 통해 불법을 그 자신에게 가져간 다음, 다른 사람들에게도 그 이익을 보여줄 수 있습니다. 불법에서는 늘 우리에게 부처님과 삼보에 감사하라고 말합니다. 그러나 부처님은 이미 완전무결한 분이어서, 누구에게서 무엇을 필요로 하지 않습니다. 우리의 감사를 표하는 최선의 길은 불법의 이익을 모든 사람, 모든 중생에게 보여주는 것입니다.

　석가모니 부처님이 열반에 들려 하실 때 제자들이 여쭈었습니다. "부처님, 당신께서 가신 뒤에는 저희가 누구에게 의지해야 합니까?" 부처님이 대답했습니다. "지난 40년간 내가 여러분에게 준 가르침, 그것이 여러분이 의지해야 할 법法입니다." 여러분도 불법과 계율, 그리고 자기 자신의 노력에 의지할 것이지, 스승에게 의지하지 마십시오. 물론 큰 선사가 영국에 와 있다면 좋겠지만, 영국에 선사가 있든 없든 그것은 중요한 것이 아닙니다. 사람들이 불법을 잘 이해하고 그에 따라 수행하는 한 이익이 있을 것입니다. 설사 제가 백 살이 될 때까지 여기 매년 온다 해도, 불법을 함께 수행하는 것은 일정한 시간밖에 못할 것입니다. 불법은 영원하고 항상 존재합니다. 이 성엄이라는 사람은 여러분에게 전혀 중요하지 않습니다. 핵심적인 불꽃은 여러분에게 남은 가르침입니다. 그리고 이 법은 저의 법이 아닙니다. 그것은 선禪의 불법입니다.

제2부

비추는 침묵

Illuminating Silence

머리말

   1989년 웨일스에 오셨을 때 성엄 스님이 우리에게 말씀하시기를, 당신은 묵조默照라는 선법을 자주 권하지는 않는다고 하셨다. 왜냐하면 수행에 잘 자리잡은 마음이라야 그 방법으로 결실을 볼 수 있기 때문이라는 것이었다. 그러나 이내 묵조를 폭넓게 가르치기 시작하셨다. 1992년 웨일스에서 굉지정각 선사의 「묵조명默照銘」을 강해하셨을 뿐만 아니라, 이 책에 나오다시피 1995년 웨일스에서도 다시 묵조를 가르치셨다. 이어서 바르샤바, 자그레브, 베를린에서는 물론이고 당신의 본거지인 뉴욕에서도 그러셨다. 나 자신이 이 방법을 선호한 탓에 스님도 영국에서 이것을 가르칠 마음이 나셨고, 서양 수행자들이 그것을 받아들일 전망도 밝아 보였던 것이다. 오늘날은 이 방법을 깊이, 그리고 그 원래의 근원과 연결지어 가르칠 수 있는 중국 선사가 거의 없다고 스님은 말씀하셨다. 따라서 우리는 여기서 이 수행법에 대해 중요한 소개를 하는 셈이다. 나는 이 머리말에서, 이어지는 논의를 전체 맥락 속에서 살피고자 하며, 이 주제에 생소한 사람들에게 혼란을 야기할 수 있는 일부 전거典據들은 배제하려 한다.
   스님은, 불법에 대한 체험적 이해는 개념적 통찰에 의존한다는 것을 강조한다. 즉, 어떤 표현할 수 없는 체험은 그것이 한 개인의 깨달음 안에서 의미가 있음이 확인될 때 통찰력 있는 것으로 된다. 스님은 자아감의 상실과 초월의 느낌을 내포한 신비적 체험은 모든 인류에게 잠재적으로 공통적인 것이며, 그것은 가장 샤먼적인 전통에서부터 엄격한 사제적 전통에 이르기까지 모든 종교 전통에서 일어난다는 것을 인정한다. 그런 사건은 늘 그 체험자가 자기 신앙의 근거로 삼는 신념 체계나 이데올로기의 견지에서 해석된다. 이처럼 체험은 세인들의 믿음―세간적 삶이 그것을 통해 의미 있고 가치 있게 되는 믿음―에 근거를 둔다.

그와 대조적으로 19세기 말 이후의 일본선, 특히 서양에 소개된 일본선은 깨달음의 체험이 마음과 우주의 형언할 수 없는 기반과의 독특하고 직접적인 만남 속에서 모든 언어와 철학을 초월한다는 견해를 강조해 왔다. 이러한 관점은, 깨달음 체험은 모든 경전을 넘어선다는 보리달마의 언명[29쪽의 게송]을 극단적으로 강조하는 것이다. 특히 스즈키 다이세츠가 이것을 서양에 소개했는데, 당시 서양 문화는 과학적·인문적 합리주의의 비판을 받던 기독교의 진리성을 갈수록 의심쩍어 하던 중이었다. 경험주의와 상식에서 한숨 돌리기 위해 어떤 초월성에의 회귀를 갈구하고 있던 서양인들은 낭만적 열정으로 그것을 받아들였다. 사실 올더스 헉슬리는 모든 종교의 저작들에서 가져온 글귀들을 한데 모아 이 영원히 초월적인 체험의 철학은 외관상 모든 종교의 뿌리에 내재해 있다고 강조했다.[1] 데일 S. 라이트 등이 보여주었듯이, 서양에서의 선에 대한 많은 해석은 이러한 관점에서 전개되었다.[2]

---

[1] Huxley, A. 1954. *The Perennial Philosophy*. London: Chatto and Windus.
[2] Wright, D.S. 1998. *Philosophical Meditations on Zen Buddhism*. Cambridge University Press; Faure, B. 1991. *The Rhetoric of Immediacy: A Cultural Critique of Chan/Zen Buddhism*. Princeton University Press. 그리고 특히 Faure, B. 1993. *Chan Insights and Oversights: An Epistemological Critique of the Chan Tradition*. Princeton University Press의 논의들을 보라. 선이 서양에 전해지는 데 많은 역할을 한 일본선사들이 의외로 보인 군국주의 행태에 대해서는 Victoria, B. 1998. *Zen at War*. New York: Weatherhill을 보라.

이런 견해의 한 결과는, 자신이 기독교인이라고 공언하는 일부 사람들이 더 깊은 영적 이해를 추구하여 거리낌 없이 일본 선사들과 함께 좌선을 했고, 몇 사람의 경우 그들로부터 인가를 받아 선 지도법사로 수행하고 활동할 수 있게 되었다는 것이다. 그런 몇몇 법사들은 언어문자를 떠난 선의 영성에 대해 입으로만 좋게 말할 뿐, 실은 암암리에 혹은 노골적으로 기독교 신앙과 깊이 결부된 방식으로 선 수행법들을 사용한다. 그런 경우 선 수행은 부처님의 근본 가르침과 정면으로 배치되는 '신성神性'에의 영적 접근을 위한 수단이 되고 있다. 당연히 선에 관심이 있는 초심자들은 헷갈리게 된다.

개념(concept)의 중요성에 대한 성엄선사의 강조는 현대의 포스트모던적 사고와 부합하며, 이러한 사고에서는 체험이 개념상의 맥락과 불가분으로 여겨진다. 체험이 일어날 때 그 맥락이 아무리 겉으로 드러나지 않았다고 해도 말이다. 선 수행에서 그 맥락은 여전히 대승불교 철학이다. 즉, 자아의 성품과, 현상들이 연속적으로 출현할 때의 인과因果의 상호 의존성, 곧 '연기緣起'에 대한 부처님의 원초적 통찰에 기초한 사상인데, 이 연기는 그 과정의 어느 수준에서도 어떤 특정한 '사물성'으로 축소되지 않는다. 불교 사상은 상호작용하는 실체들 혹은 행위자들의 견지에서가 아닌, 과정상의 운동이라는 견지에서의 현상론적 설명에 기초해 있다. 이것은 체험을 어떤 우주적 본체―그것이 신이든 브라만이든 그 무엇이든―와의 개인적 동일시나 만남으로 인식하는 것과는 매우 다른 통찰이다. 선에서의 깨달음은 만물의 '공성'을 드러내는 형언할 수 없는 체험에 기초한 어떤 '이해'의 출현이며, 그것은 선종의 의식에서 창송하는 『심경』에서 아름답게 표현되고 있다. 기독교적 '선'과 그 불교적 원형의 본질적 차이는, 전자에서는 수행자들이 통찰을 (신과의) 관계로서 체험하는 반면 불교도는 그것을 본질적으로 편재성遍在性으로서 체험한다는 것이다. 당연히 이러한 차이점들은 괴로움, 자아의 본성, 유신론적 의존 및 자비의 베풂에 대한 이해에서 서로 다른 견해를 함축하지만, 그 어느 것도 잠재적인 선 수행자들에게 분명하게 제시되지 않는다.

불교 사상이 생소한 사람들은 종종 공空의 개념에 헷갈려 한다. 이 용어가 의미하는 것은 무無도 아니고 허공도 아니며, 어떤 죽음 같은 존재 상태도 아니다. 오히려 그 근원에서는, 일체가 자연스럽게 하나의 연속적이고 무상한 겉모습으로 자각에 현전現前하지만 그것이 모종의 실체들로 범주화되지 않으며, 따라서 어떤 사물 같은 겉모습이 '비어 있다'는 것이다. 불교 사상에서는 가끔 '공공空空'을 이야기할 때가 있다. 연기緣起의 저변을 이루는 성품에 대한 어떤 견해에 따르면, 일체는 공하지만 환원할 수 없는 어떤 기반은 이와 별개이다. 다른 이들의 견해로는, 현상적 일어남의 그 기반은 알 수 없는 것이라고 하겠지만 최소한 원리상으로는 그것이 어떤 면에서 여전히 우주적 현상을 나투는(현현하는) 과정들의 상호의존성을 표현한다. 우리는 여기서 물리학자들과 불교도들을 공히 당혹케 하는 존재의 근본적 불가사의와 대면한다.

선을 참구하는 사람들은 마음이 여래장如來藏(tathagatagarbha)을 그 기반으로 가지고 있다는 것을 이내 발견할 것이다. 부처를 뜻하는 칭호인 '여래'를 포함하고 있는 이 용어는 깨달음 속에서 보는 공성으로서의 불성佛性과 동의어이다. 그것은 어떤 사물 같은 성질을 가지고 있는 것처럼 보이는데, 어떤 이들은 이 용어를 쓰는 것을 힌두 사상과의 타협으로 보았다. 하지만 그것을 산스크리트어 구성요소로 나누어 보면 그 실체성이 사라진다. '장藏(garbha)'은 '자궁' 또는 '태胎'를 의미하고, 따라서 마음의 뿌리에는 불성의 태[자궁]가 있다. 하지만 이 용어는 '여여如如(tathata)'['그러함']와 '래來(gata)'['간, 가는, 온, 오는', 즉 움직임]로도 나누어진다. 그래서 부처의 이 칭호는 사물들이 있는 그대로 오고감을 잘 보여주는 사람을 의미한다. 다른 동의어로는 '불생不生', 즉 아무 분별이 없는 것과, 외관상 존재하는 만물이 그 안에서 나타나는 '마음의 본래적 광명'이 있다.

선 수행의 제1 목표는 '성품을 보는 것[見性]'이다. 다시 말해서 존재 속에서 만물이 함께 일어나서 흘러가는 측면의 여여함을 보는 것이다. 이것을 직접 본다는 것은, 분별하고 범주화하는 마음―그 자신의 과정의 산물로서 괴로움을 낳는 마음―을 넘어서는 것이다. 에고적 자아는 만물만큼이나 하찮은 것이므로 그것 역시 외관상의 특별함을 상실할 수밖에 없고, 이때 비이원적으로 공성을 깨달을 수 있게 된다. 여기서의 논리는 단도직입적이며, 그런 통찰에 대한 어떤 욕망도 그 욕망을 일으키는 실체로 귀착되는 에고적 자아가 존재함을 의미한다. 분명 그런 경로를 통해서는 비에고적 상태에 도달할 수 없다. 그러면 어떻게 해야 하는가? 묵조의 선법이 답하려는 것이 바로 이 물음이다.

우리가 이런 방법들을 고려하다 보면, 용법이 애매하여 종종 의미가 분명치 않은 용어들과 금방 다시 맞닥뜨린다. 가장 주된 어려움은 '깨달음'이라는 용어 그 자체와 관계된다. 이 명사는 선을 가르치는 사람들이 통상 사용하는 것으로, 많은 문헌에서는 다음 세 가지 의미가 구분되지 않고 사용된다. 즉, 그것은 어떤 체험을 의미할 수도 있고, 어떤 성취나 결실에서 나오는 상태를 의미할 수도 있으며, 이 두 가지를 연결하는 어떤 발전 과정을 의미할 수도 있다. 이런 용법들을 분명하게 구분하지 않으면 이해가 혼란스러워지고, 때로는 그릇된 주장까지 하게 된다.

깨달음 체험[견성]은 모든 자아관심(에고)이 떨어져 나가고, 그 수행자가 어떤 에고적 관심이나 이원적 개념화에 의한 걸러냄 없이 '성품을 보는' 별개의 사건이다. 이는 마음의 어떤 본래적 기반인 '성품'이 있는데, 단지 그것이 자아관심적인 사고와 느낌이라는 '무지'에 가려져 있다는 의미를 함축한다. 그것은 흔히 삶을 뒤바꿔 놓는 더없이 획기적인 순간이며, 그 수행자에게 큰 광명과 생생함과 깊이를 지닌 불가사의한 무아적 세계를 열어준다. 그것은 자아중심적 활동에 함축되어 있는 인류의 괴로움의 원천인 '무지'와, 어떤 대안적 비전이라는 실존적 사실에 대한 직접적인 통찰을 일으킨다. 그것은 또한 모든 중생에 대한 깊은 자비심이 생겨나게 할 수도 있다. 불법에 대한 개념적 이해를 가지고 있는 사람들에게는 그것이 하나의 체험적 확인이다. 그러나 그런 체험들은 희유하며, 보통 오래 지속되지 않는다. 뒤이어 의심과 물음이 새로워진 자아가 다시 등장하지만, 이제 그것은 (자성을) '본' 마음 안에 기초하고 있고, 따라서 완전히 싱그럽고 개안적인(안목이 열리는) 기반 위에서 계속 수행하게 된다. 대부분의 기록에 따르면 큰 스승들조차도 그들의 삶 속에서 '성품을 보는 것'은 몇 번뿐인 것으로 나온다. 물론 변혁된 삶이기는 하지만 말이다.

'깨달음'이 하나의 상태나 발전 과정을 가리킬 때, 그것은 보통 한 개인이 어떤 문턱을 넘어서 다시는 돌이킬 수 없는 상태에 도달하는 것을 의미한다. 이 상태에서는 지혜와 자비가 결합되어 모든 중생을 향한 자애로움이라는 태도로 나타난다. 불교 교파에 따라 지혜와 자비에 대한 강조점이 다르고, 그런 상태에 도달하는 데 걸리는 시간에 대해서도 견해가 다르다. 어떤 교파들은 여러 생이 지난 뒤에야 반복된 수행을 통해 깨달음이 일어난다고 믿는 반면, 어떤 종파들은 적절한 수행 과정과 선업善業이 있으면 깨달음이 한 생에 일어날 수 있다고 믿는다. 어떤 교파들은 보살들이 깨달았다고 생각하는 듯하고, 어떤 교파들은 이 호칭을 부처들에게만 국한시킨다. 성엄 스님은, 깨달은 사람의 경우에 자아의 작용이 지혜에서 일어나는 방편으로 대체된다고 말씀하신 적이 있다.

많은 사람들은 헷갈려하면서, 하나의 상태로서의 깨달음은 우리가 견성 때 체험할 수 있을 법한 어떤 지속적인 지복의 황홀경과 자각의 상태를 의미한다고 생각한다. 이것은 올바른 이해가 아닌 듯하다. 완전히 깨달은 수행자는 '어떤 상황에서도 에고 관심이 작용하지 않는 지혜 안목의 관점에서 살아가는 사람'이라고 말할 수 있을 것이다. 그런 깨달은 이는 세간에서 정상적으로 살아가지만 단지 습관적인 자아관심이 없을 뿐이다. 그는 거울 같은 성질을 가지고 있는데, 남들은 자기 앞에 있는 그 사람에게서 에고의 반응을 보기보다는 그 거울에서 그들 자신을 보게 될 것이다. 짧은 깨달음 체험도 그러한 상태의 시초가 될 수 있겠지만, 그런 체험들 대부분은 지속적인 깨달음의 상태로 이어지지 않는다. 오히려 이 기적 번뇌가 되돌아온다. 다만 그 강도는 약해져 있다. (그 단계에서) 어떤 사람들은 무아적 지복의 체험을 산출할 능력을 계발할 수도 있고, 어떤 사람들은 그 상태에 더 자주 들어가 있는 자신을 발견할 수도 있지만, 그런 상태 대부분은 짧은 시간 동안의 지복에 그친다. 그 체험을 했다고 해서 깨달은 자로서의 상태가 나타난다는 보장이 없으므로, 계속 수행하는 것이 필수적인 과제이다.

하지만 이 상태를 '하나의' 체험으로라기보다 앎의 한 형태로서 그려볼 수 있는 또 하나의 길이 있다. 조동종 전통에서는 깨달음이 수행과 다르지 않다고 한다. 이러한 견해는 온갖 범주들, 곧 시간, 공간, 자아 등이 좌선을 통해 떨어져 나가다가 마침내 무無만이 남아 있는 것을 발견하는ㅡ그럼에도 불구하고 그 안에서 일체가 거울처럼 반사되는ㅡ그런 상태에 이르는 것에 초점을 맞춘다. 따라서 그런 접근 방법은 돈오頓悟의 체험적·개안적 측면을 강조하지 않고, 오히려 암묵적으로 마음의 저변에 늘 존재하는 상태를 발견하는 것을 강조한다. 그래서 이 상태를 아는 것은 한정된 시간 동안 지속되는 어떤 통찰의 체험이기보다는 앎의 한 유형인 것이다. 어떤 이들은 이 조동종의 접근 방법이 더 성숙된 관점이며, 그것이 북조의 깊은 견해라고 주장할지도 모른다.

'견성'을 한 사람은 설사 어떤 스승이 그 체험을 인가해 주었다 해도 자신이 깨달은 사람이라고 주장하지는 않을 것이다. 그는 단지 깨달음을 언뜻 본 것이 무엇을 수반하는지 알 뿐이다. 실로 깨달았다고 주장하는 사람은 아마 스승도 제어하지 못한 아만我慢으로 인해 그릇되게 행동하고 있는 것일 터이다. 겸허하기만 해도 보통 그런 주장은 하지 않게 된다. 사람들은 이 세간의 번뇌를 참으로 초월한 것처럼 보이는 예외적 존재를 보면 그가 '깨달았다'고 생각할 수 있다. 그런 사람들로서 한 세대 안에 살아 있는 분들이 열 손가락으로 꼽을 수 있는 것보다 많을지는 의심스럽다. 그 중 어떤 분들은 큰 라마(lama)나 스승 혹은 법사가 될 수도 있고, 또 어떤 분들은 소수의 사람들에게 알려진 것을 제외하고는 전혀 알려지지 않은 채로 있을 수도 있다.

   스님은, 어떤 경로를 통해서든 견성을 체험한 사람은 남들을 가르칠 수 있는 최우선 후보라고 말씀하신 적이 있다. 하지만 인가를 받지 못한 사람이라 해도, 자신이 다른 사람의 체험적 깨달음의 표지를 권위 있게 판별하지는 못할 거라는 점을 겸허하게 인정하는 한, 사람들을 가르칠 수 있을지 모른다. 그러나 그런 사람은 어떤 스승의 법제자로 적법한 인가를 받아서는 안 된다. 한 세대 동안 어느 공동체 내에 깨달은 사람이 아무도 없고 맥이 이어지기만 해도 다행인 시기들도 있을 수 있다. 운문사雲門寺의 지객知客 스님은 나에게, 문화혁명의 참화가 휩쓸고 지나간 뒤 중국 대부분 지역의 사정이 그랬을 거라고 말했다.3)

   이런 식으로 보자면 선 수행은 분명한 목적이 있다. 그것은 사과 맛을 볼지도 모를 사과나무 밑의 자리라기보다는 어디론가 가는 길이다.4) 초심자들이 도겐과 같은 대선사가 좌선은 곧 깨달음과 같다고 한 것을 읽

---

3) Crook, J. H. 1998. 'Chan revival in Mainland China'. *New Chan Forum* 16. pp.33–45.
4) 그래서 선은 티베트불교의 쪽첸보다 마하무드라와 더 비슷하다.

으면 혼란이 일어날 수도 있다. 초심자는 자신이 선당에 앉으면 곧 깨닫는다고 생각해서는 안 된다! 그 말은, 깨달음의 능력은 누구에게나 있는데 단지 번뇌에 가려져 그것을 자각하지 못할 뿐이라는 의미이다. 초심자는 적절한 수행 동기를 계발할 필요가 있지만, 에고에 기초한 욕망을 넘어서기 위한 수단으로 '추구함이 없는' 태도를 갖추려고 노력해야 한다. 깨달음은 자격증이 아니다.

묵조 수행은 부처님이 직접 제시한 사마타(止, samatha)[마음 고요히 하기]와 위빠사나(觀, vipassana)[성품 통찰하기]라는 인도의 두 가지 행법에서 유래한다. 묵조에서 '묵默'(묵연함)은 고요히 함을 가리키고, '조照'(비춤)는 처음에는 묵연함의 또렷한 존재를 자각하는 것을 지칭한다. 그래서 이 둘을 결합하여 중국에서 발전된 행법은 그 고요해진 마음을 통찰하는 것이다. 여기서 우리는 고요해지는 그것이 무엇인지를 물어야 한다. '마음'은 워낙 일반적이어서 이것을 더 정확히 살펴볼 필요가 있다. 사실 '심心'이라는 한자어는 종종 '심장(heart)'으로 번역되어, 여기에 풍부한 정서적 생명력이 있음을 함축한다. 수행상의 어려움들을 살펴보면 하나의 답이 나온다. 주된 문제는 망념인데, 그 중 높은 비율은—어쩌면 사실상 그 모두가—이런 저런 식으로 자기중심 및 그와 연관되는 감정들과 밀접히 결부되어 있다. 이 자기중심적 마음이 우리가 고요히 해야 할 주된 표적이다. 따라서 비추기 수행, 곧 좌선 과정에 대한 점검과 자각은 자기에 대한 생각들이 점차 떨어져 가는 마음을 들여다보는 수행이라고 할 수 있다.

이 좌선의 첫 번째 목표로 성엄 스님이 '전신자각(total body awareness)'을 제시한 것은 명민한 방책이다[151쪽]. 몸 자체는 자아의 으뜸가는 집이고, 그것이 일어나는 장소이다. 신체 각 부분들에 대한 자각을 하나의 통합적 체험 속에 합일시키면 자아의 과정들도 하나의 신체적 초점으로 모아지고, 그 속에서 신체적 지평들에 대한 지각이 희미해지면서 찬란한 광대함과 무시간성의 느낌에 이르게 된다. 자아에 대한 관심이 두드러지지 않게 된 이 상태가 일어나는 것을 또렷이 관찰하다 보면, 어느 정도의 안정성을 인식하는 지점이 온다. 이때 비춤이, 곧 자신이 있는 상태에 대한 앎이 시작된다. 묵연함에 비춤이 더해진 이 면밀하고 의도적인 수행은 결국 우주적 존재의 어떤 흐름 안에서 단순한 현존으로 통일되는 체험에 이른다. 자아관심이 옆으로 밀려난 그러한 통일은 지복스러우며, 다양한 체험을 동반할 수 있다. 자신의 근본적 면모를 보게 되면 근심이 없는 존재(being)의 수용이 일어날 수 있게 된다. 내가 추측하기로, 쾌락중추들을 주로 부정적 감정에 국한시키는 자아지향적 두뇌 활동이 아주 단순화되어 어떤 기본적이고 걱정 없는 환희가 일어나는 것이 아닌가 한다. 하지만 그런 체험들이 견성은 아니다. 그런 체험은 좌선이 잘 되고 있다는 표지이기는 하나, 자아는 차분해진 관찰자로서 여전히 살아 있으면서 기본적으로 그냥 본래의 자기로 있는 것을 즐거워한다. 이를 일러, 에고적 근심을 가진 소아에 대립되는 '대아大我'의 일심一心을 성취한 것이라고 말하기도 한다.

 하나의 유용한 보조적 방법인 직접관법[168~170쪽]에서는 우리가 멀거나 가까운 어떤 대상을 그냥 바라보면서 그것을 고요하고 집중되게 응시하거나 듣는다. 상황적 현존에 대한 매우 또렷한 자각이 일어나면서, 공간적 또렷함이 지배하는 체험이 수반된다. 이것은 매우 정확한 형태의 비춤[照]이며, 여기서 바깥으로 향하는 극도의 주의집중은 몸 안에 있는 자아관심을 배제한다. 자각이 워낙 강력하게 그 대상에 집중되어 있으므로 자아의 어떤 간섭도 일어나지 않는다. 여기에는 비춤이 있다고 말할 수 있겠지만, 자아를 의식적으로 통제한다는 의미에서의 묵연함[默]은 없다. 이렇게 형성되는 상태를 우리는 '자아가 있는 비춤'이라고 부를 수 있을 것이다. 그 수행이 끝나면 자아가 다시 나타난다.

1999년 베를린에서 스님은, 직접관법이 묵조로 이어져야만 깨침을 얻을 수 있을 것이라고 말씀하셨다. 여기서 중요한 것은, '회광반조廻光返照'라고 하는 내적 움직임을 통해 비춤이 한 번 더 돌아와서 고요해진 자아를 점검해야 한다는 것이다. 비유하자면 마치 눈이나 귀가 외부로부터 돌아서서 내면을 보는 것과 같다. 직접관법은 비춤이 묵연함의 계발에 선행하는 매우 생동감 있는 행법이며, 묵조에 크게 기여할 수 있다.

자아중심이 완전히 떨어져 나갈 때에만 오묘하고 또렷한 '견성'이 일어날 수 있다. 이때는 뚜렷한 경외와 놀람의 감각이 있으며, 상황에 따라 때로는 강력한 해탈감이 있다. 이런 변화들은 그 수행자에게 매우 분명한 것이다. 다만 자기관심의 부존재는 명확히 인식되지 않으며, 그러다가 그 체험이 사라진다. 자아가 점차 다시 돌아오는 것을 종종 감지할 수 있고, 그것은 어떤 상실감이 된다. 우리는 이 상태를 '자아가 없는 비춤'이라고 할 수 있으며, 그것이 '자아가 있는 비춤'과 대비되는 것을 그 수행자가 체험적으로 구분할 수 있다.

경험 많은 좌선자에게 깨친 앎(enlightened knowing)은 독특한 것이며, 단순한 비춤과 혼동되지 않을 것이다. 그러나 초심자는 여기서 쉽사리 그릇된 주장을 할 수 있다. 사실 소참을 하는 선사도 이것을 식별해 내기가 쉽지 않으므로 면밀한 점검이 필요하다. 스님은 견성을 인정하는 데 매우 신중하시다. 또한 신중하지 못한 많은 선사들이 고도의 비춤을 깨침으로 착각하여 제자들을 잘못 이끌 수 있다고 말씀하신다. 그럴 때는 자아가 소멸한 것이 아니라 단지 보이지 않을 뿐이므로, 여기서 실수가 있으면 나중에 그 제자에게 많은 혼란이 올 수 있다.

다시 한 번 강조하지만, 깨닫겠다는 어떤 자아의 의도도 실패할 수밖에 없다는 것을 알아야 한다. 에고에 기초한 활동은 자아가 떨어져나가는 움직임을 가로막을 뿐이다. 어떤 좌선법을 닦는 것은 당연히 성공을 목표로 하는 것이지만, 그것이 의도성을 넘어서지 못하면 결국 스스로를 좌절시킨다. 여기에 선 공안의 역설이 있다. 즉, 분별심을 넘어서려면 그 물음을 분별하는 마음이 그 자신을 떠나야 한다는 것이다. 사량思量은 도움이 되지 않으므로 어떤 형태의 포기가 일어나야 한다. 방법을 놓고, 바람과 걱정을 놓아야 한다. 이것은 말하자면 우발적으로만 일어날 수 있다. 견성 과정에 대한 대부분의 이야기들은, 약간의 충격이나 주의의 갑작스런 변화가 있을 때, 준비되어 있던 마음에 변화가 일어날 수 있음을 보여준다. 그래서 그런 순간들은 그 사람이 마당을 가로지르거나, 한 잔의 차를 마시거나, 문득 이상한 새를 보거나, 돌을 굴러 떨어지게 할 때와 같이 대중없이 일어나는 경향이 있다. 좌선 공부가 다양한 형태의 비춤을 의도적으로 유발할 수 있고, 그럴 때 강한 외부적 주의로 인해 자아가 보이지 않을 수도 있으나, 그것으로는 자아가 그 자신을 소멸시킬 수 없다. 깨달음은 하나의 '체험'으로서든 '앎'으로서든 늘 돌연히 일어난다고 하지만, 반면에 좌선 수행은 점진적이다. 깨달음은 때가 되면 일어난다. 스님이 말씀하시듯이, "우주가 알아서 하게 내버려두라!"

또한 개인적 인식의 준거점으로서의 자아는 결코 소멸하지 않는다. 만약 소멸한다면 그 사람은 세상에서 살아갈 수 없을 것이다. 실제로 일어나는 일은, 자아중심이 그냥 사라지고—스위치가 꺼지고—그러면서 거의 내내 우리를 비상하게 사로잡는 현존성이 드러나는 것이다. 자아중심의 스위치가 꺼지면서 마음은 어떤 새롭고 개안적인 존재, 지복, 생각의 비워짐(무념)과 사랑이라는 경계들 속에서 도약하는데, 이 경계들은 개인적이라기보다는 보편적인 것으로 보이는 그 자신의 법칙에 따라서, 말하자면 회전한다. 좌선 공부가 깨달음을 유발할 수는 없지만, 그것이 깨달음이 일어날 가능성을 높여준다고 볼 만한 충분한 이유가 있다. 여기서 가장 중요한 것은 무無의도(no-intention)의 의미를 탐색하는 것이다.

우리가 방금 보았듯이, 깨달음의 체험조차도 에고적 자아나 그것의 번뇌들이 완전히, 돌이킬 수 없이 제거된다는 것을 의미하지는 않는다. 어떤 기능적 자아가 없다면 인간은 세상을 살아갈 수 없다. 그렇다면 최종적으로 사라지는 것은 자아 기능이 아니라, 오히려 그 체험이 지나간 뒤에 다시 나타나는 개인적 동일시들에 대한 집착이다. 하지만 이런 동일시들도 이제는 줄어들기 시작하면서, 우리는 그것들의 허망하고 비본질적인 성품을 충격적으로 발견하게 된다. 자아관심이 내적인 평안과 중생들에 대한 관조적 자비심으로 대체되면서 지혜가 일어난다. 스님이 1999년의 베를린 선칠 때 설명하셨듯이, 에고적 기능들이 지혜에 의해 접수되는 것이다. 그러한 상태가 잘 확립되면 남들이 그런 사람을 깨달은 존재로 여길 수도 있다. 다만 그는 그런 칭찬에 개의치 않겠지만 말이다. 이제는 자비심이 그들의 주도적 관심사이자 자연적 기반이 되며, 성취나 지위의 문제에는 그들이 더 이상 관심이 없게 된다. 그런 존재들은 세간의 희유한 보배들이다.

우리가 논의한 심리적 변화의 모습들은 인간적 조건 자체의 초월을 보여주는 것이라기보다는, 괴로움의 핵심에 자리하고 있는 자아몰입(에고)의 초월을 상정한다는 점을 유념해야 한다. 체험과 개념이 함께 작용하여 이런 통찰이 드러나는데, 이는 연기緣起라는 보편적 법칙이 현상들의 공성의 뿌리라는 데 기초해 있다.

회의론자는 이러한 깨달음이 영적인 삶에 대한 다른 종교적 해석들과 어떻게 다르냐고 물을지 모른다. 그것은 문화적 상대성의 또 한 가지 사례에 불과한가, 아니면 진리에 대한 더 특별한 어떤 주장을 가지고 있는가? 분명히 이 포스트모던 시대에서 한 신념체계의 진리 가치가 다른 것보다 우월하다고 주장하는 것만으로는 우리가 아무것도 얻지 못한다. 그러나 불교적 깨달음, 특히 대승불교의 깨달음에는 몇 가지 특별한 면모가 있으니, 그것은 우리가 고려해 볼 만하다.

첫째로, 불교 체계는 단순히 어떤 형이상학적, 철학적 혹은 교권적(종교권위적) 존재론을 교리로 엮어 놓은 것이 아니다. 그것은 실로 부처님 자신이 주장했듯이 우리가 시험해 봐야 하는 주제이다. 마음과 자각에 대한 원리들은 늘 개인적 체험 속에서 평가된다. 이 '주관적 경험주의'가 늘 불교적 현상학의 주된 특징이었다.5) 수행 방법들은 수행자에게 늘 어떤 개인적 실험이다.

둘째로, 불교의 심리철학은 많은 점에서 심리치료 이론과 실천, 게슈탈트 심리학, 의식학, 현상철학 그리고 몇 가지 측면의 인간적 실존주의가 함께 관련되면서 서양에서 부상하고 있는 주체의 과학과 비견된다. 마음의 탐구에 있어서 불교 사상가와 서구의 사상가들은 공통된 이해의 입장으로 수렴되는 것처럼 보인다. 그들의 목적과 지적인 문화 간에 엄청난 차이가 있음에도 불구하고 그렇다.

물론 불교와 서구의 경험주의 둘 다 개념에 속박되어 있으며, 최종적인 '진리'는 늘 불가사의한 것으로 남는다. 두 경우 모두 탐구(enquiry)가 문제의 본질로 남아 있다. 그것을 좌선상의 의문을 통해서 탐구하든, 어떤 가정의 시험을 통해서 탐구하든 관계없이 말이다. 우리는 최소한 불교적 탐구가 시대정신 안에 자리를 잡았다고 주장할 수 있을 것이다.

---

5) Crook, J.H. 1980. *The Evolution of Human Consciousness*. Oxford, Clerendon.

법문

방법

다시 한 번 웨일스에서 영국의 수행자들과 함께 선칠을 하게 되었습니다. 매번 제가 올 때마다 느낌이 다른데, 유일한 공통점이 있다면 추운 기후를 경험한다는 것입니다. 대만은 더운 곳이라 여기서는 제가 추위를 느낍니다. 영국의 여러분은 따뜻한 날이라고 말할지 모르지만 말입니다. 하지만 공통되는 것이 또 있습니다. 우리 각자가 늙어가고 있다는 것입니다. 우리 모두 나이가 들고 있습니다. 심지어 우리들 중에서 실제로 젊은 사람도 그렇습니다. 그러면서 우리가 지혜로워지고 있느냐는 별개의 문제입니다!

처음 왔을 때 제가 아는 사람은 존뿐이었습니다. 사실 그가 저에게 와 달라고 설득했었지요. 두 번째에는 뉴욕에서 저와 함께 선칠을 한 분들을 포함하여 몇 분을 더 알았습니다. 지금은 새로운 얼굴이 더 보이는군요. 사람들은 시간이 가면서 달라지고 너 머인홀루이드도 마찬가지입니다. 웨일스의 산중에 숨겨진 이곳, 이 작은 농장은 점점 더 선찰禪刹같이 보입니다. 영국에서 이런 곳을 발견할 수 있다는 것은 정말 뜻밖입니다.

이번 방문 중에 저는 여러분에게 묵조에 대해 더 많이 이야기하고 싶습니다. 왜냐하면 여러분 중 많은 분들이 그것이 도움이 된다고 느꼈고,

존이 특히 이 행법과 인연이 있다고 느끼기 때문입니다. 더 머인홀루이드는 묵조와 좋은 업연이 있는 것 같습니다. 우리는 불법에 대해 더 깊이 이해하는 쪽으로 나아갈 필요가 있고, 이것은 묵조를 하는 탁월한 방법이 될 것입니다. 바라건대 영국의 풍요로운 토양에서 이미 자라고 있는 선禪의 뿌리들을 우리가 잘 키워냈으면 합니다.

여러분 가운데 몇 분은 캘리포니아 샤스타 수도원(Shasta Abbey)[1]의 지유 케니트 선사가 1972년 영국 북부에 창건한 스로설 홀 수도원에서 지관타좌, 즉 일본 조동종의 묵조(serene reflection)[2]를 닦아 보았습니다. 일본 조동종 전통은 역사적으로 중국 조동종에서 발전된 것이고, 그래서 지관타좌와 (원래의) 묵조(silent illumination)가 많은 공통점을 가지고 있는 것은 놀라운 일이 아닙니다. (중국 조동종의) 묵조가 이 일본 선법의 기초였는데, 저는 후자가 비록 탁월한 행법이기는 하나 중국선의 조건, 방법, 개념을 명확하게 드러내지는 않는다고 믿습니다.

일본의 대선사 도겐은 중국에서 여정如淨 선사에게 묵조를 배워 그의 법을 이은 다음, 그 기본적인 방법을 일본으로 가져갔습니다. 중국에서는 이 방법이 굉지정각 선사로부터 전해 내려왔는데, 그의 심오한 텍스트를 이 선칠에서 함께 공부할 것입니다. 굉지 선사의 저작들은 아주 높은 경지로 보일지도 모릅니다. 왜냐하면 그는 묵조를 자신의 심중에서, 그리고 자신의 직접적 깨달음에서 바로 끌어내어 이야기하고 있기 때문입니다. 그의 뜻을 참으로 이해하려면 우리가 이 스님과 부합하게 이 방법을 닦아야 합니다. 하지만 진지한 초심자들은 그의 문자들만 가지고도 비춤을 발견할지 모릅니다.

---

1) (역주) 지유 케니트 선사가 1970년 캘리포니아 북부 샤스타 산기슭에 창건한 선찰.
2) (역주) Serene reflection은 일본 조동종 계열의 일부 서양 선 센터에서 사용하는 '묵조'의 한 번역어이다. 묵조는 보통 silent illumination으로 번역한다.

우리는 먼저 이 수행법의 형태를 분명히 하는 것부터 시작해야겠습니다. 왜냐하면 그것을 실행에 옮겨야만 이 선사의 말씀을 온전히 이해하게 될 테니 말입니다. 수행법 그 자체와 그 이면의 개념 모두를 분명히 이해할 필요가 있습니다. 제가 묵조를 가르치는 방식은 다른 선사들의 그것과는 약간 다를 수도 있습니다. 저는 그것을 세 가지 수준의 어려움이라는 관점에서 가르칩니다. 만일 이렇게 하지 않으면 여기 계신 초심자들은 그것이 너무 어렵다고 느낄지도 모릅니다. 그렇지만 구참들이 지루해하지 않도록 제가 주의해야겠지요! 저는 수행의 어떤 층차層差를 제시하겠습니다. 초심자들은 가장 단순한 수준에서 시작할 수 있지만, 만일 이미 깊은 수준에 가 있다면 바로 그 수준으로 가지 못할 것도 없습니다. 그러나 깊은 물에서는 수영을 할 줄 알아야 하니 조심하십시오!

저는 첫 번째 단계를 이렇게 요약할 수 있습니다. "자기가 앉아 있다는 것에만 주의를 기울여라!" 지금 여러분 밑의 그 좌복 위에 앉아 있는 바로 그 몸에만 정확히 주의를 둘 필요가 있습니다. 그 몸의 경험에 대한 전체성의 느낌을 갖는 것이 중요합니다. 우리는 특정한 부위—손, 발, 얼굴, 코, 자세—그 자체에 집중하는 것이 아니고, 특별히 호흡에 집중하는 것도 아니며, 호흡을 감각하는 부위에 집중하는 것도 아닙니다. 신체적 존재에 대한 전체적인 통합적 자각에 집중합니다.

그렇게 하려면 이완되어 있어야 하지만, 동시에 경계하며 깨어 있어야 합니다. 여러분의 자세가 전통적인 좌선 자세에 완전히 부합하는지 확인하십시오. 만약 그렇지 않으면 몸의 균형이 잘 잡히지 않고 몸의 여러 부위에서 근육이 불균등하게 긴장되어, 점차 자세가 비뚤어지고 마음이 동요하게 됩니다.

제가 사람들에게 이완하라고 하면 늘 어떤 사람은 과도하게 이완하여 혼침을 느끼기 시작합니다. 반대로, 사람들에게 게으르지 말라고 하면 늘 어떤 사람은 몸과 마음을 긴장시켜 결국 자신이 왜 긴장을 느끼는지 의아해 하기 시작합니다. 따라서 이완과 경각警覺(경계하며 깨어 있음) 사이에서 균형점을 발견하는 것이 매우 중요합니다. 전에 제가 말했듯이, 그것은 부채 위에 깃털을 받는 것과 같아서 얼마간의 깨어 있음과 분별을 요합니다. 게으른 느낌이 들고 힘을 좀 끌어올릴 필요가 있을 때는 늘 자세를 확인하고, 마음을 밝게 하십시오. 긴장되거나 피로를 느낄 때는 몸에 너무 힘을 주고 있거나 자세를 너무 경직되게 유지하고 있지 않은지 늘 점검하십시오. 이완된 경각 속에서 균형점을 발견해야 하는 것은 몸만이 아니고 마음도 그래야 합니다. 자신이 무엇을 하고 있는지 마음이 또렷이 자각하면서, 졸지도 말고 흐릿한 안개 속을 헤매지도 말고, 멍하니 무감각한 상태로 앉아 있지도 말아야 합니다. 경계하며 깨어 있고, 자각하고, 현존해야 하지만, 긴장하지도 않고, 잘해야겠다는 의도나 어떤 후회에 사로잡혀 있지도 않아야 합니다.

두 번째 수준은 우리가 이 좌선에서 '자리를 잡았거나' '편안함을 느낄' 때입니다. 이 단계가 나타날 때는 더 이상 어떤 특별한 신체적 존재의 느낌이 없습니다. 자신의 몸이 좌복 위에 있다는 것은 잘 알지만, 그것이 존재한다는 어떤 특별한 느낌도 없습니다. 몸 그 자체는 더 이상 여러분을 힘들게 하거나 관심의 대상이 되지 않는다고 할 수 있겠지요. 이 수준의 좌선이 깊이 확립되면 설사 특정 부위에서 통증을 자각한다 하더라도 그것이 여러분에게 문제가 되지 않습니다. 그런 통증이 완전히 사라져 버릴 때도 많습니다. 몸이 여러분에게 더 이상 문제가 되지 않는 것과 마찬가지로 환경도 그럴 것입니다. 실로 환경과 여러분의 자각이 더 이상 별개의 둘로 나타나지 않습니다. 그것들의 이원성이 하나의 체험으로 녹아듭니다. 새가 지저귀는 소리를 듣고, 양들이 우는 소리를 듣지만, 그것 자체는 여러분에게 아무 영향이 없습니다. 여러분의 자각은 '안'과 '밖'을 구분함이 없이 그것들을 포괄합니다. 자각의 지평地平이 그런 소리를 훨씬 넘어가 있기 때문에, 여러분과 그것들을 구분할 수 없습니다. 이 시점에서 몸, 마음, 환경, 마음은 모두 또렷이 존재하지만, 그것들은 더 이상 서로에게 반응하지 않습니다. 서로 간섭한다는 느낌이 없습니다. 수행자는 이 모든 것을 아무 귀찮은 느낌 없이 단순히 지켜보기만 한다는 것을 자각합니다.

세 번째 수준은 '넘어섰다'고 표현할 수 있습니다. 관찰할 어떤 환경도 없고, 관조의 대상도, 관조의 주체도 없습니다. 그 체험은 마치 아무것도 존재하지 않는 것 같습니다. 좌선자는 여전히 몸이 좌복 위에 있고 방, 집, 시골이 모두 제자리에 있다는 것을 알지만, 더 이상 그것들에 대한 어떤 관찰도 하지 않고 있습니다. 마음이 공空의 상태에 있습니다.

사실 그것이 바로, 여전히 존재하고 있다고 우리가 말할 수 있는 것—공의 상태 그 자체입니다. 이 공空이 관조의 주체 혹은 초점이 되어 있습니다. 설사 수행자가 자신이 그렇게 하고 있다는 것을 자각하지 못한다 하더라도, 그의 의식은 여전히 하나의 대상, 즉 공 그 자체를 가지고 있습니다. 그런 수행자는 자신도 모르게 여전히 마음속에 이원성의 자취를 가지고 있습니다. 그는 자신에게 유有(존재성)가 없다고 생각하지만, 여전히 공에 의존하고 있습니다. 설사 그가 자아가 사라졌다고 생각한다 해도, 좌선 환경을 떠나 일상생활 상황으로 돌아가면 여전히 예전의 어려움들을 다 겪는다는 것을 발견할 것입니다. 수행은 잘해 왔지만 아직은 깨달음에 진입할 만큼 수행력을 충분히 계발하지 못한 것입니다.

예전에 자기 스승 밑에서 열심히 수행한 한 스님이 있었는데, 하루는 자신이 확실히 깨달았다고 느꼈습니다. 그리고 자신이 체험한 것이 경전 말씀과 완전히 부합했기 때문에, 그 점은 의심할 수 없다고 생각했습니다. 경을 읽어 보니 자신이 완전히 이해한 것처럼 보였던 것입니다. 하지만 스승은 긍정하지 않았습니다. 그 스님은 스승 곁을 떠나서 다른 절들과 다른 스승들을 참방했습니다.

어느 날 그는 작은 개천을 건너다가 물에 비친 자기 모습을 보았습니다. "아하!" 그가 외쳤습니다. "네가 나였지만 나는 네가 아니군. 오늘 너를 보니 비로소 알겠다." 그 찰나적인 깨달음의 순간 그는 참으로 깨달았습니다. 그에게서 유有와 공空이 대립하기를 그쳤습니다. 그것들이 체험적으로 같이 떠오르면서 그가 깨달음에 이른 것입니다. 그 스님은 물에 비친 자기 모습에서 어떤 의미를 본 것입니다. 우리는 자신을 생각할 때 우리 자신에 대한 어떤 이미지들을 산출합니다. 그런 이미지는 물에 비친 모습과 비슷합니다. "네가 나구나!"라고 우리는 말할지 모릅니다. 하지만 우리는 그런 이미지가 아무 실체성이 없는, 말 그대로 반사된 모습이라는 것을 지각합니다. 그래서 "나는 네가 아니다!"도 맞습니다. 그런 통찰들이 동시에 일어날 때, 그럴 때는 무엇이 남습니까?

대부분의 수행자들은 유有나 공空에 집착합니다. 유에 대한 집착은 대상이나 주체에 이원적으로 개입하는 것입니다. 공에 대한 집착은 이 이원성이 사라졌다는 느낌에 집착할 때 일어납니다. 여기서도 여전히 미세한 이원성이 있습니다. 즉, 자아가 공에 대한 자신의 체험에 집착하는 것입니다. 유와 공이 큰 웃음 속에서 합일될 때, 그것들의 별개였던 겉모습은 사라지고, 현상적 실재 안에 더 이상 모순이 없습니다.

어떤 수행자는 저에게 물을지 모릅니다. "스님, 네 번째 수준인 깨달음은 실제로 어떤 것입니까?" 그런 질문에는 비유, 상징 또는 이야기로써만 답변할 수 있습니다. 그러한 통찰을 언어로 고정하려고 들면 모종의 묘사적 구체성을 낳아서, 유와 공이 함께 현전하는 맛을 전혀 모르는 오류를 범하게 될 것입니다. 앞서의 수준들은 묘사할 수 있으나, 네 번째 수준은 가리켜 보일 수 있을 뿐입니다. 표시 없는 표지판이 바다 위를 가리키고 있습니다. 정말이지 우리는 깨달음을 어떤 구체적인 언어적 표현으로 고정하려 들면서 거기에 몰두해서는 안 됩니다. 여러 수준에서 수행하면서 그 수준들에 대한 집착을 놓는 것이 낫습니다. 그러다 보면 결국 궤도를 벗어나게 됩니다. 최종 목적지는 궤도를 넘어서 있습니다. 그것은 궤도가 없습니다.

여기서 우리가 함께 하는 수행으로 말하면, 우리 모두 우리가 시도하고 있는 일에 대해 몇 가지 기본적인 개념을 공유하는 것이 중요합니다. 제가 이야기한 수준들은 여러분의 좌선에 유용한 지표가 되겠지만, 여러분 가운데 몇 분이 이전에 한 수행을 고려하여 저는 어떤 고정적인 접근법보다는 유연한 태도를 견지합니다. 설사 여러분이 선 수행과 부합하는 다른 방법을 쓰고 있다 해도, 수행의 결실은 일어날 수 있습니다. 그러나 만일 여러분의 수행이 선 수행과 부합하지 않는 개념에 기초하고 있다면 거기서 얻는 결과는 여러분이 가진 그 다른 개념을 반영할 것이고, 선 체험으로 간주될 수는 없습니다. 개념이 수행의 결과를 좌우합니다.

'묵연함'과 '비춤'이라는 말 둘 다 필수적이고, 수행의 조건, 방법 그리고 성공에 필요한 개념들을 분명하게 드러내 줍니다. 묵조 수행 그 자체는 인도의 사마타[止]와 위빠사나[觀] 행법에서 발전된 것인데, 이 말들은 '마음을 고요히 하기'와 '통찰적 관조'를 의미합니다. 굉지 선사 이전의 중국 선사들은 통상 이 두 가지를 별개의 방법으로 가르쳤습니다. 일본에서는 이따금 이 방법들을 지관타좌의 보조 수행으로 사용하기도 합니다. 마음을 고요히 하는 것은 보통 호흡을 지켜보거나 세는 방법을 쓰는 반면, 통찰적 관조에서는 그 수행자가 질문하는 의도를 가지고—즉, 그 경험이 실제로 무엇인지를 물으면서—그 수행을 지켜보아야 합니다.

묵조에서는 우리가 이 두 과정을 함께 사용합니다. 이것은 좌선의 효율을 증진할 뿐만 아니라, 여러 방법을 이어가며 수행하는 복잡함을 피하게 해 줍니다. 굉지 선사 이후로 묵조라는 통합적 수행이 조동종의 주된 방법이 되었습니다. 그것은 마음을 고요히 하기(calming the mind)와 참구하는 관찰(questioning observation)의 동시 수행입니다. 마음이 움직이지 않을 때 그것이 묵연함입니다. 바로 그 고요함을 통찰력 있게 자각하면 그것이 비춤입니다. 움직이는 생각들을 지켜보는 것을 관觀(vipassana)이라고 하지만, 묵연함을 지켜보는 것은 고요히 하기와 참구하는 관찰을 결합한 것입니다. 그것이 묵조입니다.

왜 우리는 부분적인 자각, 예컨대 코끝에서의 호흡의 움직임이나 호흡 헤아리기에 대한 자각 또는 자세에 대한 관찰 같은 것을 하기보다는 전신자각을 하는 것으로 시작합니까? 그 이유는, 전체에 집중할 때는 부분들을 관찰할 때보다 분별심이 적기 때문입니다. 전체에 대한 주의는 부분들에 대한 분별과 연관된 생각들이 일어나는 것도 줄여줍니다. 마음이 산란할 때도 우리는 전신자각을 유지할 수 있습니다. 여기 계신 여러분 가운데 호흡을 지켜보는 데 더 익숙한 분들은, 이제 그것을 넘어 온몸의 상태에 대한 더 전체적인 자각으로 나아가고 싶을지도 모르겠군요.

수행의 조건

선칠 수행을 할 때는 적절한 조건들이 필수적입니다. 외적인 조건들이 잘 갖추어졌으면 우리의 생활을 올바르게 조절해야 합니다. 이것은 음식물을 통해 우리의 신체적 영양을 돌보고, 수면 조절을 통해 자각의 질을 잘 유지하며, 호흡 조절을 통해 우리의 수행을, 그리고 마음 조절을 통해 우리의 통찰을 잘 이어가는 것을 의미합니다.

너무 많이 먹어도 안 되고 너무 적게 먹어도 안 됩니다. 너무 적게 먹으면 좌선하는 데 힘이 달립니다. 너무 많이 먹으면 소화불량은 아니라 해도 둔중하여 졸리는 느낌이 듭니다. 음식은 사치스럽거나 세련될 필요가 없습니다. 오히려 기본적인 것이면 되고, 먹을 때 잘 씹어야 합니다. 물은 적당히 섭취해야 하며, 충분히 섭취하지 않아 탈수증이 오지 않게 하는 것이 중요합니다. 더운 날씨에는 그런 일이 생길 수도 있습니다.

선칠 때 수행자는 매일 밤 다섯 시간을 잘 수 있습니다. 일단 선칠 일과에 적응되면 그것으로 충분합니다. 처음 하루 이틀만 어려움을 겪겠지요. 전통적인 중국 절에서 스님들은 매일 밤 네 시간가량을 잤습니다.

좌복에 앉아 있을 때의 몸 조절은 너무 긴장하지도 않고 너무 이완되지도 않는 것입니다. 자세를 올바르게 유지해야 합니다. 그래야 기氣의 흐름이 원활하고 몸의 기력이 균형 있게 유지되기 때문입니다. 또 그래야 나쁜 자세나 이완된 자세로 앉을 때 일어날 수 있는 근육의 뒤틀림을 막을 수 있습니다. 좌선이 끝나면 우리는 통상 혈액순환을 회복해 주고 등과 다리 근육을 풀어주어야 합니다. 이런 이유로 우리는 선칠 때 여러 가지 운동을 합니다. 느린 경행과 빠른 경행, 요가, 태극권, 기공 같은 신체 운동, 그리고 심장 박동을 조절하기 위한 더 활달한 몇 가지 동작이 있습니다. 선칠을 며칠 하고 나면 경험 있는 수행자들은—심지어 일부 초심자들도—좌선할 때 몸이 아주 편안해지고 기氣가 조화롭고 부드럽게 경락을 흘러서, 마음을 이완하는 데 도움이 되는 것을 느낄 수 있습니다. 그런 경우라면, 남들이 운동을 하거나 경행을 할 때 자기 자리에서 계속 좌선해도 됩니다.

수행 도중에 호흡은 자연스러워야 합니다. 어떤 긴장이 있으면 호흡이 흐트러져서 조절이 필요할 수도 있습니다. 그냥 코끝이나 하복부에 호흡이 드나드는 것을 자각하면서 호흡이 부드러워지게 하십시오. 좌선을 돕기 위해, 혹은 갖가지 효과를 얻기 위해 고안된 요가적 호흡법이 많이 있지만, 묵조의 수행에서는 그런 것들을 쓰지 않습니다.

　마음 조절의 핵심적 측면은 계속 수행법으로 돌아오는 것입니다. 망념에 끄달리느라 시간을 허비하지 않는 것이 중요하지만, 망념에 대해 염오심厭惡心을 갖는 것도 마찬가지로 좋지 않습니다. 부단히 마음을 수행법 위로 도로 가져오면 산란심에서 집중심으로, 그리고 집중심에서 일심一心으로 나아가게 됩니다. 여기서 무념의 상태가 일어날 수 있습니다. 수행을 잘하면 시끄러운 마음에서 고요하고 더 통일된 마음을 거쳐 무념 그 자체에 이를 수 있습니다. 어떤 사람들은 무념이 깨달음이라고 생각할지 모르지만, 그것은 반드시 그런 것은 결코 아닙니다. 그것은 보통 어떤 휴식 상태 혹은 깊은 내면집중입니다. 그럴 때 필요한 것이 자아중심을 놓아버리는 것입니다. 왜냐하면 그럴 때만 깨달음이 일어나기 때문입니다. 자아와 대결할 때는 보통 여러 가지 방법이 필요합니다. 분명히 그것은 쉬운 일이 아닙니다. 실은 여러분이 그에 대해 생각이라도 하고 있다면, 명백히 자아중심이 있는 것입니다!

　수행 전반에 걸쳐 핵심 원리는, 선칠 활동들 중에 어떤 것이 현재 진행되고 있든 간에 거기에 오롯이 집중하는 것입니다. 여러분이 무엇을 하고 있든, 그것만 하지 다른 어떤 것도 하지 마십시오. 식사할 때 좌선에 대해 생각하거나, 좌선할 때 먹는 것을 생각하지 마십시오. 그것은 소화에 좋지 않고 마음에도 좋지 않습니다. 잠자리에 들었을 때 생각을 너무 많이 해도 잠을 푹 자지 못합니다.

실용적인 세 가지 원칙

　선을 수행할 때 명심해야 할 세 가지 원칙이 있습니다.

관하기[觀]

비추기[照]

되들기[提]

첫 번째 원칙인 '관하기(contemplation)'는 방법에 아주 또렷하게 집중하는 것이고, 두 번째의 '비추기(illumination)'는 실제 수행에 대한 아주 정확한 자각을 계발하는 것입니다. 세 번째의 '되들기(retrieval)'는 방법을 놓쳤을 때마다 계속 그것을 되돌거나 도로 가져오는 것입니다.

이 원칙들은 단순해 보일지 모르지만, 강한 정서나 기억 혹은 산만하고 무기력한 망념에 의해 마음이 심하게 분산되는 상황에서는 그리 쉽게 지켜지지 않습니다. 수행을 도로 가져오기가 매우 어려울 수도 있습니다. 산란한 마음은 자신의 상태를 쉽사리 인식하지 못할 수 있기 때문입니다. 그러나 우리가 수행에서 얼마나 쉽게 헤맬 수 있는지 깨닫고 나면, 우리가 하고 있는 일에 대한 알아차림이 더 집중되고, 이 원칙들을 상기하기가 더 쉬워집니다. 산란한 마음이 지난 시절의 희망과 두려움들 사이를 정처 없이 헤집고 다니는 데 몰두해 있던 이전의 순간을 후회해 봐야 소용없습니다. 그런 후회를 곱씹어 본들 아무 이익이 없습니다. 수행자는 자신이 헤매고 있었다는 것을 발견할 때마다, 자신을 탓하지 말고 그냥 방법을 다시 가져와야 합니다.

우리가 좌선 외의 다른 선칠 활동을 하고 있을 때도 이 원칙들을 적용하는 것이 중요합니다. 이 모든 것을 하려면 우리가 일념의 마음을 유지할 필요가 있습니다. 예를 들어 느린 경행에서는, 몸이 움직이고 있고 환경이 지나가도 수행자는 고요한 마음을 견지해야 합니다. 그럴 때 마음은 그 앞을 지나가는 것을 그냥 반사하는 거울 같아야 합니다. 거울과 같이 마음도 움직이지 않아야 합니다.

좌선에서와 마찬가지로 경행에서도 자각에 세 수준이 있습니다. 자각의 첫 번째 수준은 자신이 걷고 있고, 몸의 동작을 자신이 의식적으로 지시하고 있다는 것을 아주 잘 알고 있을 때입니다. 여기에 우리는 그 세 가지 원칙을 적용할 수 있습니다. 여기서 '관하기'는, 신체 동작을 지시하면서 두 다리와 발을 올바르게 놓고 '태산처럼 움직이는' 자세를 유지하는 것을 의미합니다. '비추기'는 자신이 이 수행을 하고 있고, 몸 전체의 느낌으로써 그렇게 하고 있다는 것을 자각하는 것을 말합니다. '되들기'는 마음이 흩어졌을 때마다 그것을 현재 순간의 경험으로 다시 가져오는 것입니다.

자각의 두 번째 수준은 여러분이 더 이상 의식적으로 동작을 지시하지 않을 때 일어납니다. 여러분이 움직이는 데 따라 그냥 관하고 비출 뿐 더 이상 동작을 의식적으로 조정하거나 지시할 필요가 없습니다. 몸이 그냥 앞으로 흐르면서, 흐르고 있다는 단순한 자각만 있습니다. 그에 대해 아무것도 할 필요가 없습니다. 하지만 이 수준에서도 관하기, 비추기, 되들기의 원칙을 적극적으로 사용할 필요가 있습니다. 관하기는 움직이는 몸을 그저 지켜보는 것이고, 비추기는 그 움직임에 대한 여러분의 자각을 완전히 자각하는 것이며, 되들기는 첫 번째 수준으로 다시 떨어질 때마다 사용하게 됩니다.

자각의 세 번째 수준은 몸이 더 이상 환경과 별개로 구분되지 않을 때입니다. 몸은 움직이지만 더 이상 그 동작에 대한 지켜봄이 없습니다. 움직임과 고요함이 같아졌습니다. 안과 밖이 다르지 않습니다. 움직이는 몸은 흐릅니다. 이것은 송장도 아니고 죽은 사람도 아니며 일체가 아주 생동하고 있지만, 움직인다는 생각도 없고 움직이지 않는다는 생각도 없습니다. 이 수준에서는 그 수행자가 아니라 우주가 움직이고 있다고 말할 수 있겠지요. 그는 몸이 환경 속을 움직인다는 것을 알지만, 그러한 움직임에 대한 느낌은 없습니다. 이것이 묵조입니다.

우리는 늘 첫 번째 수준에서 시작합니다. 왜냐하면 두 번째 단계로 바로 이동할 수 없기 때문입니다. 첫 번째 수준에서 두 번째 수준으로 자기 뜻대로 혹은 의도적으로 이동할 수는 없고, 노력을 해야 합니다. 에고가 하는 어떤 노력도 효과를 보지 못합니다. 아무리 궁리하고 조작하고 상상해도 안 될 것입니다. 만약 두 번째 수준을 상상해 보려 하면 그 상상 속에서 수행을 그냥 잃어버리게 됩니다. 그런 변화들은 여러분이 올바르게 꾸준히 수행하고 있으면 저절로, 그리고 때가 되면 자연스럽게 일어납니다. 그에 대해 여러분이 달리 할 수 있는 것은 아무것도 없습니다.

선과 불성

선禪의 기본 개념이 무엇입니까? 그 핵심 의도는 영원하고 편재하는 불성佛性을 체험하는 것입니다. 불성이 무엇입니까? 그것은 공성이라고 할 수 있습니다. 공성은 현상들의 부존재도 아니고 무無도 아닙니다. 오히려 이 용어의 핵심적 의미는 무상無常입니다. 어떤 영원한 사람도 없습니다. 저, 여러분, 혹은 누구도 마찬가지입니다. 누구도 영구불변하지 않습니다. 뿐만 아니라 영구불변한 어떤 환경도 없습니다. 우리는 자아와 환경이 공히 무상하기 때문에 그것들은 내재적 존재성이 없다고 말합니다. 그것을 달리 표현하여, 우리는 존재성을 어떤 것의 상존하는 속성이라고 말할 수 없다고 이야기합니다. 왜냐하면 그 어떤 것도 늘 그대로이거나 늘 똑같지는 않기 때문입니다. 존재는 강과 같습니다. 강은 늘 존재하는 것처럼 보이지만 우리가 보는 물은 결코 똑같지 않습니다. 공空은 무엇이 공한 것입니까? 이것이 핵심적 물음입니다. 어떤 것이 아무런 사물성도 가지고 있지 않음을 우리가 볼 때, 그것은 공합니다. 그것은 그 자체로 나머지 존재들과 별개인 어떤 실체가 아닙니다. 그것은 우주라고 하는 늘 흘러가며 변하는 전체에 참여하고 있습니다.

선 수행에서 '견성'이라는 말은 만물의 흘러 변하는 실상을 체험하는 것을 의미합니다. 우리는 자기 마음을 하나의 '실체'로 보는 관념이 사라지는 데서 공의 실상을 봅니다. 전혀 아무것도 존재하지 않는다는 말이 아닙니다. 단지 사물을 사물로만 지각하는 것은 하나의 귀속오류(사물이 자신이 보는 대로일 거라고 여기는 오류)라는 것입니다. 사물들은 있는 그대로입니다. 유동하는 '여여함(thusness)'이 그것들의 본질입니다. 이런 관념들에 대해 어떤 통찰을 얻는 것이 매우 중요합니다. 그렇지 않으면 우리가 깨달음의 의미를 납득할 수 없고, 왜 우리가 그러한 개념적 배경을 가지고 수행하고 있는지도 납득하지 못합니다. 깨달음의 체험은 '견성'을 직접 이해하는 순간입니다. 어떤 관념, 바람, 황홀경, 일종의 삼매로서가 아니라 전체적으로, 즉각적으로, 실제적으로, 그리고 자아가 타자성과 어울리는 이원적 의미에서의 어떤 간섭도 없이 말입니다.

공성에 대한 개인적 깨달음이 없으면 우리의 근심, 걱정, 고정적 집착, 투사投射와 전이轉移(transference)가 모두 '진짜' 경험 혹은 우리가 놓아버리지 못하는 실체들로 나타납니다. 슬픔, 질투, 오만, 의심들도 지속됩니다. 왜냐하면 그런 것들을 일으킨 대상과 사건들이 어떤 의미에서 견고하고, 역사적이고, 실재한다고 우리가 계속 믿기 때문입니다. '견성한' 사람은 이런 번뇌들을 놓아 버렸고, 최소한 번뇌 없는 그 순간에는 깨달음을 알았습니다. 수행자가 깊은 깨달음을 체험할 때는 환幻으로서의 자아중심조차도 지멸止滅됩니다. 그런 경계(상태)에서는 아무것도 존재하지 않는다고 두려워하지 마십시오. 그것은 사실 행복과 지복의 삶으로 편만한 경계이며, 그것이 자비와 지혜로 표현됩니다.

물론 초심 수행자들인 우리는 여전히 자기중심적 행위와 자아의식에 몰두해 있습니다. 그것은 여전히 자신이 세상에서 가장 중요한 존재라고 인식하는 것이고, 그래서 자기라는 존재의 가치를 확인시켜 주는 모든 사건이 대상과 타인들에 대한 우리의 집착의 소재가 됩니다. 그 어떤 것도 오래 결합되어 있지 못하므로 이런 집착들은 지속적으로 우리에게 번뇌를 일으킵니다. 통증을 느끼는 몸뚱이가 번뇌고, 심리적 문제들도 번뇌입니다. 남들이 우리 자신에 대한 우리의 견해를 긍정하지 않을 때는 그것도 번뇌입니다. 하지만 이 자아의식적 관심이 번뇌의 뿌리이기는 하나, 그것은 수행의 출발점이자 번뇌적 삶의 뿌리인 바로 그 집착들을 놓아버리는 출발점이기도 합니다. 우리가 해야 할 일은 에고를 이용하여 에고를 넘어서는 것입니다. 강한 에고는 그 위에서 단호한 수행을 시작할 기반이 되어 줍니다. 한편으로는 우리가 집착을 넘어서려고 노력하지만, 다른 한 편으로는 바로 이 존재성(에고)을 초월의 토대로 사용합니다.

선의 기본 개념은 불교의 근본 개념이기도 합니다. 본질적으로, 우리가 여기서 이야기하는 것은 고타마 부처님 자신이 보리수 아래서 좌선하며 깨달은 것입니다. 삶은 괴로움[苦]이고, 괴로움은 자기 자신에 대한, 그리고 그 자아를 지지하거나 위협하는 이 삶 속의 사물들에 대한 거짓된 관념에의 끊기 어려운 집착에 기인합니다. 이 상태를 넘어서 무상에 대한 두려움을 초월하는 길이 있으니, 그 길은 곧 수행 그 자체입니다. 아주 간단해 보입니다. 그렇지 않습니까? 단 한 가지 문제는 우리의 집착들을 놓아버리기가 정말 어렵다는 것입니다. 그래서 수행방법을 써야 하고, 우리의 삶에 의미를 불어넣어야 합니다. 개념, 수행, 초월은 모두 관련되어 있습니다.

전에도 그랬듯이, 제가 여러분에게 말씀드리고 싶은 것은 저 자신은 어떤 특별한 지혜도 가지고 있지 않다는 것입니다. 저는 평범한 한 인간일 뿐입니다. 제가 이렇게 말하면 많은 사람들은 혼란을 느낍니다. 어떤 분들은 스님은 대체 어떤 사람이냐고 물을지 모릅니다. 어떤 사람들은 제가 그들과 같은 한낱 범부이기를 바랍니다. 그래야 저와 동등한 수준에 있다고 느끼고 우리가 함께 이야기할 때 편할 테니 말입니다. 또 어떤 사람들은 제가 아주 높은 성취를 이룬 존재이기를 바랍니다. 그러면 자신들의 기대들을 충족하고 저를 높은 자리에 모실 수 있을 테니까요. '만일 비범하지 않다면 스님이 어떻게 우리를 도울 수 있나?' 하고 그들은 물을지 모릅니다.

가끔 어떤 사람이 저에게 "스님, 주무실 때 꿈을 꾸십니까?" 하고 묻습니다. 저는 그들에게 말합니다. "물론, 꿈을 많이 꾸지요!" 또 어떤 때는 이런 질문을 받을 수도 있습니다. "스님, 주무실 때 한 자세를 유지하십니까, 아니면 이리저리 몸을 뒤척이십니까?" 저는 그들에게 말합니다. "실은 몸을 많이 뒤척입니다." 또 어떤 사람은 이렇게 물을지 모릅니다. "스님, 식사를 하실 때 이것은 맛있고 저것은 맛이 없다고 느끼십니까?" 저는 말합니다. "물론이지요, 어떤 것은 맛있고 어떤 것은 맛이 없다고 느낍니다." 자, 한 번 생각해 보십시오. 만일 제가 그들에게 "아니오, 저는 꿈을 꾸지 않고, 밤새 가만히 누워서 자고, 모든 음식은 저에게 똑같습니다!"라고 말하면 그들이 어떻게 생각하겠는지 말입니다. 질문한 이들은 제가 정말 이상한 사람이라고 생각할 것이고, 그 중 어떤 사람들은 그것을 마음에 들어 할 수도 있겠지요. 그러면 더 많은 질문이 나올 것입니다. 제가 과연 어떤 종류의 사람인지 알아내려고 할 테니 말입니다. 그래서 저는 그냥 다른 모든 사람과 똑같은 사람이라고 말합니다.

공안을 간략히 살펴봄

이 선칠에서는 1차적으로 묵조를 가르치지만, 소참에서 몇몇 수행자는 자신들이 이제까지 공안을 들어 왔다고 말했습니다. 그래서 공안과 화두의 선법에 대해 간략히 설명하는 것이 도움이 될지도 모릅니다. 왜냐하면 이것은 중국선에서 실로 중요한 방법들이기 때문입니다.

'공안公案'은 문자적으로 '공적인 사안'인데, 선사들 간에 혹은 선사와 제자 간에 일어난 특정한 사건에 대한 이야기입니다. 어떤 공안들은 고대 인도의 초기불교 고사故事들로 이루어져 있습니다. 일반적으로 공안은 일상적 의미로는 이해되지 않습니다. 그 이야기의 등장인물들은 일반적 논리를 사용하고 있지 않습니다. 그들이 상식을 이야기하는 것이 아닌데도, 그 두 사람 간에는 매우 명료한 의사소통이 있습니다. 독자나 좌선 수행자는 그 의사소통의 의미를 꿰뚫어야 할 과제를 안고 있습니다. '화두'는 보통 그런 이야기에서 나온 하나의 구절이나 문장입니다. 어떤 화두들은 한 순간 느닷없이 만들어지고, "그대는 누구인가?"와 같은 직설적 물음일 수도 있습니다.

송나라 때 공안과 화두는 사찰의 승려 대중들을 훈련하는 중요한 수단이 되었습니다. 어떤 선사들은 이 행법을 '독으로 독을 없애기(以毒攻毒)'라고 불렀습니다. 때로는 공안이나 화두에 대한 통찰이 깨달음 체험을 촉발할 수 있고, 그래서 이 방법은 깨달음의 한 관건으로 여겨집니다. 많은 공안들이 그 주석과 함께 책으로 엮어졌습니다. 선사들이 수행자에게 화두를 줄 때, 보통 그것을 사용하는 수준에 대한 이야기는 없습니다. 화두는 직접, 즉각적으로 참구하여 순간적인 반응을 산출해야 합니다. 하지만 많은 사람들, 특히 서양의 재가 수행사들은 이것이 사람을 혼란시킬 뿐이라고 느낍니다. 어떤 선사가 "가서 화두를 참구하라!"고 말하면, 수행자는 가서 그렇게 해보려고 하겠지만 실은 어떻게 해야 하는지 모른 채 많은 시간을 낭비할 수도 있습니다. 그래서 저는 이 행법을, 그것을 사용하는 네 가지 수준의 견지에서 설명하고 싶습니다.

1. **염화두**念話頭: 선사가 학인(불법을 배우는 사람)에게 참구할 화두를 주지만 통상 그것이 학인에게 별 의미가 없는 상태로 있습니다. 화두를 실답게 묻지 못하고, 그래서 다분히 진언을 염하듯이 그냥 그것을 되풀이하여 염합니다. 이런 수행도 유용합니다. 왜냐하면 최소한 마음을 가라앉혀 산란한 마음을 더 집중된 상태로 만들어주기 때문입니다. 뿐만 아니라 이 단순한 염하기가 특이하거나 미묘한 체험을 유발할 수도 있습니다. 이 역시, 진언수행을 통해 강력한 영험을 불러오는 사람의 경우와 비슷합니다. 그러나 그것을 깨달음과 혼동해서는 안 됩니다.

2. **문화두**問話頭: 화두를 염할 때 어떤 물음이 여러분의 마음속에 출현할 수 있습니다. 그 화두를 염하는 것이 누구인가 하는 물음이 일어날 수도 있습니다. 그런 물음은 그 나름대로 하나의 화두나 마찬가지입니다. 일단 그런 물음에 또렷이 주의가 집중되면 그것을 유지해야지, 이 물음 저 물음 바꾸면 안 됩니다. 여전히 화두를 염하고 있으나, 탐구하는 마음으로 염하는 것입니다.

3. **참화두**參話頭: 수행자가 그 화두를 이해하고 그 물음에 대한 답을 내야겠다는 긴급한 필요를 느낄 때, '큰 의심'이 일어납니다. 이제는 그 물음에 어느 정도 몰입해 있습니다. 큰 열의와 결의로 계속 묻고 또 묻습니다. 그 마음은 그 물음으로 워낙 가득 차 있어, 결국 전 우주가 하나의 거대한 물음처럼 보입니다. 그럴 때 이것을 '대의단大疑團'이라고 합니

다. 우주 자체가 그 화두입니다. 이 수준에서 한자어 '참參'은 '참구하라!'는 의미입니다.

4. 간화두看話頭: 사실 이 수준은 이미 '견성한' 이들에게만 해당된다고 할 수 있습니다. 어떤 사람이 깨달음 체험을 얻은 적이 있다고 해서 그가 완전히 영구적으로 깨달았다는 것을 의미하지는 않습니다. 어떤 견성 체험을 가진 사람들조차도 계속 더 닦아서 자신의 수행을 심화할 필요가 있습니다. 간화두(화두 지켜보기)는 수행력이 쇠퇴하지 않게 합니다. 화두를 그냥 마음에 떠올려 그것이 알아서 작용하게 내버려둡니다. 체험들이 점점 깊어질 수도 있고, 아니면 그 체험들이 그냥 흘러가는 개울에서 일어나고 흩어지는 거품과 같을 수도 있습니다. 어떤 사람들에게는 그 기본화두(견성 체험을 안겨준 화두)가 남은 생애 동안 근본 수행법이 될 수도 있습니다.

아마 여러분은 구경의 깨달음에 도달한 사람들에 대해서 궁금해 하겠지요. '그들도 여전히 수행을 할 필요가 있을까?' 하고 말입니다. 그들이 완전한 불지佛地에 도달하지 않은 한, 그들에게도 수행은 중요할 것입니다. 그것은 여러분이 숙제를 할 필요가 없어도 숙제를 하는 것과 비슷합니다. 옛날에 어떤 선사는 깨달았음에도 불상 앞에서 계속 절을 했습니다. 사람들이 왜 그러느냐고 묻자, 자기는 그냥 절을 할 뿐이라고 말했습니다. 또 어떤 선사는 계속 경을 읽었습니다. 굳이 그러실 것 있느냐는 질문에, 그는 눈을 보호하기 위해서라고 말했습니다. 대선사들조차도 수행을 계속합니다. 여러분이 두 번째 수준에서 수행하고 있을 때는 많은 의문이 일어날 수 있습니다. 어쩌면 그것은 여러분이 읽은 책에서 오거나, 아니면 여러분 자신의 추측이겠지요. 여러분의 무의식에서 어떤 의문이 일어날 수도 있습니다.

그것이 어떻게 일어나든, 말이나 관념의 형태를 취하는 답변은 거의 확실히 틀린 것입니다. 어쩌면 여러분은 자신의 답변에 신나하겠지요. "바로 이거야!" 하고 자신에게 외칠지도 모릅니다. 그러나 조심하십시오. 이내 여러분은 부풀려진 풍선처럼 되거나, 아니면 환각제를 먹고 우주의 수수께끼에 대해 어떤 답을 써 놓았다가 나중에 정신이 들어서는 한 무더기의 쓰레기를 읽는 사람처럼 될 것입니다. 화두는 추론적인 마음의 논리를 따르지 않습니다. 만일 어떤 답을 찾아내려 하거나 어떤 통찰을 내포한 미묘한 구절을 추구한다면, 그것은 잘못된 것입니다. 그런 답을 내놓는 사람은 밤중에 깨어나 도둑을 자기 아버지로 착각하는 사람과 같습니다. 그런 식의 나쁜 습관에 빠지면 많은 도둑을 집안에 불러들이게 될 것입니다.

이것은 화두법에 대한 간략한 묘사일 뿐입니다. 실제로는 선칠을 한 번 해 보면 됩니다. 그러나 여러분 중에서 이 방법을 선호하는 분들에게는 이 묘사도 다소 유용할지도 모릅니다. 어쩌면 이제 자기도 공안을 들 줄 안다면서 남들에게 자랑할 수도 있겠지요! 주의하십시오. 저로 말하면 평생 양고기는 먹어본 적이 없지만, 이제 웨일스에 와 있으니 최소한 양이 어떻게 생겼는지는 안다고 말할 수 있습니다!

직접관법[直觀]

여러분에게 또 하나의 수행법을 소개해 드리고 싶습니다. 저는 이것을 우리가 논의해 온 방법들의 대안이라기보다는 하나의 보조적인 방법으로 생각합니다. 여러분은 이것을 하는 것이 특히 유익하다고 생각될 때 가끔 사용하면 됩니다. 그 핵심적 관념은, 일어나는 모든 것을 전혀 아무런 생각이나 해석, 검토 혹은 물음 없이 직접적으로 관하는 것입니다. 목전에 나타나는 것이 무엇이든, 그것을 즉각 인식하면서 그냥 그것을 정확히 있는 그대로 바라보거나, 귀를 기울이십시오.

이런 활동에서는 어떤 자아중심이 있어도 안 되고, 자아가 판단이나 의도를 가지고 개입해서도 안 됩니다. 어떤 의미에서는 그것을 명상이나 수행으로 부를 수도 없습니다. 왜냐하면 어디로 가겠다는 목적의식이 전혀 없기 때문입니다. 그 관觀의 대상이 단순히 존재하게 내버려둡니다. '직접[直]'은 직접적이고, 즉각적이고, 바로 지금 여기를 의미합니다. '관법[觀]'은 '문을 통과시켜 주는' 방법이라는 뜻입니다.

우리가 어떤 문을 통과할 때는 출구와 입구 둘이 있습니다. 여기서 우리는 생각, 판단, 평가, 자아 그리고 시간의 세계를 나갑니다. 그리고 즉각적인 존재성, 그 대상의 현재성(now-ness)으로 들어갑니다. 그것이 어떤 풍경이든, 하늘이든, 바위든, 어떤 이미지든 관계없이 말입니다. 그것이 단순히 우리 앞에 출현합니다. 여러분은 그것을 보거나 듣는 것 외에는 아무것도 하지 않습니다.

그러나 이 바라봄에서는 경각된 주의력이 있어야 합니다. 마치 특별히 어떤 것도 기대하지 않는 어떤 말없는 기대같이 말입니다. 그 마음이 아주 밝아야 거울처럼 대상을 반사할 수 있습니다. 어쩌면 그것은 손가락으로 달을 가리키기보다 달을 똑바로 바라보는 것과 같겠지요.

직접관법을 할 때는 앉아 있든, 서 있든, 걷고 있든, 여러분의 주의를 끄는 가까운 곳의 어떤 것을 그냥 고르십시오. 그것은 여러분이 보거나 듣는 어떤 것일 수도 있지만, 단 한 가지 감각 기능만 사용해야지 그 이상은 안 됩니다. 그 대상에 밝게 집중하고, 어떤 신입관념이나 경험, 말 혹은 질문을 덧붙이지 마십시오.

수행할 때는 그런 관념들이 일어나지 않게 해야 하지만 그럼에도 불구하고 나중에 돌이켜 보면 네 가지 단계를 발견할 수 있을지 모릅니다. 첫째로, 자신을 안정시키고 호흡을 조절한 다음, 놓아버리십시오. 그런 다음 그 감각 기능이 그 선택된 대상에 집중되게 하면서 여러분이 보고 있는 그것이 무엇인지는—즉, 그것의 이름, 그것이 어떠어떠하다는 것, 그것의 좋아할 만한 면이나 싫어할 만한 면들은—잊어버리십시오. 그 집중이 안정되면 마음은 고요해지고 광활해질 것입니다. 이때 우리는 비춤에 들어가는 것입니다. 그래서 제가 그것을 하나의 보조적 방법이라고 하는 것입니다.

물론 이 방법에서도 혼침, 망상, 두려움, 환상과 같은 통상적인 문제들이 나타날 수 있습니다. 만일 그런 것이 떨쳐지지 않는다면, 중단했다가 나중에 다시 시작하는 것이 최선일지 모릅니다. 언제 그것을 하는 것이 좋겠다는 느낌이 종종 드는데, 그럴 때 그에 따라 하면 됩니다.

이제 우리가 그것을 시도해 볼 수 있겠습니다. 들판에서 경행을 한 뒤 각자 따로 흩어지겠습니다. 여러분에게 좋다고 느껴지는 곳을 찾아서 앉은 다음, 경치 중의 어떤 부분을 골라 그것을 직접 관해 보십시오. 그것은 좀 멀리 떨어진 풍경일 수도 있고, 아주 가까이 있는 어떤 것, 예컨대 바위, 풀잎, 혹은 꽃일 수도 있습니다. 만일 멀리 있는 대상을 고른다면 눈길이 이리저리 움직이지 않게 하십시오. 새가 시야를 가로질러 날아가면 날아가라 하십시오. 그들을 따라가면 안 됩니다. 여러분이 선택한 대상에 주의를 계속 고정하십시오. 그렇게 얼마나 오래 주의를 고정할 수 있는지, 그리고 거기서 어떤 결과가 나오는지 보십시오. 주의를 놓치면 잠시 쉬었다가 다시 시작하십시오.

「좌선잠坐禪箴」

대선사인 굉지 스님은 상하이 남쪽 해안 인근의 천동산天童山에 있는 한 절에서 살았습니다. 생전에는 천동정각天童正覺으로 불렸는데, '정각'은 '참된 깨달음'이라는 뜻입니다. 그가 입적하자 황제가 '굉지宏智'라는 시호를 내렸습니다. 이것은 '광대한 지혜'라는 뜻으로, 그의 깨달음에 대한 존경의 표시였습니다. 굉지 스님은 18세에 출가하여 하남河南의 한 절에서 조동종 선사인 고목법성枯木法成 스님 밑에서 공부했습니다. 이 스님은 좌선을 하면 죽은 나무처럼 고요했기 때문에 '고목'이란 칭호를 얻었고, '법성'은 '법을 이룬다'는 뜻입니다. 그는 굉지 스님에게 올바른 좌선 자세가 매우 중요하다고 가르쳤고, 이후 이것은 이 법맥에서 중시되고 있습니다. 굉지 스님은 여러 스승 밑에서 공부했고, 나중에는 여러 공안을 수집하고 거기에 시게들을 붙인 『종용록從容錄』3)이라는 책을 편찬하여 유명해졌습니다.

굉지 스님은 강소江蘇 천동사에 와서 절을 부흥하고 확장했습니다. 그리하여 그의 가르침을 들으러 모여든 약 만 이천 명의 승려들을 수용할 수 있을 정도가 되었습니다. 중국 문화의 모든 방면에 밝았던 스님은 자신의 학식을 응용하여 선을 가르쳤습니다. 수행에 관한 그의 짧은 글들은 모두 그의 깨달은 지견에서 직접 나온 것으로, 아직 통찰력이 부족한 사람들에게는 어렵게 느껴질 수도 있습니다. 그렇기는 하나 체험을 바로 드러내는 그 풍부한 묘사는 심오한 영감의 원천이 될지 모릅니다. 그래서 이 선칠에서 그의 보물을 발굴해 보는 것도 적절하다 하겠습니다.

그의 저작들 중에서 우리가 함께 살펴볼 것을 몇 개 골라 봤습니다.

---

3) 영역본으로는 Cleary, T. 1990. *Book of Serenity: One Hundred Zen Dialogues*. New York. Lindisfarne을 보라.

부디 이 심오한 말씀에 면밀한 주의를 기울여 주시기 바랍니다. 저는 언제 다시 웨일스에 오게 될지 모르고, 이 영국에 과연 다시 오게 될지 알 수 없습니다. 오늘날은 묵조에 대해 권위 있게 이야기할 수 있는 사람도 거의 없습니다. 그러니 부디 주의 깊게 들어주십시오.

우리는 「좌선잠坐禪箴」이라고 하는 짧은 글을 가지고 시작하겠습니다. '잠箴'은 일종의 침구용鍼灸用 침인데, 이 글은 여러분이 좌선의 본질을 알도록 일깨우고 힘을 실어주기 위한 것입니다. 그래서 이런 글을 '경책문'이라고 부를 때도 있습니다. 이 '잠箴'은 묵조의 본질적 면모들을 서술하고, 깊은 울림이 있는 시로써 마무리합니다.

좌선잠

모든 부처의 핵심 가르침이요, 모든 조사의 중심적 기축機軸이니,
사물과 접촉하지 않아도 알고, 인연 경계가 없어도 비추네.
사물과 접촉하지 않아도 알기에, 그 앎이 본래 미세하며,
인연 경계가 없어도 비추기에, 그 비춤이 자연히 영묘하네.
그 앎이 본래 미세하므로, 분별하는 생각이 아예 없고,
그 비춤이 자연히 영묘하므로, 털끝만큼도 조짐이 없다네.
분별하는 생각이 아예 없기에, 그 앎은 짝수도 홀수도 없고,
털끝만큼도 조짐이 없기에, 그 비춤은 취함이 없이도 요달하네.
물이 하도 맑아 바닥까지 투명하니, 물고기는 느릿느릿 나타나지 않고,
하늘이 하도 넓어 경계가 없으니, 새들이 날아간 곳은 자취가 없네.

佛佛要機 祖祖機要
不觸事而知 不對緣而照

不觸事而知　其知自微
不對緣而照　其照自妙
其知自微　曾無分別之思
其照自妙　曾無毫忽之兆
曾無分別之思　其知無偶而奇
曾無毫忽之兆　其照無取而了
水淸徹底兮　魚行遲遲
空闊莫涯兮　鳥飛杳杳

처음 네 구절은 부처와 조사들의 관점에서 나옵니다. 이 구절들이 수행자 아닌 일반인들의 이해 범위를 넘어서 있기는 하나, 우리는 여기서 그 의미를 꿰뚫어 보려고 시도할 수 있습니다. 선종의 조사들은 '마음을 밝혀 성품을 본다(明心見性)'는 표현을 종종 사용합니다. 임제종에서 이 표현을 써서 가르치고, 조동종 전통에서는 약간 다른 용어를 쓴 이와 비슷한 구절이 나옵니다. 첫 구절에서 "핵심 가르침(要機)"과 "중심적 기축(機要)"은, 마치 서로 마주보면서 그 사이에 있는 어떤 이미지를 반사하는 두 개의 거울처럼 미묘하게 다른 의미를 갖도록 의도한 것입니다. 이 저작 전체에 걸쳐 짝을 이루는 구절들이 이런 식으로 서로 균형을 이루고 있음을 알 수 있습니다.

시방삼세의 모든 부처님들에게 공통되는 것은 청정한 열반묘심涅槃妙心, 즉 '적멸寂滅'의 마음, 집착이 없는 마음입니다. 조사들은 아직 부처가 되지 않은 스승들입니다. 그들은 수행을 통해 가림막을 한 겹 한 겹 뚫고 앞으로 나아가면서, 그때마다 깨달음의 체험을 얻습니다. 새로운 문이 하나씩 열릴 때마다 그들은 성불의 길을 더 멀리 나아갑니다. 그런 문들은 어떤 기축(회전의 중심축) 위에 자리 잡고 있는 장애들과 같습니다. 그 스승이 그 문을 통과하기 전에 정확한 지점을 밀어야만 그것이 열립니다. 각 장애를 지나가려면 기축 하나를 건드려야 합니다. 그러면 문이 저절로 열립니다. 이 기축이 무엇입니까? 그것은 사실 열반, 부처 마음, 청정심 혹은 무생無生의 성품에 대한 통찰입니다. 매번 '성품을 보는 것'이 문을 열어주는데, 그것은 묵연함 속의 완전한 비춤입니다.

"사물과 접촉하지 않아도 알고(不觸事而知)"라고 했습니다. '사물'은 대상들, 무념의 상태를 포함한 생각들일 수 있습니다. 앞에서도 말했지만, 생각에 대한 집착과 무념에 대한 집착 둘 다 장애입니다. 유념有念과도 접촉하지 않고 무념과도 접촉하지 않아도 여전히 어떤 앎이 있습니다. 사물들과 접촉이 없는 것이 묵연함이고, 그 앎이 비춤입니다.

"인연 경계가 없어도 비추네(不對緣而照)." 마음속에 지닌 대상들은 환경의 모습들처럼 외부에서 오는 것일 수도 있고, 느낌, 예감, 관념들처럼 내면에서 일어날 수도 있습니다. 여기서 묘사하는 상태에서는 그런 대상들이 그것을 경험하는 주체와 대립적으로, 말하자면 그 지각자의 맞은편에 서 있는 것으로 보이지는 않습니다. 대신 그것들은 비춤이 대립을 대신하는 어떤 상호관계 속에서 융합됩니다. 또다시 거울의 비유가 유용합니다. 거울 안에서 또렷이 나타나는 사물은 거울에 반사되는 것이지만, 거울은 무엇을 반사하려는 의도가 없습니다. 거울 자체는 그것이 반사하는 사물들과 아무 관계가 없습니다. 의도하는 대상의 맞은편에 서 있으려는 어떤 의도의 느낌이 없습니다. 거울들은 그냥 거울이 하는 일, 즉 반사를 할 뿐입니다. 그와 마찬가지로, 이 구절에서 묘사하는 마음은 주체-대상의 이원성으로 대상과 관계하지 않고, 마치 거울이 빛나듯이 빛날 뿐입니다.

"사물과 접촉하지 않아도 알고"라는 구절에서는 묵연함에 강조점이 두어집니다. 묵연함 가운데 비춤이 있습니다. "인연 경계가 없어도 비추네"

라는 구절은 그 안에 묵연함이 있는 비춤을 강조합니다.

"그 앎이 본래 미세하며(其知自微)"는 사물과 접촉하지 않고 아는 것의 이익을 가리킵니다. 만일 우리가 유념과 무념 둘 다에 대한 집착을 넘어섰다면, 그때는 앞서 가려져 있던 본래 미세한 것을 알게 됩니다. 본래 미세한 것이란 불성佛性 그 자체인데, 보통은 지각되지 않는 것입니다. 여러분이 사물과의 접촉에서 벗어날 때만 불성을 지각할 수 있습니다.

예를 하나 들어봅시다. 우리가 어떤 풍경을 볼 때 눈이 모든 것을 보지는 않습니다. 이것은 우리의 눈이 가진 감수성이 유한하기 때문입니다. 또 우리가 늘 분별하고 선택하면서 어떤 측면들을 다른 측면보다 더 주목하기 때문이기도 합니다. 탐조가들은 새들에 주목할 것이고, 식물학자들은 식물을 보겠지요. 그들의 관심이 풍경에 대한 평가를 한쪽으로 쏠리게 합니다. 그와 대조적으로, 좋은 카메라는 일체를 분별없이 포착합니다. 이 구절들이 내포한 의미는, 마음이 더 이상 분별을 하지 않고 있을 때, 그리고 이원적인 방식으로 작동하기를 그쳤을 때, 우리는 고도로 세련된 어떤 전일적全一的인 방식으로 (사물을) 볼 수 있고, 그러면 불성이 나타난다는 것입니다.

여기 또 하나의 예가 있습니다. 이 선칠 도중 로스가 저의 초상화를 그리고 있습니다. 그녀는 저의 외모를 스케치하는 것부터 시작했습니다. 종이 위에 무엇이 나타나겠습니까? 사물과의 접촉이 있겠습니까, 없겠습니까? 그것이 저이겠습니까, 제가 아니겠습니까? 어쩌면 로스는 결국 저에게 한 장의 백지를 건네줄 것이고, 우리는 그녀가 깨달았다고 생각할지도 모릅니다! 이것은 맞는 추론일까요?

"인연 경계가 없어도 비추기에, 그 비춤이 자연히 영묘하네(不對緣而照其照自妙)." 이 구절은 앞서의 구절들을 요약합니다. 깨어 있는 마음이 전혀 어떤 대상과도 관계하지 않을 때 일어나는, 자연스럽게 영묘한 어떤 빛 또는 비춤의 느낌이 있습니다.4) 우리가 불성을 지각할 때, 그럴 때는 분명 어떤 분별도 없고, "털끝만큼도 조짐이 없습"니다. 설사 우리가 분명하게 보았다 해도, 말하거나 보고하거나 묘사할 것이 아무것도 없습니다. 하지만 그러한 공空은 유有와 별개가 아닙니다. 유는 정확이 있는 그대로입니다.

"그 앎은 짝수도 홀수도 없고(其知無偶而奇)"는 한문에서 번역하기가 어렵습니다. 그것은 마음에 짝수인지 홀수인지에 대한 분명한 관념이 없다는 뜻입니다. 우리가 두 개의 컵을 보고 있어도 그것들을 세지 않고 있습니다. 물론 그 수행자는 세 개의 컵이 아닌 두 개의 컵을 보지만, 그것은 그의 관심사가 아닙니다. 하나, 둘, 셋이라는 관념이 그냥 일어나지 않습니다. 설사 컵이 하나뿐이라 해도 몇 개가 있을 수 있는 어떤 상태와의 비교는 없습니다. 짝수와 홀수를 본다는 것은 분별을 뜻합니다. 이 명료함 속에서는 숫자가 아무 상관없습니다. 하나씩 세는 것은 분별의 한 측면인데, 여기서는 설 자리가 없습니다.

사실 마지막 구절에 오면 어떤 '조짐'도 전혀 없습니다. 조짐은 의미들을 뜻합니다. 여기서 사물들은 그냥 지각되는 그대로 인식되고, 심지어 이름도 붙여지지 않습니다. 만일 제가 컵을 하나 바라보면, 저는 거기에 중국식 이름을 붙이고 영국인인 여러분은 그것을 '컵'이라고 부릅니다. 웨일스 사람은 뭐라고 말할지 모르겠지만, 분명히 그도 뭐라고 이름을 붙일 수 있겠지요! 실은 우리 모두에게 이런 개념들의 주체(컵)는 그냥 아주 명료하게 이곳의 탁자 위에 놓여 있습니다. 우리는 그것이 무엇인지 압니다. 그것의 이름을 압니다. 묵조에서는 이름 붙이기가 아무 중요성이 없습니다.

---

4) 편자의 친구 유옌낭은 '默照'를 '묵연한 비춤(Silent Illumination)'으로 번역할 수 있을 뿐 아니라 '빛나는 침묵(Shining Silence)'으로도 옮길 수 있을 거라고 했다.

좌선 중에는 사물을 이런 식으로 보는 것이 매우 중요합니다. 우리는 여기서 함께 좌선하면서 남자와 여자를 분별하고 중국인과 영국인을 분별하며, 어쩌면 웨일스인과 잉글랜드인, 연장자와 연소자까지도 분별할 수 있습니다. 그런 분별들은 보통 모종의 판단이나 평가를 수반합니다. 식별 표지, 이름 따위는 편견의 뿌리입니다. 범주화는 통상 선호와 혐오가 있는 가치의 불평등을 낳습니다. 그것이 아무리 미세하고, 잠시 마음을 스쳐가는 것이라 해도 말입니다. 그런 불평등이 자리를 잡았을 때는 언제나 불성이 보이지 않게 됩니다. 참으로 깨달았을 때의 불성은 나눌 수 없습니다.

물론 이것은 간단한 문제가 아니며, 더욱이 도둑을 자기 아버지로 여기는 것은 일상 세계에서 많은 문제를 야기할 수 있습니다. 그렇기는 하나, 묵조의 관점에서 보면 마음의 토대에 이원성이 없는 것을 알 수 있습니다. 이원적인 활동은 2차적인 것이지, 근본적인 상태가 아닙니다. 우리는 이것의 실제적 의미를 성찰해야 합니다.

"털끝만큼도 조짐이 없기에, 그 비춤은 취함이 없이도 요달하네(曾無毫忽之兆 其照無取而了)." 묵조 수행자는 의미에 상관하지 않고, 따라서 아무것도 취하지 않습니다. 그는 새가 하늘을 날아가는 것을 볼지 모릅니다. 새가 한 나무에서 다른 나무로 날아갔다는 것을 그는 부인하지 않지만, 그것은 그의 관심의 초점이 아닙니다. 티베트인들의 말처럼, 그것은 '물 위에 글쓰기'와 같습니다. 물 위에 손가락을 움직이지만 아무것도 남지 않습니다. 그 일이 일어났고, 지금은 지나갔습니다. 묵연함 속에서 수행자는 불성을 알지만, 그의 마음속에는 그에 대한 어떤 자취도 없고, 취함도 없고 버림도 없습니다. 밝음, 묵연함, 비춤이 있습니다. 좌복에서 일어나면 한 잔의 물을 마시고, 아무것도 기억하지 않습니다. 그냥 해야 할 일을 해나갈 뿐입니다.

마지막 시계는 한문 상으로 아주 아름답습니다. 그 아름다움이 영어로 다소나마 옮겨졌기를 바랍니다. 이것은 묵조에 대한 묘사입니다. 이 시에 어떤 물고기나 새가 있습니까? 만일 여러분이 웃는다면, 그것은 여러분이 그 고기를 잡았거나 새를 보았기 때문입니다. 우리는 이 시를 이렇게 풀어 옮길 수 있습니다. "물이 매우 맑고 워낙 투명하여 바닥까지 보인다. 물고기는 너무 느리게 움직여, 그들이 나오기를 기다려도 아직 나타나지 않고 있다. 하늘은 툭 트여 있어 경계선이 없다. 새들은 어디로 날아가 사라져 버렸음이 분명하다."

맑은 물은 묵연함이고, 투명함은 비춤입니다. 물고기는 물에서 살기에 여러분은 그들이 나타나기를 기다리지만, 지금은 그들이 워낙 느리게 움직여 아직도 보지를 못했습니다. 실은 물이 워낙 맑아서 여러분이 물을 인식하지도 못합니다. 바닥까지 볼 때는 그냥 묵연함의 비춤이 있습니다. 하늘을 이야기할 때는 우리가 물의 수직성보다는 공간의 수평성에 들어갑니다. 이 좌선은 깊을 뿐 아니라 광활합니다. 새들은 보통 하늘에서 나타나지만, 한 마리도 나타나지 않았습니다. 멀리 날아가 버렸기 때문에 더 이상 볼 수 없는 것이 분명합니다.

묵조에서는 마음에 어떤 주관-객관의 분별도 없습니다. 어떤 이원성과 관계하면 물과 고기, 새들이 나타납니다. 우리가 다시 일상의 이원적 관점으로 돌아오는 것입니다. 이 시에서 굉지 스님이 물, 새, 물고기를 보기는 하지만, 그것들이 전혀 어떤 식별 표지로 인식되지 않기에 물, 고기, 새가 나타나지 않는다고 참으로 말할 수 있는 것입니다. 어떤 속성도 붙지 않았기에 마음은 자유롭지만, 그래도 압니다. 이것이 묵조의 주시하기입니다.

이제 우리는 우리 자신의 수행으로 돌아가야겠습니다. 첫 번째 수준에서는 확실히 허다한 물고기와 많은 새들이 있습니다. 물은 흐리고 하늘에는 구름이 잔뜩 끼어 있습니다. 그렇기는 하나, 이것이 우리가 시작하는 지점입니다. 시작할 때의 경험을 분명히 하는 것부터 시작합시다.

수행에 유익한 태도

수행은 자아중심을 줄이고, 자아관심에 대한 몰두를 줄여나가는 것을 의미합니다. 그런 것들은 번뇌를 유발할 뿐입니다. 우리는 언젠가 우리가 분명히 깨달을 거라는 말을 듣기는 하지만, 그런 일이 언제 일어날지는 모릅니다. 중요한 것은 노력하는 것입니다. 우리는 자비와 지혜를 증장하려고 애써야 합니다. 만일 우리가 좌선을 더 실속 있게 수행한다면, 그리고 우리의 삶에서 불법에 합당한 태도와 남들을 이익 되게 하려는 바람을 유지해 나간다면, 우리의 자아중심이 줄어들고 번뇌가 적어질 것이며, 우리 자신과 남들에게 공히 이익이 될 것입니다.

하지만 그것을 어떻게 합니까? 하나의 지침으로서, 좌선에서 이익을 얻기 위해, 그리고 선법에 대한 이해가 갈수록 심화되도록 하기 위해 우리가 계발해야 할 몇 가지 필수적인 마음의 태도를 생각해 봅시다.

이런 태도에는 네 가지가 있습니다.

믿음[信心]
보리심菩提心
참괴심慚愧心
감사하는 마음[感恩]

이런 필수적 태도들은 한 가지 핵심 요소인 근면한 정진에 의존합니다.

수행자들은 좌복 위에서든 아니든 계속 수행을 이어가고, 게으름을 방지하며, 실망, 우울 혹은 실패로 인한 중단을 용납하지 않는 소견을 가져야 합니다. 저는 이제 약 20년간 서양인들을 가르쳐 왔지만, 대다수 사람들이 이 근면한 정진이라는 문제에서 흔히 실패하고 있다는 점을 여러분에게 말씀드리지 않을 수 없습니다.

서양인 학인은 전형적인 소비자입니다. 왜냐하면 현대의 지배적인 문화가 서양인들에게 그런 사람이 되도록 가르치고 있기 때문입니다. 그 지배적인 문화는 무엇이 좋아 보이니까 사라고 합니다. 그 새로움이 시들해지면, 그럼 다른 것을 써 보라고 합니다! 포장을 바꾸면 똑같은 것이라도 사물이 다르게 보일 수 있습니다. 여러분이 사면 누군가는 팔 수가 있지요. "제너럴 모터스에 좋은 것은 미국에도 좋다"5)는데, 영국의 여러분들은 뭐라고 말하겠습니까? 여기서도 아직 자동차를 만듭니까? 일본 같으면 혼다나 미쓰비시겠지요. 실은 그것은 모두 여러분을 A지점에서 B지점으로 데려다주는 차들일 뿐입니다. 불행히도 만약 그것이 티베트의 중국 지프차라면 그렇지 않을 수도 있겠지만 말입니다.

선을 배우는 서양인 학인은 멋진 차를 구입하는 사람처럼 수행할지도 모릅니다. 처음에는 큰 열의를 가지고 아주 열심히, 전념하여 공부합니다. 하지만 그 새로움이 시들해지면서 몇 가지 어려움이 나타나고 뚜렷한 진보의 표시가 없으면, 다른 것에 마음이 끌리기 시작할 수 있습니다. 어쩌면 그것이 오토바이일지도 모르지요. 사람들은 쉽게 포기하고 다른 어떤 영적인 길을 배회하거나 다른 스승을 찾기 시작합니다.

현대의 영적인 가르침들은 워낙 다양하고 풍부해서 여러분이 어떤 영적인 길을 가면서 온 세상 종교들의 행법을 다 실험해 보려면 한 평생도

---

5) (역주) 제너럴 모터스 최고경영자였던 찰리 어윈 윌슨이 1953년에 한 말에서 비롯된 표현이다.

족히 걸릴 수 있는데, 어디에도 얼른 도달하지 못합니다. 여하튼 이런 길들 대부분은 결국 제자리를 빙빙 돕니다. 그런 사람은 이따금 자신이 뭔가를 잃어버린 것 같고, 선에서 발견했던 그런 오롯한 수행이 필요하다고 느낍니다. 그래서 그녀는 다시 선당으로 돌아와서 좌선을 좀 해 보지만, 결국 똑같은 일이 반복됩니다. 아마 남자친구가 다른 길을 닦고 있는 거겠지요! 왜 아니겠습니까?

이처럼 의지력과 결의가 부족하고 꾸준함이 없는 것은 과도하게 부풀려진 기대 때문인 경우가 많습니다. 어쩌면 영적인 명성을 갈망하거나, 가르침과 수행이 실제로 포함하는 내용에 대해 혼란을 느끼기 때문이겠지요. 공부 없는 좌선이나 좌선 없는 공부 둘 다 금방 실수와 실패로 이어집니다. 이것은 매우 안타까운 일입니다. 서양인들에게 그런 꾸준함이 부족한 것이야말로, 선이 아직 서양에서 그다지 뿌리를 내리지 못한 이유라고 말할 수밖에 없습니다.

수행은 하나의 물줄기 같아야 합니다. 물이 조금밖에 없어도 그 물줄기는 계속 흐릅니다. 성공은 반드시 빨리 오는 것은 아닙니다. 열매가 익으려면 오랜 시간에 걸쳐 많은 인因과 연緣이 한데 모여야 합니다. 정진은 그냥 계속 수행하는 것을 의미하고, 수행은 무슨 일이 있어도 끊어짐이 없는 정진을 의미합니다. 빨리 깨닫는 것이 중요한 것은 아닙니다. 수행자가 성장하고 성숙할 필요가 있습니다. 사실 어떤 사람들은 아주 짧은 시간 내에 깨달음 체험을 얻을지 모르지만, 그에 계속 이어져야 할 수행을 지속하지 못할 수도 있습니다. 수행의 어떤 성과가 목적이 아니고, 그것을 종착점으로 생각해서도 안 됩니다. 수행의 성과는 수행 도상에서 그냥 나타납니다. 빨리 깨닫지 못하는 사람이라 하더라도 만약 그가 올바른 개념, 분명한 이해, 그리고 건전한 수행법을 가지고 있다면 이내 자신과 남들에게 이익을 안겨주고 있다는 것을 알게 될 것입니다. 그런 것이 지혜의 시작입니다.

믿음의 필요조건

믿음의 근본 원인은 개념적인 이해입니다. 어떤 것이 사리에 맞는다는 느낌이 있습니다. 여기에 여러분이 탐색해 보고 싶은 뭔가가 있습니다. 그것이 여러분이 아직은 이해하지 못하는 어떤 관념일 수도 있지만, 그것을 신뢰하면서 그것을 가지고 공부하여 어떤 결과가 나오는지 보려고 합니다. 믿음의 두 번째 원인은 체험입니다. 어느 정도 수행하여 어떤 체험이 일어나면 그것이 여러분의 처음 통찰을 확인시켜 줍니다. 그 길이 올바른 것이었다는 믿음이 이와 같이 확인되면 그 수행자는 퇴보하지도 않고 한눈을 팔지도 않습니다.

어떤 사람들은 좋은 체험을 가지고 시작하지만, 보통은 그런 데서 나오는 믿음이 충분치 않습니다. 그 수행자는 여전히 개념적 지도를 필요로 합니다. 그렇지 않으면 이해가 그릇되어 잘못된 길로 빠질 수 있습니다. 유익한 방향으로 잡아주는 것이 필수적입니다. 얕은 체험으로는 믿음을 견지하기에 충분치 않을지 모릅니다. 사실 그것은 불확신과 의심을 낳을 수도 있습니다. 그럴 때는 믿음을 더 굳건히 해주고 그럼으로써 체험을 갈수록 심화시켜 주는 개념적 지도가 필수적입니다.

무엇에 대한 믿음입니까? 1차적으로 그것은 자기 자신에 대한 믿음의 문제입니다. 즉, 자기 자신의 노력으로 성불할 수 있다는 것입니다. 그리고 삼보三寶, 곧 불법승에 대한 믿음이 있습니다. 여기서 믿음은 불성이 내면에 있다는 것, 불법이 우리를 일깨워주고 수행법을 제시해 준다는 것, 승단의 스승들은 신뢰할 만한 안내자라는 것, 그들은 자신이 무슨 말을 하고 있는지 알고 있다는 것을 이해한다는 뜻입니다. 우리는 그들이 전법을 받았다는 것을 알 때, 즉 그들의 지견知見이 그 법맥에서 인가를 받았을 때, 그리고 어떤 자격 있는 스승이 그들의 수행 성취를 인정해 주었을 때, 그 스승들을 믿게 될 것입니다.

참된 스승은 자신의 스승에게서 인가를 받은 상태여야 하며, 스승도 그 자신의 스승에게서 인가받을 때와 같은 방식으로 제자의 능력을 인가해 주었어야 합니다. 그런 스승들의 대代는 위로는 부처님에게까지 소급합니다. 그런 스승에 대한 믿음이 있으면, 그런 이의 지도하에 수행해야겠다는 마음, 그들이 전승하는 그 원천의 가르침을 받아야겠다는 마음이 일어납니다. 이러한 개인적 인연 없이 책으로만 배워 순전히 지적인 이해만 가지고 있으면 그 믿음의 기반이 약합니다. 하지만 수행자는 스승으로 삼을 만한 사람을 주의 깊게 평가해야 합니다. 마치 스승이 그를 평가할 때처럼 말입니다. 이것은 전통적인 방식이지만 특히 오늘날 이것이 중요할 것입니다. 왜냐하면 소위 전법이라고 하는 것 가운데 일부는 문제가 있음이 발견되었고, 어떤 스승들이 이끄는 조직들은 불법의 기초에 결함이 있을 수 있기 때문입니다.

책에서 본 관념이나 어떤 조직의 선전에 지적으로 동의하는 데 불과한 사람은 보통 수행도 부실합니다. 어떤 사람은 그 전통들이 다른 사람들의 수행에는 좋을지 몰라도 자기에게는 아무 쓸모가 없다고 말할지도 모릅니다. 그는 이런 모든 오래된(전통적) 관념 없이 해 나갈 수도 있고, 심지어 자신의 관념으로 대체할 수도 있겠지요. 또 어떤 사람은 유명한 스승이 오면 선칠에 나타나고, 현지에 있는 자신의 스승은 소홀히 여길지도 모릅니다. 그리고 그 스승이 얼마나 위내하냐면서 그의 이름을 팔고 다니는 한편, 다른 사람들을 비난할 수도 있습니다. 그런 사람은 마치 자기가 믿음이 있고, 불법을 좋게 여기며, 수행력이 있는 것처럼 말할지 모르지만, 실은 그것은 전혀 믿음이 아닙니다. 오히려 그는 자신과 어떤 영적인 게임을 벌이면서 자신을 자만의 대상으로 삼는 것입니다. 여러분은 그런 사람들을 만나 본 적이 있습니까?

이 선칠에서 우리는 수행법과 불교의 근본 개념들에 대해 듣고 있는데, 이것이 수행의 효과를 높여줄 것입니다. 우리는 이런 행법들을 사용하여 불법의 진리를 체험적으로 시험해 봐야 합니다. 그래야 이 가르침에 대해 참으로 믿음을 계발할 수 있을 것입니다.

보리심

모두가 깨닫고 싶을지 모르지만, 수행법을 철저히 이해한 뒤라야 그런 목표를 향한 길에 진지하게 발을 들여놓을 수 있습니다. 범어 단어인 '보리菩提(bodhi)'는 부처님이 보리수 밑에서 증득한 지혜를 말할 때 사용됩니다. 그것은 실은 그 나무 열매를 닮았습니다. 즉, 부처님이 전생에 한 모든 수행과 노력을 통해 비로소 열매가 익을 수 있었다는 것입니다.

우리가 수행의 열매를 맛볼 수 있으려면 먼저 꽃이 피어야 하고, 그 전에 먼저 씨를 뿌려 그것을 키워야 합니다. 이런 지속적인 보살핌은 보리심(bodhichitta)을 발견해야겠다는 마음에 의해서 이루어집니다. 보리심은 이미 우리 자신의 성품 안에 존재하는 성불의 씨앗에 대한 통찰에서부터 싹이 틉니다. 보리심을 키우겠다는 마음이 있으면 이 씨앗에 자양분을 주며 보살펴야 합니다. 그러면 먼저 그것이 꽃을 피우고, 그런 다음 열매를 맺습니다.

이 보리심을 키우는 데는 매일 사홍서원을 발하는 것이 큰 도움이 됩니다. 그 첫 번째가 무수한 중생들을 차별 없이 돕겠다는 것입니다. 두 번째는 끝없는 번뇌를 끊겠다는 것입니다. 그렇게 하려면 세 번째 서원이 말하듯이 한량없는 법문에 통달해야 합니다. 네 번째 서원은 위없는 불도를 이루겠다는 것입니다. 이 네 서원이 합쳐지면 깨달음의 동력을 산출하게 되는데, 그것이 곧 보리심입니다.

이 서원들 중 첫 번째는 성불하겠다는 것이 아니라 중생들을 돕겠다는 것이라는 점을 유념하십시오. 이 첫 번째 서원이 없으면 성불은 불가능합니다. 무수한 번뇌를 끊겠다는 두 번째 서원도 중요합니다. 그것이 없이는 성불할 수 없기 때문입니다. 또 한편 우리가 무수한 법문에 통달하지 않으면 역시 성불할 수 없습니다. 따라서 처음 세 가지 서원은 우리가 성불할 수 있기 위한 자량資糧(밑천) 혹은 조건을 포괄합니다.

모두가 매일 이 사홍서원을 발해야 합니다. 사실 보살이 8지地에 도달해야만 이 네 가지 서원의 작용이 그의 성품에 워낙 새겨져서 더 이상 그것을 매일 발하지 않아도 됩니다. 그 단계부터 그의 모든 행위는 사홍서원의 직접적 표현입니다. 수행의 꽃들이 개화하기 시작한 것입니다.

이러한 서원들 이면에 있는 두 가지 원리는 자비와 지혜입니다. 이것은 수행의 두 날개여서 어느 하나가 없어도 수행자가 날 수 없습니다. 번뇌를 끊으면 지혜가 증장됩니다. 남들에 대한 자비는 복덕을 증장합니다. 자비와 지혜가 완전히 갖추어졌을 때 우리는 부처가 됩니다.

많은 수행자들, 특히 책을 너무 많이 읽은 사람들은 깨닫는 것만 생각합니다. 그들은 번뇌의 잡초를 뽑아내거나, 어려움에 처한 다른 중생들을 ─심지어 작은 동물들까지─ 돕는 문제에 대해서는 거의 고려해 보지 않습니다. 그런 수행자는 노력하지 않고도 성과를 얻고 싶어 합니다. 그런 협소한 접근방법으로는 깨달음에 필수적인 인因과 연緣을 충족하지 못합니다. 그런 수행자는 꿈을 꾸고 있는 데 불과합니다. 깨달음은 올바른 인연의 토대 위에서 때가 되어야 일어납니다. 얻고 싶다고 얻어지는 것이 아닙니다.

저는 아주 어릴 때부터 불법이 얼마나 유익한지를 절감했습니다. 불법에 대해 아는 것은 거의 없었지만 어떤 작은 체험들이 저에게 이익을 안겨주었고, 저는 이 길을 더 멀리 나아가기 위해 남들을 돕는 데 진력했습니다. 사람들이 저를 깨달았다고 하든 않든 그것은 전혀 중요하지 않습니다. 중요한 것은 남들이 불법에서 이익을 얻도록 도와주려고 노력하는 것입니다. 저의 이해가 아무리 보잘것없다 해도, 저는 가능한 한 많은 사람들이 이 불법을 알고 거기서 이익을 얻게 하고 싶습니다. 이것이 보리심의 수행입니다.

저는 은퇴할 나이가 되었고, 제 몸은 한 번도 강건했던 적이 없습니다. 그런데도 저는 계속 가르칩니다. 저로서는 그 밖의 다른 것을 한다는 것은 생각할 수 없기 때문입니다. 여하튼 저는 번뇌의 경감과 자아중심의 감소를 통해 큰 이익을 얻었습니다. 그것은 일상적 경험의 수준에서도 실제적이고 구체적인 이익입니다. 깨달음이 어떤 것일지, 자신이 그것을 얻을 수 있을지 궁금해 하며 계속 꿈을 꾸고 있는 것은 바람직하지 않습니다. 어느 경우든, 그런 생각들의 전제가 잘못되었기 때문입니다.

우리가 지녀야 할 최선의 태도는 자신이 초심자, 즉 수행을 갓 시작한 사람이라고 보는 것입니다. 만약 자신을 구참으로, 경험 많은 사람으로 여기면 많은 문제를 자초합니다. 여러분은 수행에 별 진전이 없으면 왜 이런가 하고 생각합니다. 또 진전이 있으면 즐거워하면서 자신의 성취에 자만합니다. 남들이 이것을 곧 눈치 채고, 어떻게 구참 수행자가 저런 자만심을 가질 수 있나 하고 의아해 할 것입니다.

허운 노화상은 백 살의 나이에도 여전히 사방을 다니며 사람들을 가르쳤습니다. 사람들이 스님에게 곧잘 말했습니다. "노스님! 이렇게 오래 사시는데도 건강하시고, 도처를 다니시며 그 많은 일을 하시는 것으로 보아 스님은 큰 수행자이심이 분명합니다! 저희는 스님이 자비의 화신이라고 생각하지 않을 수 없습니다." 그러나 허운 스님은 이렇게 답변하곤 했습니다. "부처님, 저를 가엾게 여겨주십시오! 제가 그토록 많은 고초를 겪은 것은 저의 업채業債가 너무 많기 때문입니다. 갚아야 할 빚이 그렇게 많은 것입니다. 다른 사람들은 일이 쉬워서 그냥 죽습니다. 저는 세월을 질질 끕니다. 수행으로 말하면, 제가 하는 일이라고는 하루 세 끼 밥 먹고 밤에는 자는 것뿐입니다. 그게 무슨 수행입니까? 당신은 저를 다른 사람으로 오인하는 것이 분명합니다."

그렇게 위대한 선사도 자신을 극도로 겸허하게 표현했습니다. 그에게는 자신이 결코 위대한 수행자가 아니었습니다. 그분과 같이 우리도 수행을 그냥 우리가 매일 하는 일로 여겨야 합니다. 이를 닦고, 밥을 먹고, 잠을 자는 것과 같이 말입니다. 수행을 일상생활에 필요한 구성요소로, 일종의 자양분으로 삼으십시오. 그런 태도를 가지고 있으면 비현실적인 기대를 갖지 않게 됩니다.

여러분이 매일 수행을 해도 진보를 전혀 느끼지 못할 수 있습니다. 그러다가 한동안 만나지 못한 친구들을 만나면, 그들은 여러분이 변했다고 말할지 모릅니다. 거기서 용기를 얻을 수 있습니다.

참괴심

참괴심은 단순히 후회도 아니고, 죄책감도 아니며, 불안한 수치감도 아닙니다. 참괴심은 불법의 한 방편입니다. 진정한 참괴심을 일으켰을 때 우리는 법희法喜를 느끼며, 열심히 노력하려는 마음을 갖게 됩니다. 참괴심은 단지, 여러분이 한 일이 설사 만족스럽다 해도 그것은 충분히 잘한 것은 아니었다고 느끼는 것입니다. 제가 여러분에게 아무리 훌륭한 스승으로 보인다 해도, 저는 늘 아직은 충분히 훌륭하지 않다고 느낍니다. 그런 느낌이 참괴심의 뿌리입니다.

참괴심에서는 우리가 변명을 하거나 용서를 구하는 것이 아닙니다. 물론 우리가 하는 일 중에는 그에 대해 용서를 구하는 것이 적절한 경우도 있겠지만, 그것은 참괴심이 아닙니다. 자신이 더 잘할 수 있었다는 것을 안다면 어떤 자만심도 없습니다. 그런 사람은 작은 성취를 흡족하게 여기지 않습니다. 참괴심을 가진 사람은 또한 자신이 한 어떤 일의 결과가 대개는 다른 사람들의 행위의 결과일 때가 많다는 것을 압니다. 좋은 스승은 선칠의 성공이 자신에게 달린 것만큼이나 참가자들에게 달려 있다는 것을 압니다.

참괴심은 보통 참회와 함께 갑니다. 물론 이것은 단순히 기독교 전통에서 하듯이 죄책감이나 죄과를 경감하는 것이 아닙니다. 불교에서 참회는 잘못을 인정하고 책임을 받아들이는 것이며, 그렇게 해서 그 과오의 부담을 해소하는 것입니다. 그것은 채무를 인정하고 그것을 상환할 준비를 하는 것과 같습니다. 일단 자신의 책임을 선선히 인정하면 죄책감에 휘말려 있을 필요가 없습니다.

선칠을 하던 한 여성이 저에게 말하기를, 자기는 불교도가 된 뒤로 마음이 아주 고통스러운 상태에 있었다고 했습니다. 왜냐하면 낙태를 두 번 했는데, 기독교에서는 용서를 구할 수가 있지만 불교에서는 그렇게 해서 그 마음의 짐을 벗을 방도가 없다는 것이었습니다. 제가 그녀에게 말했습니다. 불교에서 참회는 그냥 자신이 잘못했다는 것을 인정하는 것을 뜻할 뿐이라고 말입니다. 그냥 자신이 한 일에 대해 그 책임을 받아들이기만 하면 됩니다. 만일 그녀가 열심히 수행하면 그 태아들의 영가靈駕를 도와줄 수 있을지 모르지만, 최선의 방안은 그저 남들의 이익을 위해 열심히 수행하는 것이겠지요.

잘못에는 반드시 업보가 따릅니다. 그 사실을 알고 받아들여야 합니다. 어느 시점에서는 과보가 찾아올 것입니다. 마치 그 여성이 불교도가 되기로 결심했을 때, 자기 바깥의 어떤 신에 의해 구원받을 가능성 없이 자신의 잘못과 마주해야만 했듯이 말입니다.

중생인 우리는 늘 잘못을 범하고 있습니다. 우리는, 걸어 보려고 하지만 계속 넘어지는 어린애들과 같습니다. 넘어질 때마다 그냥 일어나서 다시 시도하면 됩니다. 잘못할 때마다 진정한 참회가 따른다면, 우리는 더 행복하게 삶을 살아갈 수 있습니다. 일반적으로 참회는, (잘못을 인정하여) 심리적 부담을 해소하고 훗날 참괴심으로 보상의 행위를 하겠다는 책임을 받아들이는 것입니다. 희망에 가득 찬 새로운 출발이 있지만, 과거의 경험으로 인해 겸허해져 있습니다. 이런 식으로 우리는 늘 다시 시작하고 있습니다. 이러한 참괴심에는 행복이 함께 할 수 있습니다.

감사하는 마음

어떤 사람들은 우리가 이 세상에 오는 이유를 묻습니다. 불교도들에게 그 답은, 우리의 업채業債를 갚기 위해서라는 것입니다. 실로 우리는, 과거에 우리가 업채를 지었기 때문에 그것을 갚기 위해 불가피하게 이 세상에 다시 태어난다고 말할 수 있겠지요.

우리의 업채는 두 가지 방식으로 갚게 됩니다. 비자발적으로 갚는 것과 자발적으로 갚는 것이 그것입니다. 비자발적으로 갚는 것은, 우리에게 업보가 불가피하게 닥쳐오는 그런 상황에서 일어닙니다. 그럴 때 우리는 그 과정의 수동적 참여자이고, 아무 선택권이 없습니다. 그러나 우리는 또한 우리가 진 빚을 자발적으로 갚을 수도 있습니다. 이것은 감사하는 마음에서 나오는 행위라고 부를 수 있습니다. 왜냐하면 그것은 감사를 표하는 한 방식이기 때문입니다. 업보를 이렇게 갚는 방식은 범부중생들에게 해당됩니다. 중생들을 돕겠다고 서원한 보살들은 일부러 생에서 생을 이어가며 다시 와서 남들을 돕습니다. 보살들이 세간에 존재하는 이유가 바로 이것입니다.

어떤 사람들은 자신이 한평생 잘못된 일을 전혀 하지 않았다고 느낍니다. 심지어는 전생이 있다고 믿는 경우에, 그 전생에서도 역시 자신은 잘못된 일을 도무지 할 수 없었을 거라고 생각합니다! 하지만 그들은 금생에 타인들과 환경이 자신에게 매우 불공평하다고 느낄지 모릅니다. 그들은 자신이 받는 대우가 부당하다고 느끼고, 화를 내며 이런 감정을 표현합니다. 저는 그런 사람에게 이렇게 말할 것입니다. "만약 당신이 금생에 갚아야 할 빚이 없다면, 그냥 남들에게 감사하기 위해 이 세상에 왔다고 생각하십시오. 빚을 갚을 필요가 없으니 남들이 당신에게 무엇을 해 주든 정말 고마워할 수 있습니다." 그러나 그런 사람들은 쉽게 납득하지 못합니다. 그래서 제가 다시 말하겠지요. "자신을 한 사람의 보살로 생각하십시오. 당신이 이 세상에 온 것은 당신이 세운 큰 서원 때문에 남들을 기꺼이 돕기 위해서라고 말입니다. 이제 이 서원들 중 하나만 고르십시오. 어느 것이든 상관이 없지만 그 하나에 따라서 사십시오. 그렇게 하면 당신 자신이 더 평화로워질 것입니다."

물론 그런 사람은 자신을 실제로 일종의 보살로 상상하면서 오만한 마음을 일으킬지 모르지요! 여러분이 지녀야 할 가장 좋은 태도는, 자신이 이 세상에 온 것은 과거생에 경험한 모든 혜택의 빚을 갚기 위한 것일 뿐이라고 생각하면서, 감사의 마음에서 좋은 일을 하는 것입니다.

우리 중국인들이 가끔 하는 말로, 나무를 심은 것은 과거의 다른 사람들이지만 그늘과 열매를 즐기는 것은 지금 우리입니다. 바로 이 집만 해도 다른 사람들이 아마도 수백 년 전에 지은 것이겠지만 지금 우리가 잘 쓰고 있습니다. 마찬가지로, 이 세상에는 주인과 하인들이 있고, 부자와 가난뱅이, 사장과 직원들이 있습니다. 이것은 모두 공정합니까? 어떤 사람은 이 모든 것이 신의 뜻이라고 할지 모르지만, 불교에서는 다르게 봅니다. 사람들이 이 세상에 온 것은 자신들의 업채를 갚기 위해서거나, 아니면 다른 사람들이 그들에게 보여준 자비를 갚기 위해서입니다. 중국인들은 이런 것에 대해 특별한 단어들을 가지고 있습니다. 왜냐하면 우리는 그것을 강하게 느끼기 때문입니다. 저는 그냥 이렇게 말해야겠습니다. 우리가 이 세상에 온 것은 나쁜 빚을 갚기 위해서거나, 우리가 받은 은혜에 대한 감사를 표하기 위해서라고 말입니다.

세상은 자신의 삶에 만족해하거나 비참하게 살고 있는 사람들로 가득 차 있습니다. 어떤 사람은 총명하고 어떤 사람은 그렇지 않습니다. 어떤 사람은 자신이 아름다움 몸을 가졌다고 생각하고, 어떤 사람들은 자신이 추한 몸을 받았다고 생각합니다. 어떤 이들은 자신의 직업적 기술에 만족하면서, 그것은 자신이 열심히 노력했고 머리가 좋기 때문이라고 생각합니다. 어떤 이들은 부모가 나쁜 머리와 가난만 물려주어서 한 번도 기회를 가져보지 못했다고 느낍니다. 일반적으로 우리는, 좋아 보이는 것은 뭐든지 자기 자신이 노력한 탓으로 돌리고, 나쁜 것은 뭐든 남들이 잘못한 탓으로 돌립니다!

선에서는 이 두 가지 태도 모두 자아중심에 뿌리를 두고 있다는 것을 우리가 볼 수 있습니다. 만일 사뭇 다른 태도를 취하여, 우리가 이 세상에 온 것은 남들에게서 받은 은혜를 갚기 위해서라고 생각하면, 언제나 즐거이 남들에게 쓸모 있는 존재가 되고, 빚을 갚는 기회를 가질 수 있을지 모릅니다. 이런 태도를 지니면, 살아가면서 우리가 부단히 감사를 표하는 성숙함을 얻게 됩니다. 여하튼 우리가 이 세상에 와 있다는 것만도 행운입니다! 어쩌면 지옥에 떨어져 있었을지도 모르고, 웨일스의 이 빗속에서 당나귀로 나타났을지도 모르니 말입니다. 대신 인간인 우리에게는, 이 엄청난 우주가 우리 눈앞에 있으면서 경이로움과 놀라움과 사랑을 불러일으킵니다.

어떤 사람들은 고맙다는 말을 쉽게 하지만, 많은 사람들에게는 그것이 어렵습니다. 흔히 사회적 관습으로 단지 형식상 고맙다고 말하기도 하는데, 마음에서 우러나온 느낌은 없습니다. 우리가 참으로 마음에서 우러나 고맙다고 말하는 감정을 내면에서 발견하면, 다른 사람들 사이에 있어도 더 편안하고 더 많이 베풀 마음이 나는 것을 느낄 수 있습니다. 그런 사소한 일들이 실은 복덕이 증장되고 지혜가 일어나는 방식입니다. 복덕 있는 행위와 지혜의 계발이 늘 눈에 띄는 것은 아닙니다. 우리가 고맙다고 말하는 것은 남들이 우리에게 고마움을 느끼게 하려는 것이 아닙니다. 단지 감사의 마음과 남들의 행복을 기원하는 마음을 표현하는 것뿐입니다. 그래서 지혜는 완성을 향해 성장해 간다는 것입니다.

어떤 사람들은 세상의 모든 불의가 업채의 결과냐고 물을지 모릅니다. 불교적 관점은 받아들이기가 늘 쉽지는 않지만, 그것은 오묘한 것입니다. 한편으로는 설사 우리가 금생에 아무 잘못이 없다 해도, 무수한 전생에도 늘 잘못이 없었다고 말할 수 있겠습니까? 다른 한편, 설사 그런 질문이 의미 있는지 여부를 우리가 말할 수는 없다 해도, 우리의 삶이 과거의 악을 해소하는 한 방식이라는 관념은 깊은 의미가 있습니다. 우리네 나라들의 역사를 살펴보면, 우리의 선조들이 저지른 과오가 무서운 결과들을 가져왔고, 그것이 여전히 우리와 함께하고 있다는 것을 알 수 있습니다. 과거에 범한 과오는 좋든 싫든 금생에 우리가 책임져야 할 일이 됩니다. 만일 우리가 세상의 혼란을 깨끗이 정리하고 싶다면, 깊은 동기를 지녀야 합니다.

 어쩌면 여기서 중요한 것은 과거에 받은 은혜도 아니고, 예전에 저지른 과오로 인해 우리가 받게 되는 과보도 아닙니다. 오히려 우리가 금생에 복덕과 지혜를 쌓으려면, 다른 사람들이 없는 세상에서는 그렇게 할 수 없다는 것을 깨닫는 것이 중요합니다. 우리가 다른 사람들과 함께 살아가는 한, 우리 모두 실수를 범하며 모두 은혜를 입습니다. 참괴와 감사의 마음을 기꺼이 표현하는 것은 보살의 삶으로 들어서는 문입니다. 만약 보살도를 걷겠다는 뜻을 가지고 있다면, 이런 식으로 우리의 삶을 성찰할 필요가 있습니다.

 현대 세계의 많은 사람들은 영적인 가치가 결핍되어 있어, 만약 그들에게 "삶의 목적은 무엇입니까?" 하고 물으면 답을 못할 것입니다. 목적의식이 없으면 선善을 행할 동기가 있을 수 없고, 해이하거나 삿된 태도로 분노와 증오를 일으키기 쉽습니다. 비록 삶의 목적을 확신하지는 못한다 하더라도, 최소한 여러분 자신의 삶의 목적이 무엇인지는 결정할 수 있습니다.

공덕의 회향

 우리가 수행을 잘 하고 우리의 태도가 믿음, 보살 서원, 참괴심과 감사하는 마음을 표현하게 되면, 우리는 공덕을 쌓는다고 합니다. 그러나 불교도들은 좋은 것을 잔뜩 쌓아두기만 하는 사람들이 아닙니다. 우리는 그렇게 쌓은 것들을 남들의 이익을 위해 나눠 주어야 한다고 배웁니다. 이것을 공덕의 회향廻向이라고 합니다. 공덕 쌓기의 원래 관념은, 그렇게 하면 우리가 좋은 곳에 다시 태어나게 될 거라는 것입니다. 물론 그것을 남들에게 다 주어 버리면 공덕이 더 많다고 할 수 있겠지요! 이 중요한 불교적 관념을 이해하는 데는 세 가지 방식이 있습니다.

첫째로, 공덕은 자신이 남들에게 넘겨줄 수 있는 것이라고 합니다. 둘째로, 공덕을 회향하면 집착으로 가득 찼던 마음이 집착이 없는 마음으로 바뀐다고 합니다. 이것을 다른 말로 표현하면 공덕이 색계色界에서 무색계無色界로 옮겨가는 것입니다. 셋째로, (공덕을 회향하면) 소승적인 태도가 대승적인 태도로 바뀐다고 합니다. 여기서는 그 중에서 첫 번째 것만 논의하겠습니다.

우리의 수행에서 생기는 공덕이 어떻게 남들을 이롭게 할 수 있습니까? 간단한 예로, 바로 이런 것을 의미할 수 있습니다. 즉, 우리가 선칠을 마치고 집에 돌아가면 가족들이 우리의 태도가 많이 달라진 것을 알아차립니다. 그래서 가정생활에 혜택을 보게 됩니다. 여기 어떤 분이 어제 정말 그런 이야기를 했습니다. 선칠을 마치고 나면 보통 얼마 동안은 부인과 싸우지 않는다고 말입니다!

이 점에 대한 또 하나의 사고방식을 말해 보자면, 어떤 수행기간 동안 우리가 믿음, 감사, 참괴의 표현과 발원 쪽으로 태도를 바꾸었을 때는 필연적으로 선의善意의 축적을 가져온다는 것입니다. 그것은 마치 우리가 은행 계좌의 신용한도를 늘리는 것과 같습니다. 우리가 원하면 남들이 이 계좌에서 돈을 인출하게 허용할 수도 있습니다. 선의를 공유하면 다른 사람들도 이익을 얻을 수 있습니다.

어쩌면 저는 무일푼으로 웨일스에 올지 모릅니다. 그렇다 해도 존은 저에게 자기 신용카드를 사용하게 허락해 줄 수 있겠지요! 물론 우리 둘 다 우리가 무엇을 공유하는지 알고 있을 때는 둘 다 이익을 얻을 수 있습니다. 그러나 만일 제가 그의 카드를 가지고 도망가서 그의 계좌를 텅 비게 하면, 저는 아마 감옥으로 가겠지요. 이 은행 계좌는 상호 양해 하에만 사용할 수 있습니다. 딱하게도 나쁜 의도를 가진 사람들은 가끔 선의를 가진 사람들을 이용하기도 합니다. 따라서 우리는 인간적 실상에 주의할 필요가 있습니다.

그렇지만 이 비유는 그리 좋은 것은 아닙니다. 우리가 이런 식으로 신용을 공유할 때, 은행 계좌의 가치가 더 증가하지는 않습니다. 그에 비해 지혜와 자비는 사용할수록 늘어납니다. 어쩌면 이 모든 이야기는 촛불과 더 비슷합니다. 제가 촛불을 하나 켠다고 합시다. 그러면 (그 촛불로) 여러분의 촛불을 하나하나 다 켜 드릴 수 있습니다. 각각의 촛불이 밝게 타오르지만 저 자신의 촛불이 줄어들지는 않았습니다. 불빛을 초에서 초로 전해주면 실제로 도처에서 불빛의 양을 증가시킵니다. 이것이 공덕 회향의 심오한 의미입니다.

이기적인 사람은 공덕을 전혀 회향하고 싶지 않을 수도 있습니다. 자신이 공덕을 아주 많이 축적하면 성자가 될 거라는 생각을 할지도 모릅니다. 얼마나 딱한 오류이겠습니까! 만일 수행자가 번뇌를 줄이고 싶고, 자비로우면서도 지혜로워지고 싶다면, 자아중심적 태도를 놓아버리는 것이 필수적입니다. 이기적인 사람이 반드시 남을 해치는 나쁜 사람은 아니지만, 필요할 때 남들을 돕거나 친절함을 보여주지 않기 십상입니다. 공덕을 남들에게 회향하면서도 그것이 얼마나 좋은지, 자신이 얼마나 좋은 보살이 되어 가고 있는지 생각함이 없이 회향하는 것이 자비를 증장하는 최선의 방도입니다. 물론 공덕을 회향해야겠다고 생각하는 것만으로는 부족합니다. 회향할 공덕이 좀 있어야 합니다. 이런 관념들을 여러분 자신의 삶에 적용하면서 그 의미를 탐색해 볼 필요가 있습니다.

예불문의 가치

선칠의 의례儀禮에서는 공덕의 회향이 하나의 공식 행위입니다. 우리는 그런 회향 문구로 의식을 마무리합니다. 모든 사람이 의식의 가치, 예불 행사의 가치를 인식하지는 못합니다. 어떤 사람은, "내가 쓰는 언어가 영어 아니면 불어인데, 왜 중국어나 티베트어로 창송唱誦을 해야 하나?" 하고 물을지 모릅니다.

선에서도 우리는 예불문이 여러 면에서 중요하다고 여깁니다. 첫째로, 소리 자체의 힘이 있습니다. 이 오래된 문구들을 창송할 때 우리는 깨어 있는 자각의 어떤 상태들을 불러일으킵니다. 이것은 울림 있게 창송하는 진언이나 다라니가 우리의 어떤 마음 상태와 공명할 때 특히 그렇습니다. 그럴 때는, 그것이 어떤 언어로 되어 있고 그 문구의 의미가 무엇인지는 별로 중요하지 않습니다. 진언들의 의미는 통상 놓친다 해도, 영적인 영감을 주는 음악으로서는 그것이 꽤 유효합니다.

창송은 산란심을 어떤 통일된 상태로 이끌어주며, 좌선에 큰 도움이 됩니다. 관세음보살은 소리를 듣는 것으로써 깨달음을 이루었다고 합니다. 의식의 거행으로 의식意識의 변화를 고무합니다. 창송, 법구法具, 그리고 그것의 특정한 리듬과 음조는 유용한 좌선 효과를 낳습니다.

의식문은 통상 수행자의 의향을 나타내는 것들입니다. 여기에는 보통 삼귀의, 사홍서원, 『심경』이 들어가고, 더불어 참회의 표현 그리고 역대 조사와 제불諸佛을 부르면서 자신의 유구한 법맥을 상기하는 표현도 있습니다. 또한 많은 중국인들은 우리가 어떤 의식을 통해 돌아가신 분들이나 지역 신령들, 그리고 무주고혼無主孤魂들과 연관을 맺는다고 믿기 때문에, 창송도 이런 가여운 존재들을 이익 되게 하기 위해 구성됩니다. 따라서 선칠 중에 하는 의식은 그 수행자들이 속한 법맥과 수행 전통에 대한 경의의 표현으로 아주 진지하게 거행해야 합니다.

제가 젊은 승려일 때, 우리는 많은 창송을 연습하곤 했습니다. 보통은 우리의 창송이 형편없고 가락이 맞지 않았기 때문에, 우리는 시작하기 전에 호법신과 천룡天龍들에게 우리가 하는 것은 그들에게 진지하게 하는 것이 아니니 곁에 오지 마시라고 기도하기도 했지요!

의식문은 형상의 세계(색계) 안에 있고, 종교적 수행이라는 인습적 세계의 일부입니다. 깨닫지 못한 사람들은 자신들의 동기를 강화하고 그들의 공통적인 의향과 영적인 전승을 공유하기 위해 그런 수행을 필요로 합니다. 깨달은 존재들은 겉모습(형상)을 넘어선 세계, 공空의 의미와 친숙하므로 그런 의식들이 필요 없습니다. 그렇기는 하나, 깨달은 존재들도 아직 그런 의식에 참가할 필요가 있는 사람들을 위해서 여전히 남들과 함께 의식에 참가합니다.

무한한 밭

오늘 우리는 굉지 선사의 짤막한 좌선 지침들 중 하나에 대한 탐색을 시작해 보겠습니다. 먼저 그 전문을 한 번 살펴봅시다.

밭은 텅 비어 넓으니, 이는 본래부터 우리가 가지고 있는 것이다. 그것을 정화하고 바로잡아 모든 거짓 연緣과 허망한 습習을 없애라. 그러면 자연히, 맑고 순수하며 온통 밝은 곳에 이를 것이니, 비고 또 비어 아무 모습[像]이 없고, 더없이 빼어나며 의지함이 없다. 툭 트여 비추니 본래의 진리이며, 바깥 경계를 물리친다. 그래서 말하기를, "철저히 또렷하게 보면 한 물건도 없다"고 하였다.

이 밭은 생멸이 이르지 못하는 근저로서 깊은 원천이 맑게 비추지만, 능히 빛을 발하고 능히 반응을 일으킨다. 모든 먼지 티끌 세계에 두루 분명하고, 텅 비어 짝할 바가 없으며, 그 보고 들음의 오묘함은 저 형상과 소리들을 초월한다. 일체처一切處에서 사용하되 흔적이 없고, 비추되 걸림이 없으니, 자연히 마음과 마음, 법과 법이 서로 평등하게 출현한다.

옛사람이 말하기를, "무심이어야 무심의 도를 체득하니, 무심을 체득하면 도道 역시 쉬어진다"고 하였다. 나아가 벼슬도 할 수 있지만, 마음은 묵연히 좌선하듯 맑다. 노닐 듯 세간에 들어가는 오묘함은, 그대가 이와 같이 참구해야 하는 것이다.

田地虛曠, 是從來本所有者. 當在淨治揩磨, 去諸妄緣幻習, 自到淸白圜明之處, 空空無像, 卓卓不倚. 唯廓照本眞, 遣外境界, 所以道:「了了見無一物.」6) 箇田地是生滅不到, 淵源澄照之底, 能發光能出應. 歷歷諸塵, 枵然無所偶, 見聞之妙, 超彼聲色. 一切處用無痕鑑無礙, 自然心心法法, 相與平出. 古人道:「無心體得無心道, 體得無心道也休.」7) 進可寺丞8), 意淸坐默. 游入環中之妙, 是須恁麼參究!9)

이 글에서 "밭(田地)"은 「좌선잠」에서 말한 "모든 부처님의 핵심 가르침(佛佛要機)"과 같은 의미입니다. 이 밭은 '성품을 본' 사람이면 누구나 보는 그 '성품'입니다. 그것이 묵조에서 비추어지는 마음입니다. '밭'이란 단

---

6) (역주) 「증도가證道歌」의 한 구절이다.
7) (역주) 용아거둔龍牙居遁 화상의 게송에 나오는 구절. 『선문제조사게송禪門諸祖師偈頌』, CBETA X66n1298_p0726c17(06) 참조.
8) (역주) '寺丞'은 고대의 관직 이름이라고 한다.
9) (역주) 이 글의 출처는 『굉지선사광록宏智禪師廣錄』, 卷六, '명주천동정각화상법어明州天童覺和尙法語'이다. 성엄 스님의 『선문수증지요禪門修證指要』(123-124쪽)에도 있다.

어는 제대로 된 비료만 주면 뭔가가 자랄 수 있는 땅이라는 의미를 갖습니다. 그것은 쓰레기가 고상한 것으로 변하는 곳입니다. 밭이 버려진 오물을 받아들여 비옥한 거름으로 만들면, 거기서 멋진 채소와 화초들이 자랄 수 있습니다.

범부중생들은 흔히 번뇌라는 쓸모없는 잡초를 키우는 데만 성공합니다. 불교 수행자들은 계戒·정定·혜慧의 씨앗을 심고 거기서 자비와 지혜라는 열매를 거두는데, 자기 자신만을 위해서가 아니라 모든 중생을 위해서 그렇게 합니다. 그런 씨앗을 심고 나면 결국 청정한 마음이 불성으로 나타납니다. 불성이 그런 원예 활동으로 창조되는 것은 아닙니다. 불성 그 자체가 바로 수행자가 일하는 밭입니다. 그것은 늘 존재해 온 자기 존재의 근본 바탕입니다. 마음이 번뇌라는 잡초로 뒤덮여 있으면 불성을 볼 수 없습니다. 잡초를 제거하지 않으면 불성이 존재하는 것을 알지 못하고, 그래서 잡초들이 무성해집니다.

좌선이 어느 정도의 수준에 도달했을 때만 이러한 이해가 나타나기 시작합니다. 밭이 마침내 경계선이 없는 빈 공간으로 나타납니다. 그냥 계속 뻗어나가 끝 간 데가 없습니다. 그러한 것이 공성의 체험적 측면이고, 모든 부처님의 통찰이며, 곧 여래장如來藏입니다. 이러한 자각을 발견하려면 오롯한 마음으로 수행해야 합니다.

어떤 사람은 물을지 모릅니다. "만약 한 중생의 불성이 무한한데 모든 중생들이 하나의 불성을 가지고 있다면, 그 많은 밭들이 혹시 서로 간섭하지 않을까?" 만약 이 별개이면서 무한한 개체들이 몸과 같다면, 그것들은 필시 자리다툼을 하겠지요. 그러나 그것은 그렇지 않습니다. 청정심을 지닌 각 부처가 서로 다른 일을 하고 있을지는 모르나, 근본 성품은 도저에 편재합니다. 그것은 모두에게 공통된 존재의 기빈입니다. 각 마음의 불성은 그것이 어느 시점에서 청정하든 혼탁하든 같은 연속체, 즉 공空의 연속체, 흘러가는 무상無常의 강 속에 있습니다.

　부처는 불성에 집착하여 "이것은 내 것이다. 너희는 건드리지 못한다!" 고 말하지 않습니다. 불성은 곧 공성입니다. 강물의 소용돌이나 물결들이 서로를 붙들지 못하듯이, 보편적인 흐름이 있어서 소용돌이치며 온갖 형태를 이루지만 붙듦은 없습니다. 부처들은 설사 그러고 싶어도 그것을 두고 싸울 수가 없겠지요.

　"그것을 정화하고 바로잡아(淨治揩磨)"는 여러분에게 정화해야 할 어떤 '물건'이 있다는 의미가 아닙니다. 그것은 여러분이 그냥 자신의 업에서 일어나는 번뇌를 없애야 한다는 뜻입니다. 더 이상 이런 환의 상태들이 없을 때, 누구나 가지고 있는 왜곡되지 않은 청정한 불성이 현현합니다.

　옛날에 한 선사가 있었는데 아무도 그가 깨달았다는 것을 몰랐습니다. 그의 스승도 그의 깨달음을 미처 알지 못했습니다. 하루는 스승이 그에게 강에 가서 쌀을 씻어 오라고 했습니다. 그는 강으로 가서 쌀을 씻고 또 씻었습니다. 그러다 보니 쌀이 다 떠내려가 버렸습니다. 공양주가 소리를 질렀습니다. "쌀은 어디 있습니까? 밥을 지어야 합니다!" 그 스님이 말했습니다. "아, 밥 지을 쌀이라는 말은 하지 않았지 않나! 그냥 씻고 씻다 보니 강물이 다 데려가 버렸군!"

　불성을 깨끗이 하고 정화한다는 것은 깨끗이 해야 할 어떤 물건 같은 불성이 있다는 뜻이 아니고, 여러분이 어떤 정화된 불성을 갖게 된다는 뜻도 아닙니다. 여러분이 해야 할 일은 환의 상태들을 씻어내고, 천에 묻은 얼룩을 빼내는 것입니다. 물론 우리의 공양주가 지금 여러분에게 개천에 가서 쌀을 좀 씻어 오라고 하면, 자신이 무엇을 하고 있는지 알도록 주의하십시오! 쌀 없이 돌아오면 공양주는 여러분이 속임수를 쓴다고 말할 것입니다. 제가 이 이야기를 해 주었으니 말입니다! 여러분이 무슨 책을 읽고 스승에게서 무슨 이야기를 듣든, 스스로 그것을 자기 것으로 만들어야 합니다. 선사들을 모방한다고 해서 깨달음에 이르지는 못합니다.

"맑고 순수한(清白)"은 묵연함이고, "온통 밝은(圓明)"은 비춤입니다. 번뇌가 사라지면, 설사 불성 같은 것이 남아 있다 해도 (여러분이 생각하는) 불성 같은 그런 어떤 것도 찾지 못합니다. 완전한 명료함이라는 단순한 상태가 있을 뿐입니다.

"비고 또 비어 아무 모습이 없고, 더없이 빼어나며 의지함이 없다(空空無像, 卓卓不倚)." "또 비어"는 만일 수행자가 공空에, 즉 공의 체험에 집착해 있으면 그것은 궁극이 아니라는 것을 강조합니다. "비고 또 비어"는 집착, 심지어 공에 대한 집착, 존재 그 자체에 대한 집착조차도 넘어서는 것을 의미합니다. 여기에는 어떤 모습, 어떤 자취도, 아무것도 남아 있지 않습니다. 그 안에서는 특별한 어떤 것도 발견하지 못합니다. 어떤 식별도 순수하게 넘어서 있습니다. 그 상태는 고립적이고 독립적입니다. 왜냐하면 다른 어떤 것에도 의지하지 않으며, 의지할 다른 어떤 것도 없다는 것을 자신이 알기 때문입니다.

"툭 트여 비추니 본래의 진리이며, 바깥 경계를 물리친다(唯廓照本眞, 遣外境界)." 묵연함이 확립되고 수행자가 이것을 분명하게 아는 가운데 아무 장애가 없을 때, 그 묵연함은 비추어집니다. 그 또렷함이 빛납니다. 이제는 외부적 대상들의 어떤 의미도 배제됩니다. 왜냐하면 불성에게는 어떤 외부적 대상도 없기 때문입니다. 여러분이 자신의 내면에서 불성을 볼 때는, 안과 밖이 하나로 합일됩니다. 그래서 "철저히 또렷하게 보면 한 물건도 없다(了了見 無一物)"고 말할 수 있습니다.

이 "보고 들음의 오묘함(見聞之妙)"은 일상의 경험들을 훨씬 넘어서 모든 세계에 두루 미칩니다. 이런 수행의 체험을 가진 부처와 보살들은 티끌같이 무수한 온갖 다양한 세계의 중생들을 도울 수 있습니다. 한 중생이 어떤 상태에 있든, 부처와 보살들은 어디서든 그들을 도우며, 누가 누구인지 분별하지 않습니다. 하지만 설사 그들이 그 많은 중생들을 돕는다 해도, 그것은 마치 그들이 아무도 만나지 않은 것과 같습니다. 그들은 자신들이 아무개를 도왔다는 생각에 집착하지 않습니다. 그들은 '나는 돕는 자이다'와 '그는 도움을 받는 자이다'를 구분하지 않습니다. 불보살들은 이원적인 관계 속에서 활동하지 않습니다. 그들은 단순히 눈, 귀 등 신체적 감각기관에 의존하지 않습니다. 그들은 묵조에 기초하여 돕지만, 이 도움은 그들의 마음에 어떤 자취도 남기지 않습니다. 그들의 거울 같은 활동은 어떤 중생이 그들에게서 필요로 하는 것을 반영합니다. 우리가 직면해야 하는 장애들이 이때 보살이라는 빛나는 거울 안에서 분명하게 나타납니다. 이런 식으로 불보살들은 중생을 돕습니다.

제가 지금 말한 것을 설명하기 위해 현실적인 예를 하나 들겠습니다. 하루는 저의 한 제자가 어떤 반을 가르치고 있었는데, 그가 어떻게 하고 있는지 보려고 제가 내려갔습니다. 교실 뒤편에 서서 보니 그가 너무 작은 소리로 이야기를 해서 몇 명도 듣기가 어려울 뿐 아니라, 칠판에 글씨를 너무 작게 써서 잘 보이지도 않는다는 것을 알았습니다. 제가 그에게 다가가 그것을 이야기해 주었습니다. "하지만 스님, 아무도 불평하지 않았는데요!" 그가 말했습니다. 그래서 제가 학생들에게 물어보니, 그의 말이 잘 들리지 않고 글씨가 잘 보이지 않는다는 것이었습니다. 그래서 저는 선생과 학생들 모두에게 귀와 눈을 제대로 사용하지 않은 것과, 문제가 있다는 사실을 말하지 않은 것을 질책했습니다. 이제 제가 여러분에게 묻겠습니다. 저는 그 문제를 발견할 때 눈과 귀만 사용했습니까, 아니면 다른 것도 사용했습니까? 보살들과 마찬가지로, 저는 제가 사람들을 가르쳐 본 경험을 사용했고, 문제를 즉시 파악할 수 있었습니다. 저는 제 거울에 비친 모습을 그들에게 보여준 것입니다.

그와 마찬가지로, 소참 때도 스승은 선칠 참가자의 이야기를 들을 때 자신의 눈과 귀에만 의존하지 않습니다. 그 자신의 깊은 체험에서 나온 직관적 이해력을 사용하여 상대방의 상태를 되비춥니다. 때로는 그것이 그냥 침묵을 보여주는 것에 그칠 수도 있습니다. 각 소참이 끝나고 나면 스승은 그 각 경우에 대한 기억을 반드시 마음에 담아두지는 않습니다. 필요하다면 먼저 있었던 일을 기억할 수도 있지만, 그 점에 대해 걱정하지는 않습니다. 그는 자신과 가깝다고 느끼는 수행자들과 거리를 느끼는 사람들을 구분하지 않습니다.

"자연히 마음과 마음, 법과 법이 서로 평등하게 출현한다(自然心心法法, 相與平出)." 아마 여러분은 이 구절이 모순적이라고 느낄 것입니다. 우리는 방금 마음이 비었다고 했는데, 이제는 생각과 생각이 이어진다고 이야기하니까 말입니다! 여기서 핵심은 보살에게 무엇이 비워져 있는지를 아는 것입니다. 집착이 비워져 있습니다. 그래서 생각과 생각이 이어지고 소참과 소참이 이어이지만, 이 모든 활동은 집착의 장場 안에서 일어나지 않습니다. 보살은 정말 매우 열심히 작업하고 있겠지만, 마음이 집착에 관계하지 않기 때문에 분별에서 자유롭습니다. 전 과정이 번뇌 없이 수월하게 흐릅니다. 도움을 얻기 위해 그를 만나보는 사람들은 이것을 분명하게 느낄 수 있을 것입니다. 그런 미묘한 무관심이 그가 주는 도움의 본질입니다.

이것은 여러분이 자신의 배우자와 다른 사람들을 구분하지 말아야 한다는 뜻입니까? 걱정할 필요는 없습니다. 여러분의 배우자는 배우자이고, 다른 사람은 다른 사람입니다. 깨달음은 이혼이나 가정의 와해를 의미하지 않습니다. 자기중심적 분별이 없는 자각의 흐름은 통상적인 번뇌의 부담을 덜어줍니다. 옛날의 방거사龐居士(740~808)는 결혼을 했지만 그의 부인도 깨달았습니다. 그래서 아마 느긋하게 살았나 봅니다. 만일 부인이 깨닫지 않았다면 자신의 전 재산을 강물에 던지지 않았겠지요. 만일 제가 그 자리에 있었다면 분명히 이렇게 말했을 것입니다. "방거사님, 정말 다 던져 버릴 작정입니까? 그러면 배라도 저에게 남겨주시지요!"

"옛사람이 말하기를, '무심이어야 무심의 도를 체득하니, 무심을 체득하면 도道 역시 쉬어진다'고 하였다(古人道: 無心體得無心道, 體得無心道也休)." 확실히 이제는 우리가 이것을 분명하게 이해할 수 있겠지요? 이 구절은 우리를 우리의 수행과 우리의 책임에로 아름답게 되돌려 놓습니다. 묵조선 수행자는 남들을 돕고 세상에 적절히 반응하면서도, 마치 아무 일도 하지 않은 것처럼 마음의 명료함을 유지합니다. 그런 사람은 (자기 행위의) 결과를 경험하지만 (거기서 일어날 수 있는) 기분에 탐닉하지 않습니다. 일상 수행의 견지에서 이것은 중요한 구별이고, "그대가 이와 같이 참구해야 하는 것(是須恁麼參究)"입니다.

칼끝으로 화살 멈추기

이어서 여러분과 함께 굉지 선사의 두 번째 좌선 지침을 논의해 보고 싶습니다. 이것은 묵조의 선정에 도달했을 때의 명료함, 오묘함, 광대함을 표현하는 것이기보다는 올바른 수행방법에 관한 것입니다.

실답게 수행하는 방식은 그저 고요히 앉아 묵연히 참구하는 것이다. 깊이 들어가면 도달하는 곳이 있으니, 밖으로는 인연의 흐름에 끄달리지 않아 그 마음은 텅 비어 일체를 용납하고, 그 비춤은 오묘하여 적절하고 균등하며, 안으로는 반연하는 생각이 없고, 툭 틔어 홀로 존재하되 흐릿하지 않으며, 신령스럽게 모든 의존을 끊고 편안한 자기로 머무른다. 그 편안한 곳은 감정과 무관하니, 거침없이 트여 어떤 것에도 의지함이 없고, 아주 빼어나서 스스로 신령스러워야 한다.

그래야만 오염된 모습을 따르지 않고, 휴식할 곳을 발견한다. 그것은 더없이 청정하면서 밝고, 밝되 꿰뚫으며, 환경에 순응하여 사물을 처리할 수 있고, 모든 일에 걸림이 없다. 구름은 둥실 가볍게 산봉우리에서 나오고, 밝게 빛나는 달은 계곡물을 따라 흐른다. 어디서나 그 빛은 신령스럽게 변하지만 어떤 모습에도 머물러 있지 않으며, 정확히 서로 응함이 마치 그릇과 뚜껑, 화살과 칼끝이 들어맞듯 한다.

더 단련하고 익히면 바탕이 원숙해지고 안정되어 어디를 가든 분명하고, 뾰족한 모서리10)를 끊어내고 [옳고 그름의] 세간적 논리를 말하지 않으며, 마치 흰 소와 길들인 담비가 시키는 대로 응하듯 하니, 그런 이는 '철저한 사람'이라고 할 수 있다. 그래서 말하기를, "무심의 도를 얻은 사람은 이같이 할 수 있지만, 아직 무심을 얻지 못했다면 그러기가 매우 어렵다"고 하였다.

眞實做處, 唯靜坐默究, 深有所詣, 外不被因緣流轉, 其心虛則容, 其照妙則準. 內無攀緣之思, 廓然獨存而不昏, 靈然絶待而自得. 得處不屬情, 須豁蕩了無依倚, 卓卓自神. 始得不隨垢相, 箇處歇得. 淨淨而明, 明而通, 便能順應還來對事, 事事無礙. 飄飄出岫雲, 濯濯流澗月, 一切處光明神變, 了無滯相, 的的相應, 函蓋箭鋒相似. 更敎養得熟體得穩, 隨處歷歷地, 絶稜角, 勿道理, 似白牯狸奴恁麼去, 喚作十成底漢11). 所以道:「無心道者能如此, 未得無心也大難.」12)

---

10) (역주) '뾰족한 모서리'는 남에게 상처를 주는 언행(인격의 날카로움)을 말한다.
11) (역주) 十成底漢은 '충분히 이룬 자'라는 뜻이며 철저히 깨달은 사람을 가리킨다.
12) (역주) 앞글에 이어지는 부분이다(『선문수증지요』, 124쪽). 마지막 인용문은 앞에 나온 용아거둔 화상의 게송 중에 나온다.

굉지 스님은 아주 정확한 수행 지침으로 시작합니다. 올바른 자세로 고요하게 앉아서 더 이상 기대, 집착 혹은 망념에 끄달리지 않는 상태로 들어가 깊이 참구하라고 말입니다. 그러면 결국 모든 경험을 포괄하는 무념의 공空을 발견할 것입니다. 그것은 맑고 밝고 우뚝하여 연緣들에 대한 의존이 없고, 둔함이나 혼침이 없습니다.

"신령스럽게 모든 의존을 끊고 편안한 자기로 머무른다(心靈然絶待而自得)." 여기서 '자기'는 협소한 자아중심, 곧 에고와는 무관합니다. 좌복 위의 그 사람은 편안함, 자유 그리고 일어나는 모든 것을 단순히 보고 듣는 자연스러움으로 가득 차 있습니다. "그 편안한 곳(得處)"은 찬성이나 반대, 좋아함이나 싫어함, 선호나 회피의 "감정과 무관(不屬情)"합니다. 이때 우리는 특별히 아무것에도 의지하지 않기 때문에, 어떤 편견이나 의존에서도 아주 벗어나 있습니다. 그것은 환희로운 삶의 체험입니다.

감정들이 존재할 때마다 우리가 경험하는 지배적 양상은, 우리 마음속에서 서로 대비되는 양극단, 가치, 선호들이 대립한다는 것입니다. 일부 감정들은 여러분이 어떤 사람들을 다른 사람들보다 무슨 이유로든 더 선호하거나, 여러분이 좋아하거나 사랑하는 것과 여러분이 멀리하고 심지어 증오하기까지 하는 것을 분별하는 데 기초하고 있습니다. 윤회의 세계에서는 그런 감정들도 때로는 어떤 가치가 있습니다. 해로울 수 있는 인간관계로부터 우리를 보호해 줄 수도 있고, 욕구와 관련하여 우리의 행동을 그런대로 정확하게 인도해 줄 수도 있습니다. 그러나 다른 감정들은 과거 업의 결과에 기초해 있어, 흔히 매우 비합리적으로 보이고 심지어 어리석게까지 보입니다. 묵조 수행자는 그런 선호와 그것이 유발하는 감정들을 넘어서고자 하지만, 자신의 삶이 속해 있는 갈등의 세계에 대한 현실적 자각이 없는 것은 아닙니다. 묵조 속에서 수행자는 편견 없는 자신을 발견하고, 지혜와 자비를 나툴 수 있습니다. 그러한 태도를 견지할 수 있는 한, 그는 어떤 사람과도 관계를 맺을 수 있고, 어떤 집단 속에 들어가도 번뇌를 겪지 않을 수 있습니다. 그런 사람은 호랑이 타는 법을 배우고 있는 것입니다.

대만의 한 여성이 저에게 말하기를, 자기 남편이 출장을 갔는데 오랫동안 돌아오지 않으면 정말 좋겠다고 했습니다. "그이가 늘 제 곁에 없으니까 너무 자유롭습니다." 그녀가 말했습니다. 저는 그녀에게 남편과의 관계가 어떤지 물었습니다. "엉망이죠!" 그녀가 외쳤습니다. "우리는 매일 싸웁니다. 아마 전생에 서로 빚을 너무 많이 져서 금생에는 서로 빚 갚느라고 시간을 다 보내는 것 같습니다. 우리는 그게 너무 화가 납니다. 정말 그이가 죽으면 좋겠습니다." 제가 말했습니다. "아닙니다. 그런 생각을 하는 것은 좋지 않습니다. 오히려 그를 위해 기도를 하십시오. 당신과 마찬가지로 그도 한 사람의 중생입니다." 그 여성은 전혀 설득 당하지 않았습니다. "아뇨, 그런 건 일체 하지 않겠습니다. 저는 그이가 돌아오지 못해도 상관하지 않습니다. 정말이지 돌아오지 않으면 좋겠습니다. 그이와는 끝났습니다."

일주일 뒤 그녀가 다시 왔습니다. "스님, 저 너무 외롭습니다. 남편이 곁에 없어서요. 제가 다툴 사람이 없습니다. 저 혼자만 있다 보니 제가 나무랄 사람이 없습니다. 그리고 아무도 저를 나무라지 않습니다. 실은 걱정하면서 시간을 다 보냅니다. 일주일 뒤에는 그이가 돌아왔어야 하는데, 벌써 2주가 지났습니다. 그이한테서 아무 소식이 없습니다. 따지고 보면 우리가 다투는 것도 그리 나쁜 것은 아닐 듯싶은데 말입니다." 저는 그녀에게 선칠에 더 자주 와서 자신의 삶과 결혼생활에 대해 실제로 자신이 어떻게 느끼는지를 발견해 보라고 했습니다. 그리고 그녀에게 모든 관계가 비슷한 문제를 야기한다고 생각하느냐고 물었습니다. 감정에 탐닉하면 대가를 치러야 합니다.

"거침없이 트여 어떤 것에도 의지함이 없고(須豁蕩了無依倚)." 한문 원문으로는 이 관념이 생동감 있게 표현됩니다. '트임'을 뜻하는 '활豁' 자는 보통 가파른 산들 사이의 깊은 계곡을 말합니다. 계곡과 산들은 서로 의지하지만, 여기서 이 글자는 산들이 없는 깊은 골짜기를 보여줍니다. 그 의미는 보통의 상태와는 사뭇 독립적인 것을 가리킵니다. 마치 산들과 접하지 않은 깊은 계곡을 찾는 것이 아주 이례적인 일이듯이 말입니다. 감정들은 보통 인因과 연緣에 의존해 있습니다. 마음을 가라앉힌 좌선자는 그런 것들을 제쳐두고, 방해받지 않고 의존하지 않는 가운데 신령스러움으로 충만해 있습니다.

실로 "그래야만 오염된 모습을 따르지 않고, 그곳에서 휴식할 수 있는(始得不隨垢相, 簡處歇得)" 것입니다. 마음이 어떤 외부적 환경이나 내면적 감정―어떤 고통스럽거나 힘들었던 사건에 대한 기억 같은 것―에 의해 제한되거나 분산될 때는 늘 마음의 오염이 일어납니다. 그런 것의 출현은 마음이 본래 가진 자유의 발전을 가로막는 필터와 같습니다. 그런 필터들이 우리에게 분별, 편견 그리고 긍정적이거나 부정적인 평가를 일으키게 합니다. 일단 그 과정이 시작되면 계속 진행되면서 스스로 강화되어 집착과 회피의 복잡한 무늬들을 만들어낼 수 있습니다. 자아가 휴식할 때는 이런 장애들이 일어나지 않고, 그럴 때는 경험의 질質도 치우친 집착이나 배척의 상태와는 사뭇 다릅니다. 그러한 수행자가 도달하여 휴식하는 곳은 더 이상 분별이 일어나지 않는 곳입니다. 그런 휴식처는 윤회를 넘어서 있습니다. 그것이 깨달음입니다.

"그것은 더없이 청정하면서 밝고, 밝되 꿰뚫으며, 환경에 순응하여 사물을 처리할 수 있고, 모든 일에 걸림이 없다(淨淨而明, 明而通, 便能順應, 還來對事, 事事無碍)." 더없이 청정하다는 것은 청정함조차도 충분치 않다는 것을 의미합니다. 청정함 그 자체가 비워져야 합니다. 그렇지 않으면 그것은 '불청정함'의 상대 개념이고, 따라서 선호를 드러냅니다. 하늘은 구름이 없어도 여전히 푸릅니다. 하늘의 푸름조차도 뒤로해야 합니다. 어쨌든 푸른색 그 자체는 하늘의 성품이 아니고, 단지 우리가 하늘을 볼 때 그런 것일 뿐입니다. 마찬가지로, 스님들은 머리를 삭발하지만 성스럽게 보이는 것만으로는 충분치 않습니다. 스님들은 자기 머리도 다 버려야 합니다.13) 어쨌거나 그들은 본래 대머리인지도 모릅니다!

"밝되 꿰뚫으며(明而通)." 꿰뚫는다는 것은 장애가 없다는 뜻입니다. 그 어떤 것도 그 수행자를 장애하지 않고, 그 수행자도 무엇을 장애하지 않습니다. 이것은 신통神通이 아니라 집착을 버린 데 따른 결과입니다. 어떤 현상도 (그 수행자에게) 특별한 의미를 갖지 않습니다. 왜냐하면 경직되고 치우친 집착이 없기 때문입니다.

그 수행자는 이제 어떤 것도 할 필요가 없고, 특별히 어떤 것도 이루지 않습니다. 만일 여러분이 어떤 길을 가겠다고 고집하면서 계속 그 길의 구덩이나 낙석을 걱정하면, 많은 번뇌와 씨름해야 할 것입니다. 구덩이나 낙석, 혹은 그 길에 대해 신경 쓰지 않으면, 어떤 번뇌도 어떤 장애도 있을 수 없습니다. 그 길이 열려 있다면 아주 좋습니다. 길이 정말 막혀 있다면 아예 갈 수가 없겠지요. 어느 쪽이든, 그냥 있는 그대로 길이 나타나라 하십시오. 만약 노력해도 나아갈 수 없게 되면 상황을 내버려둘 필요가 있습니다. 그런 태도를 지니면 장애를 장애로 경험하지 않게 됩니다. 왜냐하면 어떤 상태도 받아들이는 자세가 되기 때문입니다. 어떤 특정한 목표에 도달하겠다고 고집하면 번뇌를 만나기 십상입니다. 유연하게 환경에 맞추어 가면 상황이 흘러갈 것입니다. 어떤 특정한 성취를 고집하는 것은 성공에 대한 집착이 있음을 말해줍니다. 그런 식으로 성공을 과

---

13) (역주) '머리를 깎았다는 관념'을 버려야 한다는 것, 즉 스님이라는 상相에 집착하지 말아야 한다는 뜻이다.

도하게 규정하지 않으면 번뇌가 일어나지 않습니다.

하지만 여기서 제가 오해를 낳지 않도록 주의해야겠습니다. 꿩지 스님은 우리가 자신이 하는 일에 신경 써서는 안 된다거나, 목표나 목적을 가져서는 안 된다거나, 세간에서 일어나는 일에 대해 무관심하고 성공이나 실패를 등한시해야 한다고 말하지는 않습니다. 일반적으로, 어떤 결과를 성취하기 위해서는 어려움을 극복하기 위한 진지한 노력을 실제로 해야 하는 것이 사실입니다. 하지만 최선의 노력을 다했는데도 그 결과가 여러분이 기대했거나 바란 것이 아니라면, 자신의 노력을 재평가할 필요가 있습니다. 어떤 장애를 있는 그대로 받아들이고 요령 있게 거기에 적응하면 다른 활동도 적절해지면서, 번뇌가 없을 것입니다.

2년 전에 우리가 웨일스에 와서 선칠을 이끌려고 계획하던 중, 우리의 비자와 관련하여 해결이 어려워 보이던 문제에 봉착했습니다. 저는 일행들에게 그 문제를 해결해 보라고 다그쳤지만 그들 중 한 사람이 말했습니다. "스님, 장애가 생기면 노력을 그만두어야 한다고 말씀하시지 않았습니까? 웨일스에 못 가신다 해도 번뇌가 없으셔야지요!" 제가 대답했습니다. "우리가 더 머인흘루이드에서 이 선칠을 하기로 존과 약속을 했으니, 모든 노력을 다해 그렇게 하도록 해야 한다. 그러나 막판에 실패한다면 그건 어쩔 수 없다. 우리는 다른 일을 계속하면 되고, 어떤 번뇌의 생각도 놓아버려야 한다. 그러나 우리는 아직 그 지점에 이르지 않았으니, 계속 추진해 봐라!"

원인과 결과에 대해 이러한 이해를 갖는 것은 더없이 도움이 됩니다. 우리는 "둥실 가볍게 산봉우리에서 나오는(飄飄出岫)" 구름처럼 힘 들이지 않고 떠 있을 수도 있습니다. 밝은 달빛은 개울물의 상태가 어떻든 관계없이 그 물 위에서 일렁입니다. 묵조의 지혜는 어떤 현상도 참으로 장애는 아니라는 이해를 안겨줍니다. 일어나는 모든 일에 우리가 적절히 방편을 써서 반응하면, 빛나는 지혜가 방도를 찾아내어 환경과 조화를 이루는 것이 마치 뚜껑이 그릇에 맞듯 합니다. 지혜가 행위를 상황에 적합하게 만드는 것이 워낙 정확해서, 마치 칼끝이 날아오는 화살을 멈추게 하는 것과 같습니다.

이 글의 마지막 구절들은, 설사 수행자가 자기 칼끝으로 화살을 멈출 수 있다 하더라도 더 훈련하여 자신의 수행을 계속 증진해 가야 한다고 말합니다. 이렇게 하면, 어떤 장애들이 일어나도 그것을 극복할 수 있다는 것을 알게 됩니다. 왜냐하면 그 어느 것도 실제로는 존재하지 않기 때문입니다. 단지 존재하는 것으로 오인될 뿐입니다. 어떤 환경이 일어나든 지혜의 완전한 명료함으로 그것을 꿰뚫을 수 있습니다. 어떤 지적인 해석에 머물러 있을 필요가 없습니다. 즉각적인 통찰은 바로 그 자리에서 올바른 행동을 불러일으킵니다.

제가 대만에 있을 때 젊은 신참 스님 몇 명이 찾아왔습니다. 그들은 얼마 전에 출가한 사람들이었기 때문에, 승랍이 높은 스님들이 무엇이 옳고 그른지를 별로 강조하지 않는 것을 당혹스러워했습니다. 그들이 말하기를, 자신들이 재가자였을 때는 남들이 자신을 잘못 행동한다고 비난하거나 잇속을 차리지 못하도록 하기 위해, 올바른 행동을 하려고 부단히 신경 썼다고 했습니다. 이제는 출가했지만, 선배 스님들에게 욕을 먹지 않기 위해서 옳고 그름에 대해 걱정해야 할 것 같다는 것이었습니다. 저는 그들에게, 그런 태도를 고수할 바에는 다시 재가자의 삶으로 돌아가는 것이 더 나을 거라고 말해주어야 했습니다. 지혜를 발휘하는 스님은 옳고 그름의 이론을 사용하는 사람들과 다투지 않습니다. 그는 사람들을 있는 그대로 받아들입니다. 아무리 상대하기 어려운 사람이라 해도 말입니다. 진정한 스님은 자비와 지혜로씨, 때를 보아 기회를 이용하여 그 사람이 스스로 변하도록 돕습니다. 제가 한 말을 오해하지 않도록 주의하십시오!

중국의 농업에서 길든 물소들은 필수적인 것은 아니라 해도 매우 쓸모가 있고, 담비들은 훈련시키면 솜씨 좋게 사냥을 합니다. "흰 소와 길들인 담비(白牯貍奴)"라는 이 비유가 말하는 것은 진정한 인간은 이치에 부합한다는 것입니다. 그들은 어떤 사물도 장애로 간주하지 않고, 자비와 지혜의 견지에서 볼 뿐입니다.

"무심의 도를 얻은 사람은 이같이 할 수 있지만, 아직 무심을 얻지 못했다면 그러기가 매우 어렵다(無心道者能如此, 未得無心也大難)." 우리가 이 격언을 이해하려면 '무심'이라는 용어가 함축하는 의미에 대한 깊은 이해가 필요합니다. 우리는 초심 수행자들이지만, 좌선 중에 때로는 생각이 일어나지 않기도 한다는 것을 발견합니다. 이것은 중요한 발견이기는 하나 깨달음의 조짐은 아닙니다. 집착이 놓아지고 자아중심이 버려질 때, 더 깊은 마음의 수준들이 일어납니다. 그럴 때 깨달음이 세 가지 측면인 무념, 무상無相, 무주無住가 분명해지고, 무심의 도를 이때 깨닫게 됩니다. 그 수행자는 사건들이 일어나는 대로 거기에 부합하게 행위할 자유와, 세간에서 실제로 살아가는 보살의 방식으로 깨달음의 소망을 표현할 자유가 있다는 것을 발견한 것입니다. 그런 기초가 없이 부처가 되려고 하는 것은 굉장히 어려운 일입니다!

제3부

스승과 함께 수행하기

Working with a Master

스승과 함께 수행하기

　재가 수행자가 일정 기간 동안 어느 스승과 함께 공부한다는 것은 어떤 것일까? 선칠을 한 번 하면 입문적 경험을 얻지만, 만약 일련의 선칠에 꾸준히 참가한다면 어떨까? 그 목적이 선 수행 훈련을 하기 위한 것이라면 그것은 실로 하나의 요건이 될 것이다. 훈련은 시간이 걸리지만 그것을 하면 우리가 어디에 이르는가?

　이 질문이 현실적으로 와 닿는 사람들을 돕기 위하여, 나는 몇 년에 걸쳐 스님과 선칠을 하면서 쓴 일련의 선칠 보고문에서 가려 뽑은 글들을 통해 그 물음에 답하려 한다.[1] 스님은 참가자들이 자신의 선칠 체험에 대한 짤막한 보고문을 쓰기를 원하셨다. 나는 이것이 확실히 유익한 연습이라고 느꼈다. 그 몇 년 사이에 나는 어떤 변화를 인식했을까?

　물론 각자의 선칠 체험은 다르고, 스승에 따라 지도 방식도 달라지는 것은 말할 나위가 없다. 더욱이 가끔 선칠에 참가하는 것은 절에서 스승 밑에서 매일 수행하는 것과는 판이하다. 그러나 나는 선칠의 장소가 어디든, 누가 지도하든, 선칠들은 공통점이 많다고 믿는다. 따라서 한 사람의 서술일지라도, 만약 이 길을 걷기 시작하면 여러분 자신도 경험할지 모르는 것에 대한 대략적인 안내가 될 수 있다.

---

[1] 이 보고문들 중 일부는 이미 뉴욕 동초선사의 *Chan Magazine*에 익명으로 게재되었다.

나는 1986년 뉴욕에서 처음 선칠에 참가했지만, 그전에 이미 스코틀랜드의 삼예링 티베트센터(Samye Ling Tibetan Centre)2)에서 개인적으로 몇 번 선 수행을 해본 적이 있었고, 노섬벌랜드의 스로설 홀 수도원에서도 몇 번 일본 조동선 선칠을 했다(그 중 한 번은 지유 케니트 선사의 지도를 받았다). 더구나 나는 히말라야에서 티베트 요기들과 함께 시간을 보내기도 했다. 중국선을 처음 접한 것은 내가 1953~54년에 홍콩에서 영국군 장교로 복무할 때였다. 이때 허운 화상의 제자인 저명한 한 거사를 소개 받고 어느 정도 가르침을 받았다.3) 따라서 나는 딱히 초심자는 아니었다. 그러나 성엄 스님 밑에서 공부하면 내가 이제까지 접하지 못했던 수준의 자기대결을 통한 법 투쟁(불법과 자아의 싸움)이 벌어질 수 있으리라는 것을 알았다. 그리고 기대한 대로였다.

---

2) (역주) 아콩 린포체와 쵸감 퉁빠가 1967년에 세운 서양 최초의 티베트 절(까규파).
3) Crook, J. H. 1997. *Hilltop of the Hong Kong Moon*. London. Minerva. Ch. 14 참조. (역주) 여기서 말한 '거사'는 25쪽에 나온 인혜 스님이다. 그는 거사로서 사람들을 가르치다가 후년에 출가하여 선사로 활동하였다.

움직이지 않는 지휘봉을 든 지휘자

1986년 5월, 뉴욕

나는 동초선사東初禪寺가 뉴욕 시내 퀸스 지구의 도심지에 있다는 것을 알고 있었다. 그러나 잉글랜드 남서부 서머싯의 시골에 사는 나로서는, 이곳이 어떤 상점을 개조한 곳으로서 한쪽으로는 공장이 있고 다른 한쪽은 상업지역의 시끄러운 대로변임을 알고 마음의 준비가 잘 되어 있지 않았음을 발견했다. 게다가 큰 길을 따라 조금만 가면 교통신호등이 있는 교차로가 있었고, 더 가면 소방서도 있었다. 한 시간이 멀다 하고 소방차가 클랙슨을 울리며 차들 사이로 질주하다가 신호등 앞에서 마지못해 멈춘 다음 빵빵거리며 질주해 가곤 했다. "물론 선禪은 도처에 있지!" 나는 자신을 위안하면서, 지나가는 트럭들, 경적 소리들, 한껏 크게 틀어 놓은 라디오들, 최소한 다섯 개 언어로 이야기하는 굉장히 활기찬 보행자들의 잡담을 들어가며 처음 몇 시간의 좌선을 했다. 허리가 아파오기 시작하고 다리가 욱신거리자 나는 최소한 이것만은 견뎌내겠다는 서원을 세웠다. 그것만 해내도 일종의 성공일 거라고 생각했다. 처음 이틀간은 적나라한 의지를 요구했다. 현지의 무더위로 인해 땀이 얼굴에 흘러내려, 몇 가지 입지도 않은 옷이 땀으로 축축해진 상태에서 좌선을 했다.

나는 스로셜 홀에서 배운 시관다좌법, 곧 일본 소동선의 벽관壁觀 방식을 써 보려고 분투했다. 일본의 도겐 대선사가 이야기한 '무심'의 의미가 무엇인지 이해하려고 노력했다. 내 머릿속은 TV 연속극의 이런저런 장면들, 고통스러운 기억들, 예전 꿈들의 편린들, 초점도 없고 의미도 없어 보이는 두서없는 시각적 장면들의 끝없는 연쇄로 가득 차 있었다. 그 산란심이 교통 소음과 합쳐지자 지옥 같은 혼란상태가 되었고, 신체적 통증은 갈수록 심해졌다.

　스님의 법문은 늘 도움이 되었고, 내가 일말의 희망을 가지고 다시 시작할 수 있게 해 주었다. 당신은 내쉬는 숨에 생각을 가라앉히고 들이쉬는 숨에 그것을 내버려두어 침묵의 공간을 창조해 보라고 하셨다. 이 수행은 나의 산란한 마음에 공백을 만들어냈고, 그것이 점차 길어져서 깊은 침묵의 순간들을 심화시킨다는 것을 알았다. 몇 시간 후 나는 어떤 소용돌이치는 에너지가 배에서 일어나 빛나는 감사와 해방의 느낌으로 바뀌는 것을 느꼈다.

　다음날 아침 나는 신선해진 상태로 깨어났고, 새벽의 고요함 속에 미국울새가 작은 정원에서 단순하게 지저귀는 소리가 어떤 깊고 지속적인 고요함 속에서 울렸다. 이제 꿈(망상)의 이어짐이 뜸해진 가운데, 나 자신이 땅 속 깊은 동굴 속에 있는 어떤 어둡고 고요한 못가에 앉아 있는 것을 발견했다. 그곳에는 의자에 앉은 큰 교향악단이 연주를 시작하려고 준비한 상태였다. 나는 지휘봉은 치켜든 지휘자였다. 그러나 움직이지 않는 지휘봉이었다! 아무 소리도 들리지 않았다.

　스님이 '무심'에 대해 법문을 하셨다. 내 머리는 다시 논쟁의 잡담을 시작했다. 이것은 영화가 아니라 격렬한 논쟁이었다. 나는 '무심'이 무엇인지 알고 있었던가? 물론 과거의 몇 가지 체험은 그렇다고 답했다. 그러나 그것이 과연 '무심'이었나, 아니면 모종의 환상이었나? 나는 이 점에 대해 갈피를 잡지 못했고, 궁리하다 못해 혼란에 빠져 내가 이 선의 길을 얼마나 멀리 와 있는 걸까 하고 걱정했다.

이런 어리석은 생각에 갇힌 채 몇 시간이 지났는데, 문득 내가 자격과 인정을 받고 싶어 하는 상태에 들어와 있음을 깨달았다. 나는 학자로서 내 이름 뒤에 내가 성취한 것들을 의미하는 알파벳 조합들의 목록을 가지고 있다. 그 목록의 맨 끝에 '무심'을 추가하고 싶었던 것이다! 이런 파괴적인 노력의 부조리함이 다가왔고, 내가 나 자신에게 미소를 지으면서 나에게는 자신의 성취를 과시하며 자랑하고 싶어 하는 측면이 있다는 것을 받아들이기 시작하자 어떤 새로운 해방감이 찾아왔다. 나는 스님과 소참을 가지면서 이런 말도 안 되는 모든 것을 스님께 말씀드렸다. 분명 과거의 체험들이 '무심'이었는지 여부는 내가 판단할 수 없었고, 사실 스님도 판단하지 못하셨다. 당신은 내가 아니고, 어쨌든 그것은 모두 과거지사였다. 물론 스님이 내가 장차 '무심'을 체험하게 될지 여부를 말씀해주실 수도 없었다. 그러나 나는 그 지나간 순간들에 대해 감사할 수 있었고, 내 방법을 가지고 새롭게 밀고 나갈 수 있었다. 그 체험 전체는 나 자신의 업으로 인해 건립된 하나의 장애였던 것이다. 그것이 붕괴되자 나는 도겐 선사의 이 구절이 갖는 깊은 진리성에 주목했다. "대립(이원성)이 일어나면 부처 마음을 잃는다."

하지만 내 몸은 이제 나를 심하게 괴롭히고 있었다. 어깨 아래 척추 가까이 있는 작은 근육 결절로 인한 등의 통증이 아픈 부위를 점점 넓혀가고 있었다. 대서양을 건너 올 때, 모양새가 좋지 않은 비행기 좌석에서 불편하게 앉아 온 터였다. 나는 앉아 있는 것이 너무 괴로워 반시간씩 좌선할 때마다 순전히 의지력으로 버티면서, 이 시간이 끝나면 볼썽사납게 바닥에 엎어지기를 고대했다. 쉬는 시간에 하는 등대고 구르기, 어느 동료 참가자를 기점으로 한 뒤로 걷기, 한 손으로 마사지하기 등 규칙적인 요가 운동을 필사적인 일과로 삼아 수행을 이어갔다. 그러나 그 어려움은 이런 식으로 극복되지 않았다.

끝나기 이틀 전날 느린 경행을 할 때 한 번은 문득 이런 생각이 들었다. 더위로 인한 불편함, 거리의 소음에 대한 억눌린 짜증, 그리고 등의 통증에 대한 분노는 모두 하나라는 것이었다. 즉, 그것은 내가 거기 있다는 사실 자체에 대한 거부감에다 내가 '더 잘하지' 못하고 있다는 울화가 결합된 것이었다. 나는 자신이 그냥 불평을 하고 있다는 것을 알았다. 마치 그러면 그 궁지에서 어떤 식으로든 벗어날 수 있을 것처럼. 하지만 스스로 부과한 과제에 대해 불평한다는 것은 너무 우스운 짓이어서, 나는 다시 한 번 이 역설적이고 불편한 마음 상태가 재미있어졌다. 내가 사물을 잘못된 방식으로 바라보는 바보에 지나지 않는다는, 있는 그대로의 너무나 분명한 사실을 받아들이게 되었다.

어쨌거나 그런 상태들 중 어느 것이 나쁜 것이었던가? 더위도, 차들이 지나다니는 소리도 실제로는 나에게 어떤 해도 끼치지 않고 있었다. 사실 그런 것들에도 불구하고 마음이 점점 명료해지고 있다는 것을 이미 알고 있었다. 이렇게 생각하기 시작하자 문득 내 느낌에서 어떤 반전이 일어났다. 조금 전까지 끔찍했던 모든 것이 관용할 만한 것이 되었을 뿐 아니라 받아들일 만한 것이 되었고, 심지어는 고무적인 것이 되었다.

쉬는 시간이 끝난 뒤 다시 면벽하고 앉았을 때 내 세계가 변화된 것을 발견했다. 마음이 고요한 가운데 방의 너름과 그 방 안에 있는 다른 사람들의 존재가 마치 거울에 비치듯이 그 마음 속에서 반사되는 것을 체험했다. 한동안 순전한 희열의 즐거움이 있었다. 몸을 이완하는 법에 대한 스님의 더 진전된 지침을 받고 나서, 나는 마침내 이제까지 누적된 모든 근심들을 모두 놓아버릴 수 있다는 것을 발견했다. 마치 그것들이 모두 하나인 것처럼—실은 '나'였지만—말이다. '나'를 놓아버리는 가운데서 세계가 있는 그대로 단순하게 나타났고, 모두 '한 맛'이었다. 그 무엇도 특별히 칭찬하거나 비난할 것이 없었다. 그 체험은 아무 경계선 없이 지평선에서 지평선까지 닿는 것처럼 보여, 모든 소리와 사건들이 그 안에서 마치 강물의 끊임없는 흐름처럼 단순하게 진행되고 있었다. 물이 돌을 부드럽게 닳아지게 하고 있었고, 서두를 필요가 전혀 없었다.

선칠이 끝난 뒤 나는 마지막 한 시간을 위층 방의 창가에서 좌선하며 보냈다. 창은 열려 있었고, 이제는 도로 굴착기가 바로 밑에서 포장도로에 도랑을 파고 있었다. 모든 소리가 최대 음량으로 들렸지만 내면의 고요함은 한 순간도 방해받지 않았다. 투명함 속에서 만물의 상호의존성이 흘러갔다. 그 한 시간이 마치 몇 분에 지나지 않는 것 같았다.

그날 저녁 나는 암스테르담으로 날아갔다. 이른 아침 나는 아들, 딸과 함께 한 운하 옆에 앉아 조반으로 팬케이크를 먹었다. 우리가 걸어서 돌아다닐 때 내 호흡이 조용히 배로 모이더니 그 고요함이 내 마음 속에 계속 머무르는 것을 발견했다. 한 바탕 대화를 나누고 나면 매번 그것이 그냥 저절로 돌아왔다. 마침내 내가 잠자리에 들었을 때, 나는 자신이 27시간 동안 활짝 깨어 있는 상태로 활동하고 있었고, 대서양을 건너왔음에도 항공 피로증이 없었으며, 비상한 지각의 명료함을 계속 느끼고 있었다는 것을 알았다. 정상적인 업무 일과를 다시 시작한 지 사흘이 지나서야 예전의 근심들이 돌아오면서 이러한 시각의 명료함이 흐려지기 시작했다. 나는 이번에 "삼세제불을 알고 싶다면, 법계의 성품이 모두 마음이 만든 것임을 알아야 한다(若人欲了知, 三世一切佛, 應觀法界性, 一切唯心造)"는 것을 참으로 배웠던 것이다.

도겐이 도겐에게 공양하기

1987년 5월, 뉴욕

　나는 내 세계의 많은 긴장을 가지고 선칠에 들어와 있었다. 힘든 집안 상황에서 오는 정신적 스트레스, 그런 문제들을 해결하지 못하는 것이 내 무능함 때문 아닌가 하는 회한과 수치심, 그리고 왼팔 윗부분에만 통증을 유발하는 약간의 오십견 증세가 그것이었다. 어쩌면 신체적 고통은 마음의 고통을 상징적으로 나타내는 것에 불과하지 않았을까?
　좌선 시간들이 이어지자 점증하는 피로감이 나를 휘감았고, 극심한 졸음에 쑤심과 통증, 몸의 들뜬 움직임이 수반되었다. 내 방법인 지관타좌에 집중하기 어려웠고, 망념과 강렬한 상실감, 슬픔과 가정적 스트레스가 불쑥불쑥 끼어들었다. 그것이 희미해질 때마다 별 의미도 없고 단편적인 시각적 '장면들'이 몽롱한 이미지들로 두서없이 튀어나왔다. 그럼에도 매 좌선 시간마다 경계가 달랐고, 점차 다소 고요한 순간들이 나타났다.
　나는 아미타불 염불로 시작했고, 이따금 염불을 멈추고 그렇게 만들어진 침묵 속을 응시했다. 이 행법은 내가 전에 사용하던 호흡법과 비슷했지만 결과는 매우 들쭉날쭉했다. 또다시 나는 좌선은 유념有念도 아니고 무념도 아닌, 생각이 없는 존재의 상태라고 하는 도겐의 주장을 심사숙고하고 있었다.
　더 묵연한 좌선 시간들 중 한 번은 "무엇이 무無인가?" 하는 화두가 자연발생적으로 일어났고, '생각 없음'이 확립될 때마다 '무'가 존재하고 있다는 느낌이 들었다. 나와 첫 소참을 하기 위해 스님이 나를 부르시기 직전에, "도겐이 도겐에게 공양한다"는 구절이 떠올랐다. 그것은 도겐의 방법에서 하나의 물음(화두)이 주어졌다는 의미인 듯했다.

나는 스님께 그것을 말씀드렸다. 스님은 지관타좌를 닦는 동안 실제로 화두나 공안이 자연발생적으로 일어날 수 있다고 말씀하셨다. 당신은 도겐에 대한 그 구절을 좋아하시는 듯했다. 왜냐하면 눈이 빛나셨기 때문이다. 당신은 그것이 나의 무의식에서 나온 것이라고 말씀하셨고, 내 수행에 대해서는 "문제 없지요(No problem)!"라고 하셨다.

나는 좌복으로 돌아갔다. 수행은 무척 힘들었다. 어떤 때는 지루해 죽을 지경이었고, 도대체 왜 내가 이런 걸 다 하고 있나 싶었다. 이렇게 자기학대적 수련을 해서 무슨 이익이 있을까? 나는 라다크에서 한 요기가 내게 한 말을 기억했다. "지루함 그 자체 안에서 고요히 좌선하면서 어떤 에너지가 일어나기를 기다려야 합니다." 나는 계속 앉았다.

묵연한 순간들이 계속 나타났고, 그것이 고맙게 느껴졌다. 때로는 약간의 희열이 일어나기도 했다. 나는 속으로 말했다. '아, 내가 진보하고 있구나!' 그리고 스님께 또 한 번 소참을 신청할까 생각했다. 하지만 내가 마치 막강한 교장선생님 앞에서 좋은 인상을 주고 싶어 하는 학생처럼 스님을 기쁘게 해드리려는 강한 바람을 가지고 있다는 것을 깨닫자 그것을 그만두고, 다소 어리석다 싶은 그 느낌이 가라앉기를 기다렸다.

스님의 저녁 법문은 「심명心銘」(Song of Mind)에 기초한 것이었는데, 그 중의 두 구절만 들면 이러하다.

공을 체험하려고 하지 말라.   不用證空
온전한 이해가 자연히 일어난다네.   自然明徹

이것이 놀랍게도 이해되었고, 나는 당신의 설명이 갖는 매력과 열린 친절함—미소를 띠시고 장난스럽기까지 하셔서, 소참 때 당신의 그 심문하는 듯한 엄격한 표정과는 사뭇 반대이다—에 반응하여 내 오이디푸스적 반응을 놓아 버렸다. 그러자 오류에서 벗어난 느낌이 들었다.

셋째 날 저녁에 스님은 당신이 참가자들과 소참을 할 때 접하신 소심함에 대해 말씀하셨다. 당신은 그 자리에 있던 한 젊은 중국인 여성의 거동을 놀리듯이 흉내 내셨는데, 그녀는 우리들과 마찬가지로 다리 통증, 요통, 두통, 모든 통증을 호소하고 있었다. 당신이 물으셨다. "이게 뭡니까? 선칠도 아니고 무슨 노인복지센터 같군요!"

당신의 말씀에 한 대 얻어맞은 나는, 남들이야 어떻게 하든 나에게 이 선칠은 중대한 일이라고 결의했다. 예전에 절에서 하던 선칠들이 혹독했음을 스님이 묘사하실 때 놀란 적은 있지만, 이 선칠이 그런 선칠과 아무리 다르다 해도 나는 뭔가를 해볼 참이었다. 내 무능함과 소심함을 생각하자 분심憤心이 일어났다. 그래서 법문 직후 다시 좌복에 앉아, 분심을 실은 오른 주먹으로 왼손바닥을 철썩 소리가 나게 때린 다음 좌선에 몰입했다.

첫 번째 목표는 바스대는 내 몸이었다. 나는 여러 가지 통증을 거듭거듭 응시하면서 나 자신이 그것을 완전히 경험하게 한 다음, 그것들에게 떠날 것을 명했다. 놀랍게도 통증들이 하나씩 가라앉더니 불편하지 않은 고요한 감각이 찾아왔다. 몸을 조복 받는 것이 불가능하지 않고, 통증들은 대체로 불편한 마음의 산물이라는 느낌을 안고 잠자리에 들었다.

나는 또한 「심명」의 이어지는 두 구절에 집중하게 되었다.

생사가 떨어져 나가면	滅盡生死
심오한 마음이 이치를 보네.	冥心入理

스님은 우리에게, 이것은 순간순간 생각이 생멸하는 것을 끊어냄을 의미한다고 말씀하셨다. 나는 여기에 깊은 의미가 있음을 볼 수 있었다.

꿈을 하나 꾸었는데, 거기서 나는 어떤 초록의 풍경, 거친 개활지를 가로질러 가야 했다. 그곳에는 사나운 개들이 떼를 지어 혹은 혼자서 배회하고 있었다. 나는 그들을 베어 버릴 예리한 검을 받아 지니고 있었고, 그래서 자신 있게 출발했다. 개들이 가까이 왔으나 어느 놈도 나에게 다가와 집적대지 않았다. 아침 좌선 시간에 나는 이 꿈속의 개들이 나의 망념들을 가리키고, 그 검劍은 스님의 가르침을 상징한다고 느꼈다. 나는 자신감을 가지고 좌선했다.

공휴일 아침이어서 지나다니는 차들이 없었다. 미국울새가 싱그러운 이른 아침 노래를 불렀다. 놀랍게도 몸의 통증이 나타나지 않았고, 몸 자체가 사라진 것처럼 보였다. 내가 지각하는 내 몸의 존재는, 창자들의 자루 하나가 좌복처럼 방바닥에 털썩 던져진 채 좌선하는 마음을 지탱하고 있는 것에 지나지 않았다. 내면에서는 이상한 이미지 하나가 떠올랐다. 그것은 마치 어떤 종양 같은 커다란 회색 덩어리가 내 배를 가득 채운 다음 점차 내 몸 밖으로 비어져 나오는 것처럼 보였고, 흡사 내가 하나의 분열하는 세포 같았다. 그 체험은 매우 현실적이고 놀라운 것이었다. 퇴마 의식이 필요한 내 안의 어떤 무서운 것이 거칠게 비틀어대며 떨어져 나오고 있었다. 직경 약 90센티미터의 크고 둥근 공 모양으로 나에게서 분리된 그것은 마치 회색 종이로 만들어진 것처럼 보였다. 그것은 하나의 말벌집이었다. 내가 막대기로 그것을 찌르자 수천 마리의 말벌이 쏟아져 나와 멀리 공중으로 사라졌다. 큰 안도감이 나를 가득 채웠고, 내 마음은 거울처럼 고요해져서 모든 현상을 단순하게 반사했다. 나는 미동도 없이 내리 두 좌선 시간 동안 앉아 있었다.

아침공양을 마친 뒤에도 같은 느낌이 지속되었지만, 이제 그 거울은

틀에 상당히 단단하게 박혀 있는 것처럼 느껴졌다. 홀연히 그 틀이 해소되면서 뭔가가 툭 터져 열리고 제약이 풀리는 느낌, 하나의 광대한 공간이 나타났다. 그 고요한 거울이 이제는 한계가 없었고, 그 안에는 아무 움직임도, 아무 생각도, 마음의 어떤 움직임도 전혀 없었다. 그것은 밖에서 들어온 것이 아닌, 거울의 틀이 사라지면서 일어난 어떤 광대무변함이었다. 여기서는 말이 막힌다. 표현할 길 없는 그것을 어떤 말로 표현할 수 있겠는가? 나는 내가 전 우주로 열려 있다고 느꼈다. 비록 주위에서 보고 듣는 것들은 모두 평상시와 같았지만, 나는 이전에 있던 세계에 있지 않았다. 그곳에는 아무도 없었다. 어떤 원함(욕구)도 없고, 나를 붙드는 그 어떤 것도 없었다. 왜냐하면 나는 붙들리기 위해 그곳에 있지 않았기 때문이다. 집착 없는 행복이었다. 왜냐하면 집착이 존재할 수 있는 어떤 대상도 일어나지 않았기 때문이다. 감사함이고, 하나의 지속적 상태였다.

나는 "우주가 알아서 하게 내버려두라—그대가 아니라!"라는 스님의 지침을 기억했다. 그러자 즉시, 내가 한때 존재하던 그곳에 이제는 바로 그 우주적 에너지가 제약 없이 저절로 흐르면서 시간이 움직이고 있음을 느꼈다. 나는 시간 속에 있지 않은 시간이었다. '무無'는 체험의 허공이자 흘러가는 어떤 흐름의 연속체였고, 그 둘 다 비어 있고 툭 트여 있었다.

소참 때도 그 체험이 여전히 나와 함께 했다. 왜냐하면 내가 두 번째 순서였고, 그 체험은 불과 15분 전에 시작되었기 때문이었다. 나는 그것을 스님께 묘사하고 "무無는 끝없이 흐르는 우주적 에너지입니다. 그것은 또한 사랑입니다"라고 덧붙였다. 스님이 말씀하셨다. "좋습니다. 아주 좋습니다. 이제 당신은 수행을 시작할 수 있습니다!" 내가 자리로 돌아오자 거의 즉시, 의심 많고 자기를 비난하는 마음이 각양각색의 악마적이고 자기박해적인 생각으로 나를 공격해 댔고, 몇 좌선 시간 동안 나는 '무'에 대한 장악을 상당히 놓쳤다.

나는 「심명」의 위 두 번째 구절을 다시 들었고, '무'가 생각에 의해서는 물론이고 우리가 거의 의식하지 못하는 그 생각들의 기반에 의해서도 흐릿해질 수 있다는 것을 지각할 수 있었다. 그 기반들이 다양한 의도성과 선입견들을 산출하고 있었지만, 그것은 생각의 형태를 취할 만큼 분명치는 않은 것이었다.

오후에 오랜 시간 절을 하고 나자 '무'가 다시 돌아왔다. 말 없는 자루 같은 송장 안에 완전한 고요함과 열려 있음이 있었고, 숨을 쉴 때마다 그것의 입을 통해 파리들이 날아서 드나들었다. 나는 그 새 송장이었고, 그러한 죽음 같은 공성에 대한 두려움이 일어나면서 매우 험악한 이미지, 즉 내가 세간에서 소중히 여기던 모든 것, 나의 자부심, 나의 지성을 상실하는 데 대한 공포가 수반되었다. 그러다가 정원에서 자라고 있는 청색의 작은 붓꽃의 이미지가 떠올랐다. 그리고 '그들은 힘들게 일하지도 않고 실을 잣지도 않는데, 너희들 중 누가 이 꽃들만큼 잘 차려입을 수 있는가?' 하는 생각이 들었다. 그러자 기분이 한결 좋아졌고, 다시 한 번 생명과 접촉하게 되었다.

좌선 시간이 계속 이어지면서 점차 나는 이러한 마음씀의 움직임을 추적할 수 있게 되었다. 그 열려 있음을 놓치는 것은 생각이 일어날 때라기보다는 집착, 예전의 정서적 욕구, 바람 혹은 두려움이 있을 때였다. 생각으로 출현하지 않는 욕구, 바람 혹은 두려움의 존재는 특히 미세한 것이었고, 이런 것들은 신체적 긴장, 손가락 긁기, 손톱 깨물기, 바스대기, 마음이 말하자면 비언어적으로 말하는 것으로써 상징적으로 표현되었다. 그럴 때는 마음이 마치 에워싸이고 울타리에 갇힌 것처럼 폐쇄되는 느낌이 있었다. 하지만 이 상태가 충분히 전개되도록 내버려두자 그것은 힘을 잃고, 몸의 통증이 그랬던 것과 같이 해소되기 시작했다.

어떤 열림이 일어나게 강제하는 것은 전혀 불가능했다. 왜냐하면 그것

자체가 하나의 에고 상태를 나타내는 것이었기 때문이다. 하지만 때때로 일종의 놓아버리기, 즉 에고 상태들뿐만 아니라 집착들에서 느껴지는 에고 전체를 내려놓기가 일어났다. 그 내려놓기는 어떤 것이 떨어져나가는 것처럼—마치 살갗에서 반창고가 뜯겨지지만 그것을 뜯는 자가 아무도 없는 것처럼 느껴졌다. 그와 함께 그 열려 있음이 다시 출현하면서 강력한 안도감을 몰고 왔다. '아, 여기 다시 있군. 얼마나 다행인가!'

이것은 완전한 무욕의 상태이다. 죽음도 상관없을 것이고, 전적으로 그러하여 그것 자체는 선하지도 악하지도 않다. 이 무욕이 일어났을 때만 이 열려 있음이 흐른다. 그럴 때 "나는 모른다. 설명할 필요가 없다. 발견할 것도 없고, 해소할 것도 없고, 할 것도 없으며, 달리 어디로 갈 데라고는 전혀 없다"고 말하는 것은 어떻든 전적으로 완전했다.

마음속에서 무엇이 일어나면	心生則
그 자신의 세계를 건립하네.	種種法生

해탈은 자기 자신에 대해 이렇게 말하는 자아가 없을 동안만 지속된다. "여기 있는 것은 누구인가? 나는 아니다. 어떤 때는 우리가 늙은 석가의 눈썹을 치켜들고, 어떤 때는 들지 않는다."(—도겐 선사)

어, 저것 봐!

1989년 4월, 더 메인홀루이드

이번은 나에게 바쁜 선칠이었다. 나는 주최자였고, 참가자들은 물론이고 뉴욕에서 웨일스까지 찾아온 스님과 '팀', 즉 통역자 왕밍이와 보조역 귀위안果元 스님의 생활 편의도 보살펴야 했다. 나는 물론 모든 일이 잘 되도록 마음을 쓰고 있었다.

여러 가지 면에서 나의 좌선 체험은 이전 선칠들의 그것과 비슷했다. 처음에는 좌선을 하면 희열의 순간들이 나타나는 것이 즐거웠으나, 그런 다음 피로와 산란한 생각들이 일어났고 늘 있는 투쟁이 따랐다. 나는 내 업장들, 나의 불만족스러운 인간관계, 가정적 분란 그리고 모두를 기쁘게 하려는 나의 신경증적인 욕망과 씨름했다. 하지만 좌선이 사람을 진정시키는 효과가 이내 나를 해방시켰고, 그럴 때는 내 환경의 구체적인 현실들을 완전히 자각하면서도 또한 나 자신이 마치 계곡 위의 평탄한 대지 위에 둥둥 떠 있는 것 같았다. 마치 내 앞의 벽이 실체가 없고, 내 자각이 산과 계곡이 이어진 공간을 넘어서 어떤 무한한 저 너머로 뻗어가고 있는 듯했다.

첫 소참 때 나는 스님께, 내 마음이 늘 어떤 설명을 추구하고 있으며, 그것은 특히 과학자로서 이런 식으로 추구하는 것이 내 마음의 주된 학습 수단이었기 때문이라는 것을 말씀드렸다. 스님이 말씀하시기를, 나에게는 묵연함이 가장 좋은 방법이라고 하셨다. 왜냐하면 특히 내가 지관타좌를 닦아 마음속에서 일어날 수 있는 고요함에 대해 얼마간의 장악력을 얻었기 때문이라는 것이었다. 당신은 내가 묵조를 배우면 이 행법을 더 심화시킬 수 있을 거라고 생각하셨다. 나는 이 생각으로 힘을 얻어 좌복으로 돌아갔고, 그것은 점차 안정감과 고요함을 가져왔다. 다만 이따금 헤매는 마음과 꿈같은 이미지들에 의해 그것이 깨지곤 했다. 나는 한결 고요해진 마음으로 불법 속에서 살아온 내 삶을 자유롭게 회고했다. 그리고 어릴 때부터 내 삶 속에서 마치 은총에 의해서인 듯 몇 번이나 나타난 드문 체험들에 대해 스님께 말씀드리기로 결심했다. 그것은 내가 누구에게도 늘 선뜻 이야기하지 못한 것이었는데, 왜냐하면 그것이 어떤 성격의 것인지 이해할 수 없었기 때문이다.

나는 더 머인흘루이드에서의 선칠이 있고 난 뒤에 일어난 한 사건에 대해 당신께 있는 그대로 말씀드렸다. 내가 차로 어디를 가려고 출발 지점의 길을 내려가다가 깜빡 잊고 잠그지 않은 대문을 잠그려고 차에서 나와 다시 대문으로 걸어갔을 때였다. 대문을 휙 닫을 때 머리 위로 붉은 솔개 두 마리가 화창한 겨울날의 차갑게 맑은 공중을 맴돌고 있었다. 나는 더 머인흘루이드 근처에서 붉은 솔개를 이제껏 본 적이 없었기 때문에 기쁜 마음에 혼자 소리를 질렀다. "어, 저것 봐!" 빙빙 도는 그 새들을 응시하고 있을 때 홀연히 내 마음이 텅 비워졌고, 나는 더 이상 '나의' 체험 속에 존재하지 않았다. 오직 풍경과 빙빙 도는 그 새들, 그리고 경이감과 놀라움만이 있었다. 나는 그 자리에 서서 새들이 점차 멀어져갈 때까지 약 20분간 그들을 응시했고, 이어서 생각이 다시 나타나자 그 체험이 서서히 희미해지는 것을 느꼈다. 그리고 '나 자신으로 돌아왔다.' 이것은 하나의 다시 깨어남이었고, '그것'을 다시 찾았다는 기쁨의 순간이었다. 왜냐하면 그런 체험은 드물게만 나타났고, 흔히 여러 해가 걸릴 때도 있었기 때문이다.

나는 스님께, 한 번은 내가 종쿨 곰빠(Dzongkul Gompa)4)의 나로빠 동굴을 찾아갔을 때 있었던 일을 말씀드렸다. 1977년 7월, 우리는 사흘 걸려 우마시라(Umasi-la) 고개의 광대한 빙원을 가로질러 5,400미터 높이까지 올라가서 히말라야를 통과하여 라다크의 잔스카르 계곡으로 들어갔다. 우리가 그 작은 사원의 위층 홀에서 차를 대접받을 때 나는 창밖을 흘긋 내다보았다. 반대편 산비탈은 급경사를 이룬 가운데 차가운 물이 위쪽의 빙하에서 내려오는 엄청난 폭포 속으로 흘러들고 있었다. 이때 다시 자아의 공함이 나를 엄습했고, 산중의 광대한 공간이 그 자체로써 나를 가득 채우는 듯했다. 나는 반시간동안 사원의 평평한 지붕 위를 오르락내리락 하다가, 생각이 다시 한 번 자아의식을 창조하자 나 자신이 점차 다시 돌아옴을 느꼈다.5)

나는 스님께, 선의 관점에서 이런 체험들은 무엇을 의미하는지 여쭈었다. 당신은 지체 없이 그것이 '견성'이라고 말씀하셨다. 나도 그렇지 않을까 의심했으나 선사와의 직접 만남에서 한 번도 검증하지 못했던 것에 대해 당신의 인가를 받자 너무 기뻤다. 스님은 또 당신이 나를 파악하신 바로는, 내가 이미 그런 체험들을 했다는 것을 알고 있었다고 하셨다. 그런 다음 스님은 "축하합니다"라고 하시고, 나에게 당신 앞에 삼배를 하라고 하셨다. 나는 깊은 경외와 기쁨 그리고 해방감으로 절을 했다. 당신은 또한 이제부터는 당신의 축복 하에, 그리고 말하자면 당신의 대표로서, 내가 선칠들을 이끌기를 바란다고 말씀하셨다.

---

4) (역주) 북인도 잠무-카슈미르 주, 잔스카르 지역의 스토드 계곡에 있는 티베트 절. 나로빠(956~1041경)가 창건했다고 알려져 있으며, 절 뒤쪽에 나로빠 동굴 2개가 있다.
5) 더 자세한 묘사는 Crook, J.H. and J. Low. 1997. *The Yogins of Ladakh*. Delhi. Motilal Banarsidas. pp.37-40을 보라.

나는 큰 자유를 경험하는 한편 또한 이 인가가 나에게 의미하는 책임들을 즉각 인식했다. 당혹감도 느꼈는데, 그것은 이 축하가 나 자신의 가장 근본적인 성품을 단순히 체험하는 것과 무슨 관계가 있을까 해서였다. 이상한 수줍음도 느꼈다. 왜냐하면 스님의 인가를 받은 것은 즐거웠지만 다른 사람이 아는 것을 원치 않았기 때문이다. 남들에게 그것을 말하면, 의사소통의 오류라는 지뢰밭이 언제 어떻게 나타날지 알 수 없었다.

이 소참이 있은 뒤의 좌선 시간들은 거울 같은 고요함으로 순조롭게 그리고 명징하게 흘러갔다. 어느 날 오후 우리는 스님이 설명해 주신 대로 주의 깊게 절 수행을 했다. 나는 깊은 참회를 체험했는데, 그것은 최근의 일들에 대한 것이 아니라 오래 전부터 내가 살아오며 범한 잘못들에 대한 참회였다. 눈물이 뺨을 타고 흘러내렸고, 그 참회는 끝이 없을 것 같았다. 과거생들의 무수한 업이 나를 엄습하여 지나가는 듯했다. 그것은 마치 이 참회가 금생은 물론 전생들에 대한 속죄의 시작인 것 같았다. 그 깊은 감정이 점차 안도와 불법에 대한 감사로 바뀌었다.

사물들의 본래 그러함

1989년 11월, 뉴욕

첫째 날, 나는 옛 친구들을 다시 만나서 즐거웠다. 예전 선 센터에서 도로를 따라 몇 집 내려와 새로 마련된 선 센터의 경내 분위기는 지난 선칠들에서의 좋았던 일들을 생각나게 했다. 불단에 매력적인 큰 불상이 모셔져 있기에 다가가서 예배를 드리고 부처님을 바라보았다. 그러자 부처님도 나를 바라보셨다! 내가 그 묘하게 냉담한 듯하면서도 평화로운 얼굴을 응시하자 마치 어떤 지복스러운 조화, 방에 두루 스며 있는 듯한 달콤한 평화로움이 나에게 전해지는 것 같았다.

이 선칠에서 나는, '탐구하다, 진입하다, 들어가다'라는 의미를 갖는 한 자어 '참參'에 대해 더 깊은 이해를 얻고 싶었다. 좌선에서 그것을 어떻게 해야 할 것인가?

이내 통상적인 문제들이 시작되었다. 과거와 현재의 번뇌들, 불만, 절망이 마치 기다리고 있던 악마들처럼 연이어 등장했다. 몸이 뻣뻣해졌고 등이 아팠다. 표면 아래에서는 미세한 주제들이 진행되면서, 전체 좌선 시간들을 뒤집어 놓았다. 특히 두 가지 악마가 나를 괴롭히고 있었다. 첫 번째 악마는, 비중 있는 타인들의 마음을 누그러뜨리려고 하는 나의 끝없는 성향이 여기시는 충족될 수 없다고 나에게 말하고 있었다. 나로서는, 다른 누군가를 기쁘게 한다는 느낌이 없으면 나 자신의 존재에 대해 즐거움을 느낄 수 없을 것 같았다. 물론 여기서는 스님 말고는 내가 기쁘게 해줄 타인이 아무도 없었고, 스님을 누그러뜨리려고 한다는 것은 뻔히 말도 안 되는 일이어서 시작조차 해볼 수 없을 터였다. 면벽 좌선하는 것은 나 자신뿐이었고, 나는 내 나름의 존재 방식이 소중하다는 것을 터득해야 했다. 두 번째 악마는 방해꾼이었다. 평화로운 경행을 하던 도중에 어떤 목소리가 갑자기 말했다. '너는 이런 거 하나도 믿지 않잖아!' 나는 너무나 배신적인 이런 생각에 소스라치게 놀랐다. 나의 불편함이 이 과정을 견뎌내는 에고의 용감함에 복수를 가하면서, 내가 이 공부를 소중하게 여기게 된 바로 그 신념을 부인하고 있었다.

거기다가 스님은 아주 소원한 듯한 모습을 나에게 보이면서, 우리가 소임을 보는 시간에 내가 화장실 청소를 어떻게 하는지 점검하셨다. 그리고 소참 때 내가 편하게 다리를 꼬았다고 꾸짖으셨다. 나중에 당신은 문화가 다르면 앉는 방식도 다르다는 것을 이해한다고 말씀하셨다. 단지 중국에서는 그런 식으로 앉는 것이 다소 결례로 보인다는 것이었다. 나는 이런 모든 것이 창피했다. 왜냐하면 지난번 웨일스에서의 선칠 때 당신이 내 공부에 대해 보여주신 태도와는 너무 대조적이었기 때문이다. 나는 이것이 나의 결의를 시험하는 훈련과정이 아닐까 의심하기 시작했다. 어쩌면 당신은 나에게 어떤 불가능한 과제를 요구하실지도 몰랐다. 마치 마르빠가 밀라레빠에게 그랬듯이, 그리고 스님 자신의 스승이 그런 식으로 당신을 훈련시켜 자기인식을 얻게 만들었듯이 말이다! 나는 당신이 어떻게 하시든, 무슨 말씀을 하시든, 내 훈련에는 아무 차이가 없도록 하겠다고 결심했다. 그런 것에 관계없이 해나갈 참이었다. 이렇게 결심하자 좀 쉬워진 느낌이 들었고, 당신이 다음에 나에게 쓰실지 모를 전략을 간파하려 드는 것은 재미있기까지 했다!

선 수행에 관한 허운 노화상의 가르침에 대해 스님께서 해주신 법문은 나의 주된 탐구에 큰 도움이 되었다. 나는 이전에, 내가 고통스러운 생각에서 벗어나는 한편 내 자각을 확장시켜 그 경험의 순간과 그 방의 현재성, 소리들과 분위기를 포용하면서도 생각이 끼어들지 않게 하는 것이 때로는 가능하다는 것을 발견한 바 있었다. 나는 장소의 직접적인 현존성 속으로 나 자신을 가져가는 연습을 시작했다. 그렇게 하자 괴물처럼 도처에 퍼져 있던 자아관심이 자신의 굴 속으로 물러나기 시작하여 무대를 아무 장애물 없이 깨끗이 비워주는 것 같았다. 이 변화가 얼마나 빨리 일어나는지 기이할 정도였다. 한 순간은 내 머리가 자아관심의 안개 속에 있었다면, 다음 순간 나는 깨끗하고 명료하고 현존하는 방 안에 있었다.

마치 내가 말썽쟁이 원숭이들이 사는 철창 안에 있는 것 같았다. 만약 나 자신에게 "지금 나를 괴롭히는 것은 무엇인가?" 하고 묻는다면 나는 둘 가운데 하나를 할 수 있었을 것이다. 한 가지 기본적인 문제, 즉 원숭이들 중 하나를 인식하여 그 이름을 말하고 그에 대해 걱정하거나, 아니면 철창 그 자체의 관점에서 그것을 바라보는 것이다. 이것은 주의의 초점을, 요동하는 원숭이에서 그것을 에워싸고 있는 환경으로 옮겨준다. 철창은 원숭이가 아니고, 그것과 무관하다. 원숭이가 아무리 시끄럽게 굴어도 철창은 영향을 받지 않는다. 주의의 이 이동을 여러 번 되풀이하자, 확장되고 비교적 오래 가는 고요함의 상태에 이르게 되었다. 이제는 불상을 바라보면 침묵만이 반사되었다.

어느 날 아침은 예불 송경을 하다가 눈물이 났다. 세간의 모든 비극과 슬픔이 삶의 일과성─過性 장면들의 아름다움과 대비되는 것처럼 보였다. 이 슬픔은 이내 점점 커지는 지복감으로 변했는데, 그것은 깊고 내면적이면서도 물리적으로 드러나는 것이었다. 소참 때 스님께, 선의 관점에서 지복의 체험은 무엇을 의미하는지 여쭈었다. 스님이 말씀하시기를, 그런 느낌은 공성에 대한 통찰이 있을 때 감사의 마음에서 일어난다고 하셨다.

공성, 감사의 마음, 지복은 서로 관련되며, 마음이 일념으로 집중되어 있는 한 그것들은 예측할 수 없는 순서로, 지속시간이나 밀도를 달리하여 연이어 일어나는 경향이 있다. 여기에 철창을 벗어나는 보이지 않는 문이 있었다.

마지막 날 밤 나는 자정까지 앉았다. 선당의 고요함 속에서 스님의 법문 가운데서 일어난 의문들이 천천히 맴돌았다. 내가 태어나기 전 나의 본래면목은 무엇이었나? 시간 이전에 나는 무엇이었나? 시간이 시작되기 전에는 시간이 없었다면, 공간밖에 있을 수 없었으리라. 그런데 아니다. 시간이 없으면 공간도 없다. 단지 사물들의 본래 그러함만이 있다. '무'는 생각으로 헤아릴 수 없다. 그에 대해 아무 말도 할 수 없고 아무것도 할 수 없다. 그냥 조주趙州 스님의 큰 '무無'가 나의 큰 '유有'로 변하고 있는 것 같았다. '나의' 유라고 말했나?

소동 일으키기: 어리석음을 보기

1990년 11월, 뉴욕

나는 최근에 번뇌가 좀 줄어들고 몇 달에 걸쳐 수행이 향상된 탓에 비교적 평온하고 더 부드러운 마음으로 잉글랜드에서 도착했다. 이번은 스님이 미국에서 50번째로 하시는 선칠이고, 화요일에는 내가 60세 생일을 맞이할 참이었다. 상서로운 때가 될 좋은 조짐이었다.

하지만 처음에는 자각하지 못했던 다른 어떤 것도 가지고 와 있었다. 나는 1년 중 많은 시간을 집을 떠나 대만과 홍콩을 방문했고, 히말라야 고지대로 두 번이나 긴 원정을 다녀왔다. 그 중 한 번은 겨울철의 혹한 속에서 다녔다. 사실 다시 해외로 나가고 싶지는 않았다. 오히려 집에서 심신을 추스르며 글을 쓰고 싶었다. 하지만 나는 내년에 영국에서 선칠들을 이끌 계획이 있었고, 나 자신과 남들을 위해 스님 곁에서 더 수행할 필요가 있다는 것을 알고 있었다.

첫째 날은 평화로웠지만 점점 커지는 어떤 불안감이 있었다. 예기치 않게, 선칠 규칙과 바뀐 식사 내용, 그리고 내가 실수를 좀 할지 모른다는 느낌에 신경이 쓰였다. 나는 스님의 강력한 권위에 부정적으로 반응했는데, 내가 전에도 몇 번 선칠에 참가했기에 그렇게 저항감을 느낄 거라고는 생각하지 못했기 때문에 당혹스러웠다. 결국 나는 뉴욕에 올 마음이 실제로는 없었다는 것, 적어도 바로 그때는 아니었다는 것을 인정했다.

다소 약이 오르는 느낌이었다. 즉, 내가 준비되었다고 느끼지 못할 때 와야 했다는, 뭔가 강제 당한 느낌이 있었다.

그러한 인식은 도움이 되었다. 나는 분명히 대서양의 서쪽 편에 와 있었기 때문에, 내가 할 수 있는 일이라고는 열심히 수행하여 가능한 한 완전히 선칠에 몰입하는 것뿐이었다. 하지만 머리는 이렇게 말하고 있어도 가슴은 복종하지 않았다. 그것이 무서운 소동을 만들어내기 시작했다. 불편함이 갈수록 심해졌고, 아무리 나 자신을 타일러 보려 해도 그 상태가 계속되었다.

나는 자신이 계속 다른 참가자들을 판단하고 있는 것을 발견하고 무서워졌다. 그들에 대해 전혀 알지 못하는데도, 나는 의도적으로 마치 나 혼자 여기에 들어와 있는 것같이 선칠을 대하는 고립화의 원리를 따르고 있었다. 이내 그런 판단들이 실은 나의 우월함을 강화하기 위한 시도라는 것을 인식했다. 왜냐하면 그와 정반대로 내가 열등한 것이 두려웠기 때문이다. 나는 자신의 불안감에 기초한 거친 아만我慢을 스스로에게 내밀히 과시하고 있었고, 스님은 상황에 더없이 잘 들어맞는 당신의 법문들 중 하나에서 이 점을 거론하여 나를 더욱 부끄럽게 했다. 어떤 때는 엄격한 규칙에 나만 피해자가 되는 것처럼 느껴지기도 했다. 그런 모든 제약에 구애받고 싶지 않았고, 마치 불필요한 권위에 내가 강요를 당하고 있는 것처럼 느꼈다. 하지만 결국, 선칠이 어떤 것인지 내가 익히 알면서 나 자신의 자유의지로 일부러 이 선칠에 들어왔다는 점을 납득했다. 내 감정들은 하나의 편집증적 반응에 불과하다는 것을 깨달은 것이다.

나는 스님이 계신 것에 대한 예리한 감수성을 계발하기 시작했다. 그것은 마치 당신이 나를 어떻게 생각하실지 부단히 걱정하는 것과 같았다. 나는 당신의 인정을 받기 위한 우스꽝스러운 정신적 폼 잡기를 일견 끝도 없이 하고 있었다. 예를 들면 내가 얼마나 좌선을 잘하고 있는지 당신이 알아차리시기를 바라다가, 당신이 방을 나가시자마자 이완되고 마는 것이었다! 물론 그런 것이 얼마나 터무니없는 것인지 줄곧 알고 있었다. 나는 스님과 나의 관계가 전적으로 거리낌이 없다는 것을 알고 있었지만, 그럼에도 계속 당신의 표정에서 나를 승인하지 않고 계시다는 뜻을 읽고 있었다. 이것은 내가 나 자신을 승인하지 않기 때문이라는 것을 깨닫는 데는 상당히 오랜 시간이 걸렸다.

물론 나는 그러한 오이디푸스적 감정을 훤히 알고 있었다. 그것은 예전의 아버지 같은 인물들에게서 나 자신이 경험해 보아서는 물론이고, 대학의 박사학위 지도교수로서 내 지도 하에 공부하는 젊은이들의 그런 감정들을 받고 관리해 본 상당한 경험을 가지고 있었기 때문이기도 했다. 그러나 그런 어떤 지식도 전혀 도움이 되지 않았고, 나이가 꼭 예순이 되어 스님과 같은 세대에 속하게 되었다는 사실도 도움이 안 되기는 마찬가지였다!

내가 선칠을 잘 하지 못하고 있고, 나는 더없이 열등한 참가자라는 불안하고 자의식적인 느낌이 있었다. 침묵과 고립화는 내가 이것을 점검할 아무런 수단이 없고, 남들을 은근히 기쁘게 함으로써 남들이 나를 좋아하게 만드는 내가 으레 하는 게임을 할 수단이 없다는 것을 의미했다. 그 게임은 불행히도 내가 잘한다고 여기고 있었는데 말이다. 나는 모든 일에 대해 점점 걱정이 되었다. 혹시 공양시간에 지각할지 모른다든가, 언제 화장실에 가야 할지를 걱정했다.

그러다가 피로감이 찾아왔다. 이런 모든 것을 머릿속에 넣고 가사 없이 면벽 좌선을 하다 보니 기진맥진이 되었다. 가장 좋았던 것은 일과 중 운동을 위한 휴식시간과 공양시간이었고, 물론 심신이 이완되는 저녁 법문들도 좋았다. 하지만 나에게는 즐거워할 큰 이유가 하나 있었다. 좌선 그 자체에서는 이제 불편함을 거의 느끼지 않았다는 것이다. 이것은 이전 선칠들에 비해 워낙 놀라운 변화여서, 나는 바로 이 신체적 통증이 없는 것이 그 모든 정신적 투쟁이 벌어진 원인인지도 모른다는 생각을 했다. 이따금 그 모든 근심들이 정점에 이르면 어떤 공황상태에 가까운 심경이 되기도 했다. 나는 제어를 상실한 채 절박한 심정으로 나 자신을 안정시키기 위한 모든 내적 수단을 찾고 있다고 생각했다.

그럴 때 나의 진언(mantra)을 기억했다. 여러 해 전 나는 티베트 밀교에서 나를 지켜주는 이담(yidam-개별 수행자를 이끌고 지켜주는 수호존)의 소리인 진언 하나를 받은 적이 있었다. 그것은 내가 히말라야의 고개들을 넘는 데 도움을 주었고, 그렇지 않았으면 현기증으로 고생했을 곳에서 위태로운 길들을 따라갈 수 있게 해 주었다. 나는 모든 방법을 놓아 버리고 그것을 염하는 데 몰두했다. 그러자 정말 놀랍게도, 단 한 번의 좌선 시간 동안에 마음이 가라앉더니 다소 평안을 체험하기 시작하는 것이었다. 그리고 감사의 지복감 같은 것이 일어났다.

스님의 법문은 내 내면의 과정을 놀라우리만치 정확하게 추적하고 있었다. 당신은 불법에 대한 믿음의 부족에 대해, 그리고 한편으로는 두려운 근심을 일으키고 다른 한편으로 공격적 아만을 일으키는 내면의 불안정에 대해 이야기하셨다. 나는 당신의 조언에 따라, 불편함이 한 번씩 찾아올 때마다 제목을 붙여 분류했다. 이내 모든 제목이 단 하나의 원천에서 나온다는 것을 알게 되었다. 공통의 뿌리는 실로 어릴 때부터 시작된 불안정과 흔들리는 자기확신이었다. 내가 경험해 온 모든 것이 이 하나의 원천—나에게서 비롯된 것이었다. 여기 왔을 때 나는 그 모든 것을 문안으로 가지고 들어왔다. 만일 삼세의 부처님을 알려고 하면, 모든 체험 세계들이 마음이 만든 것임을 확실히 지각해야 했다.

매 끼니 식사가 끝나면 나는 위층 방의 관음보살상 앞에서 거듭거듭 절을 했다. 절을 천천히 하면서 한 번에 몇 분씩 바닥에 엎드려 있었다.

내가 경험한 것들은 몇 가지 방식으로 표현된 자기 보듬기의 과정에 지나지 않았다는 것을 나는 분명하게 이해했다. 이것을 몰랐다는 것은 부끄럽고 심지어 오만한 일이었으며, 고통스럽고 울적한 일이었다. 불법으로 남들을 도울 수 있다고 생각하는 것이 얼마나 위선이었던가! 나는 울었다. 내가 상처를 주었던 사람들, 옛날의 슬펐던 일들, 실패한 인간관계들, 두려움을 먹고 사는 사랑의 결여를 기억했다. 이 모든 것이 너무나 압도적인 번뇌를 이루고 있는데, 어떻게 스님은 나에게 영국에서 선칠들을 이끌도록 권한을 주셨단 말인가?

과연 번뇌였던가? 나는 스님과 소참을 했다. 우리는 방법에 대해 이야기했다. 번뇌에 대해서 당신은 이렇게 말씀하셨다. "그저 당신 자신에게 그것들이 얼마나 어리석은 것인지 말하고, 그것을 내려놓으십시오. 당신의 방법을 단순하게 고수하고, 일체 분석하지 마십시오."

단체로 절을 하는 시간에 나는 느긋하게 몸의 동작 하나하나에 세밀히 주의를 집중했다. 다른 사람들이 절하면서 우는 소리를 듣자, 내 눈에서도 슬픔과 후회와 참회의 눈물이 났다. 안도감이 찾아왔다. 침묵 속에서 오직 손과 무릎과 이마의 움직임만 있었다. 점차 몸의 나머지 부분들이 사라졌다. 손들이 부드럽게 움직였고, 무릎은 구부려졌고, 이마는 바닥에 닿았다. 그것은 시원한 물 속에서 몸이 없이 헤엄치는 것 같았다. 나중에는 좌복에 앉았다. 좌복 위에는 아무것도 없었다. 몸이 정말 사라져 버린 것이다. 좌복 위에는 공간 속의 한 자각만 있었다. 주의 깊게 관찰하던 생각들도 있는 장소가 없었다. 여기 있는 것도 아니고 저기 있는 것도 아니며, 위치를 말할 수 없는 어딘가에서 떠돌고 있었다. 그 생각들이 이렇게 말했다. '그래, 여기 네가 있어. 이 모든 것이 나다. 여기가 네가 시작하는 곳이다. 바로 지금이.' 그 지금에는 하나의 생생한 현존 외에 아무것도 없었고, 그 안에 공간이 있었다.

만약 이것이 무無라면, 무엇이 무인가? 나는 공안을 참구하는 법을 알고 있었고, 그래서 그 밝은 현존을 응시하고 또 응시하면서 참구하기 시작했다. 그것이 무엇인가? 그것이 무엇인가? 그것은 어디 있는가? 계속하다 보니 하나의 중심점에 이르렀고, 어떤 존재하지 않는 목표에 고정되었다. 방 안에서 나는 소리. 무엇이 그것의 무인가? 거리를 이동해 가는 대형 카세트라디오의 음악. 그 안의 무는 어디에 있는가? 지금 이른 아침의 고요함. 그 안의 무는 어디에 있는가?

여섯 째 날이었다. 마음은 안정되었고, 시간들이 금방금방 지나갔다. 나는 피로한 몸을 풀어주기 위해 운동을 했지만, 엄밀히는 그럴 필요가 없었다. 나는 집중된 평안 속에서 계속 좌선했다. 어떤 때는 기氣가 머리로 너무 높이 솟구쳐 그 물음의 초점을 배꼽으로 다시 옮겨야 했다. 물음은 거기서 안정되었다. 마지막 날에는 묵연함의 시간들이 이어졌고, 종종 지복스러운 희열이 섞여들었다. 끔찍한 교통 소음도 거의 전혀 들리지 않았고, 들릴 때에도 즐겁게 들렸다.

나는 법희法喜를 이해했다. 그것이 새로운 자신감과 함께 다시 돌아왔다. 나는 도반들을 새롭게 자각하게 되면서, 주위의 모든 사람들이 쏟는 그 크나큰 노력들, 이 결의에 찬 사람들의 가히 영웅적이라고 할 만한 모습들에 대해 사랑과 존경을 느꼈다. 나는 다시 한 번 분명하게 스님을 위대한 스승으로 보았다. 원래 그런 분이지만 말이다. 소참 때 당신께 차분해진 내 마음에 대해 말씀드렸다. "좋지요! 계속하십시오." 당신이 말씀하셨다. 정말이지 바로 그거라고 생각된다. 계속하라. 거듭거듭 배우고 받아들여라. 다만 재인식(새로운 안목)이 있기 전까지는 아니다.

나는 여기서 시작한다. 늘 여기서부터다. 그런 순간에 안을 들여다보면 세계가 손짓하고 있다.

가장 잔인한 달의 라일락

1992년 4월, 더 머인흘루이드

"4월은 가장 잔인한 달, 죽은 땅에서 라일락을 키워내고." 선칠이 시작되기 전날 스님이 도착하셨을 때, 엘리어트의 이 시구가 떠올랐다. 날씨는 추웠고, 가벼운 눈발이 산야를 엷게 뒤덮으며 북동풍을 타고 흩날리고 있었다. 하지만 수선화가 피어 있었고, 계곡 아래쪽에는 라일락들이 과연 만개하고 있었다. 다시 한 번 나는 웨일스에서 갖는 스님의 두 번째 선칠의 주최자였다.

모두가 도움을 주었다. 어떤 사람은 텐트에서 자거나 찬바람이 지붕의 구멍들로 불어 들어오는 큰 헛간에서 잤다. 내가 평소에 쓰던 방은 스승이신 스님께 배정되었다. 첫째 날 아침, 내가 깨어나 보니 내 텐트 지붕 위의 눈이 얼어붙어 있었다. 사람들은 감기에 걸렸지만, 선칠은 음악 연주처럼 혹은 배가 돛을 달고 출항하듯이 전개되기 시작했다.

스님은 묵조에 대해 말씀하시기 시작하여, 굉지정각 선사의 「묵조명」을 가지고 당신의 주제를 설명하셨다. 서우의 구설들은 늘 나를 고무하는데, 마음을 깜짝 놀라게 하여 일종의 기대감 속에 들게 하고, '그것'에 대한 기억을 다시 일깨워준다.

묵묵하게 고요히 말을 잊으니　　　　　　　　　　　默默忘言

또렷하고 생생하게 앞에 나타나네.　　　　　昭昭現前
깨달을 때는 시간이 한계가 없고　　　　　　鑒時廓爾
체험할 때는 공간이 신령스럽네.　　　　　　體處靈然

　수행을 해 나가자 이 시계의 의미가 더 분명해졌고 더 실감이 났다. "비추는 가운데 오묘함이 가득하네(照中還妙). 학이 허공을 날며 꾸는 꿈과 같고, 가을 못의 맑고 고요한 물과 같네(鶴夢煙寒, 水含秋遠)." 선당의 벽 너머에 있는 계곡의 느낌이 방 안으로 들어왔다. 방에 벽이 없었다.
　그 오묘함은 어디에 존재하는가? 그 말이 나를 일깨우면서, 그 물음이 하나의 화두가 되었다. 그 오묘함은 내 마음 속에 있었던가? 꼭 그런 것은 아니었다. 내 마음 밖에 있었던가? 꼭 그런 것도 아니었다. 그 둘 사이였나? 제한된 체험 대신 무한한 공간이 다시 나타났는데, 그 안에서 관찰자는 어떤 특정한 장소를 갖지 않았다. 소리들이 오고 가면서 시간의 어떤 가늠도 벗어난 하나의 현존하는 연속체에 합일되었다. 오직 어떤 '아님'만이 분명했고, 어떤 언어도 거기에 적합하지 않았다. 평상한 것이 '아님', 어떤 습관적인 마음의 작용도 없음. 사실상 '무'이던가? 어떤 오묘함이 그냥 여기, 지금, 말없이 있었으니, 그것은 하나의 정지된 음표 혹은 창문을 통해 떨어지는 한 줄기 햇살이었다.
　소참 때 스님께 이것을 말씀드렸지만, 나의 생생한 체험과 당신과의 만남 사이에 시간 간격이 있었다. 그 사이 어떤 일이 일어났다. 왜냐하면 시간이 가는 것, 무상함 그리고 사물들의 취약함에 대한 슬픔이 문득 엄습했기 때문이다. 내 삶에서는 줄곧 (과거에 대한) 향수가 나와 함께했다. 스님이 말씀하시기를, 나의 첫 체험이 분명하고 올바른 것이기는 하나 내 마음이 그것을 쫓아 "내려가 버렸다"고 하셨다. 슬픔은 집착의 산물이다. 그런 느낌에 아무 잘못된 것은 없지만, 그것은 지혜가 아니다. 내가 해야 할 일은 거듭거듭 지혜를 보고, 감정의 본질을 이해하는 것이다.

몽산시식 도중 스님은 선당의 문 쪽으로 가셔서 공양물을 바깥에 흩으시곤 했다. 나는 마치 시간이 멈추어 버리고 여러 세기가 사라져 고대 중국이 우리와 함께 하고 있는 듯이 느꼈다. 불법에 대한 나의 존경심이 깊어졌고, 스님에 대한 감사의 마음이 이따금 눈물로 솟구쳤다. 나는 참가자들이 각자의 좌복으로 돌아가는 것을 지켜보다가 그들 모두에 대한 깊은 자비심과, 각자가 하고 있는 자아와의 대결에 대해 깊은 존경심을 느꼈다. 불법 안에서 사랑은 가장 잔인한 달의 라일락처럼 만개한다.

'나'가 걸린 체스 게임

1994년 11월, 뉴욕

선칠은 자기 자신과 두는 체스 게임과 비슷하다. 초반전, 중반전, 종반전이 있다. 초반에는 자리를 잡고, 상당히 혹독한 신체적·정신적 고난의 시간을 또 한 번 직면하는 데 대한 두려움을 극복하려고 노력하며, 긍정적인 기대와 부정적인 기대를 모두 젖혀두려고 애쓴다. 두 번째 국면에서는 자아와의 투쟁이 등장하고, 업의 습기習氣가 현란하게 나타나면서 몸에 통증이 있다. 혼침과 우울함이 있을 수도 있다. 그 모든 것을 문 없는 문으로서 통과해야 한다. 마지막으로 종반전에서는 만약 우리가 운이 좋고 수행을 잘 했다면, 집으로 돌아간다(견성한다).

이내 나는 여러 해 전 홍콩에서 처음 접했던 "시간은 없다. 기억은 무엇인가?" 하는 화두에 대한 기억에 사로잡혔다.[6] 내 마음은 어떤 강렬한 탐구에 몰입되어 이 물음의 논리를 돌파하려고 했다. 이것은 물론 생각이었지만 망념은 아니었고, 지적으로 몰입되어 질주하는 마음이었다.

만약 시간이 존재하지 않는다면 일어난 모든 일은 말 그대로 더 이상 존재하지 않는다. 과거는 죽었지만, 역사는 걸핏하면 마치 그 모든 죽은 자들이 여전히 우리와 함께 하면서 우리의 운명을 좌우하기라도 하듯이

---

[6] Crook, J. H. 1997. *Hilltops of the Hong Kong Moon*. London. Minerva, p.139 참조.

현재의 순간을 판정하는 것처럼 보인다. 틀렸다. 과거는 아예 사라졌고 미래는 아직 오지 않았으므로, 존재하는 이 순간만이 있을 수 있다. 이 순간을 형성하고 조건 지우는 모든 것은 과거의 재창조에서 솟아난다. 그러나 만일 기억이 생각일 뿐이라면, 저 다채로운 인지적 표상(사물에 대한 심적 이미지), 끝내지 못한 일에 대한 저 편집증적 작업을 놓아 버린다면, 과연 어떻게 될까? 묵연한 존재의 순간, 생명이되 마음 없음(무심)만이 있다. 그것이 무엇인가?

그 순간 나는, 늘 싱그러운 물이 보글보글 솟는 샘처럼, 출현하는 바로 그 순간 일어나고 변화하기를 결코 멈추지 않는 우주의 전개만이 있다고 생각했다. 시간은 우리가 그것을 견고한 기억들로 동결할 때 순간성이 된다. 나는 기억의 가상현실 안에서 그 자신을 계속 재창조하는 이 광대한 전개의 한 단편에 지나지 않는다. 내가 멈출 때는 그 흐름만이 있다. 나는 부처님께 절을 했다. 내가 "길이 없군요!"라고 하자, 부처님은 눈을 찡긋하시는 듯했다.

나의 질주하는 마음 안에는 어떤 집중된 탐색의 흥분이 있었다. 기氣가 고조되고 있었고, 추론 하나하나가 제자리에 들어맞을 때마다 체험의 어떤 실질적 변화, 발견의 전율이 있었으며, 다음에 무엇이 나타나든 거기에 열려 있게 되었다. 마침내 달리 갈 곳이 아무데도 없게 되자, 어떤 종점에 도달한 전체성, 곧 게슈탈트(gestalt-통일적 형태)가 어떤 깨달음과 기쁨의 느낌을 안겨주었다. 하지만 이 모든 것은 티베트인들이 말하는 '남톡(namtok)',7) 즉 허망한 사유思惟에 지나지 않고, 그 속에서 '나'가 자신의 황금 깃털을 다듬고 있는 것 아닐까 하고 나는 의심했다.

---

7) (역주) 이 용어는 '환의 마음', '미신', '마음의 투사' 등으로도 번역된다. 어원상 'nam'은 생각과 감정을 유발하는 대상, 'tok'은 그로 인해 유발되는 정서적 마음 상태를 가리킨다고 한다. 즉, 이것은 생각과 감정을 포함한 중생의 '반연심攀緣心'으로 이해된다.

소참 때 스님께 그 이야기를 해 보았지만 당신은 별 감흥이 없으셨다. 형이상학적 사변은 그것이 아무리 흥분되고 안목을 열어주는 것이라 해도 깨달음은 아니었다. 나는 자신의 방법에 대해 의심을 품고 있었던가? 나는 다소 풀이 죽어 좌복으로 돌아갔다. 분명 내 화두를 제대로 들지 못하고 있었던 것이다. 나는 스님께서 도움이 되도록 말씀해 주신 지침에 따라 "무엇이 '지금'인가?"로 화두를 바꾸었다.

마지막 날 오후, 스님은 우리에게 한 승려의 이야기를 해 주셨다. 그는 목이 잘리지 않으려면 기름이 담긴 그릇을 기름 한 방울 흘리지 않고 정해진 거리까지 들고 가야 했는데, 여러 가지 위협과 돌발 사태에 놀라면서도 그래야 했다. 스님은 우리가 좌선을 할 때도 그와 마찬가지로 하라고 하셨다. 그래서 내 화두에 집중하여 열심히 수행했다. 묵연함이 내려앉아 깊은 삼매가 되었고, 그 안에서 생각이 이따금 부드럽게 움직였다. 화두를 들고 있는 나는 마치 먼 산꼭대기로 배를 몰고 가라고 명령받은 작은 배의 조타수 같았다. 풍랑이 선수船首의 돛 고정대를 부단히 항해 표지에서 벗어나게 했고, 내가 타륜을 조정하면 뱃머리가 다른 방향으로 항해 표지를 휙 벗어났다. 조타操舵 작업은 배와 바다의 생동하는 움직임에 대한 미세한 조정이 부단한 흐름을 이루는 것이다. 나는 그 배가 내 몸이고 조타 작업이 내 마음이며, 그 둘이 어떤 흐름의 과정 속에서 연결되는 환영을 보았다. 그 과정 속에서는 '나'가 전혀 존재할 필요가 없었다. 단지 배에 실려가는 춤이라는 끝없는 무아의 흐름 속에서 흘러가는 인과의 표현만이 있었다.

이 삼매에서 나오자 나는 주위의 방과, 바깥의 거리에서 우르르 달려가며 빵빵거리는 차들, 행인들이 많은 언어로 지껄이는 소리들을 느꼈다. 이 모든 것은 내가 화두의 인도 하에 그 배를 몰던 바다였다. 그러나 누구도 그 배를 몰지 않았고, 누구도 좌복 위에 앉아 있지 않았다. 트인 하늘 아래 좌복 위의 어떤 앉음이 있을 뿐이었다. 좌선 속에 갇혀 있기는 커녕 일체가 즐거운 자유 속에서 펼쳐질 때, 나는 좌선한다고 할 수도 없이 거기 앉아서 그 광경에 놀라고 있었다. 선칠의 마지막 순간들이 지나자 마치 배가 어느 섬의 항구로 귀환하여 집에 돌아온 듯했다. 나는 남들이 보지 않을 때 조용히 부처님과 스님, 그리고 대중에게 절을 했다.

중요한 일이란 없으니
일체가 사라져야 하네.
하지만 사랑은 고苦의 골짜기에서
심장을 건드리고 있네.
Nothing matters
and everything must go
Yet love is having the heart touched
in the valleys of suffering.[8]

---

8) 필자가 지은 서양선우회의 서양선칠 '의식문儀式文(liturgy)' 중에서.

마지막 성찰: 개인적 비평

초심 수행자들에게는 도움이 될지도 모를 이런 보고서에서 나는 어떤 교훈을 끌어낼 수 있는가? 첫째로, 선칠에서 우리는 실로 자기가 자신의 마음을 통제하지 못한다는 것을 발견할 수 있다[33쪽 참조]. 스승의 자상한 눈길 아래서 점차 하나의 방법을 가지고 수행하는 법을 터득하면 마음이 가라앉아 어떤 자각이 확립되는데, 여기에는 싱그럽고 새로운 의식의 상태들이 포함된다. 의식문 창송과 절하기도 깊은 감정을 느낄 기회가 되며, 이때는 참회와 함께 용서와 희망을 새롭게 다짐하기 십상이다. 그 전 과정은 자기 마음의 작용에 대한 놀라운 통찰력을 안겨줄 때가 많다.

더욱이 이 과정은 여러분 자신의 관심사—즉, 여러분이 어떤 사람이고 남들이 여러분을 어떻게 보는지, 무엇이 여러분에게 편하고 안락하며, 어떤 스트레스를 여러분이 견딜 수 있는지—와 투쟁하지 않고는 성취할 수 없다는 것도 분명하다. 사실 여러분은 선칠이 안정, 안전 및 영원성의 느낌에 대한 모든 바람과 욕망에 도전하는 환경을 제공함으로써 자아중심적 마음을 일부러 도발하도록 짜여져 있다는 것을 이내 알아차릴 수 있을 것이다. 그 도전들은 만만치 않고, 외견상 스승이 부리는 변덕에 따라 증가하거나 감소한다. 여러분은 스승의 권위에 기꺼이 복종하지만, 동시에 그의 권력과 영향력에 불가피하게 저항한다. 자기가 누구기에 나에게 이래라저래라 하는가?

　참가자는 사성제四聖諦의 진리성을 승인해야 한다는 도전을 받는다. 삶이 고苦인 것은 욕망에 끝이 없기 때문이다. 탐닉적인 욕망이 그 근원에서 도전받을 때만, 욕망을 넘어서 습관적 집착으로부터의 자유를 발견할 희망이 있다. 선칠에서는 욕망이 미세하다. 우리가 이야기하는 것은 섹스나 초콜릿을 추구하는 큰 욕망이 아니라, 개별적인 은밀한 움직임들이다. 식탁에서 자기가 좋아하는 자리에 앉으려고 서두른다거나, 차를 한 잔 더 마셔야 하나, 그리고 얼 그레이 차로 할까, 잉글리시 브렉퍼스트 차로 할까, 아니면 캐모마일 차로 할까를 궁리한다거나, 스승님이 자신을 승인할지 여부나, 자신이 깨달음의 체험에 얼마나 가까이 가 있을까 궁금해 하는 것이다. 이 모두는 여러분이 어떻게든 피하고 싶은 신체적 불편함을 배경으로 일어난다. 이런 모든 것이 마음을 접수하여 통찰에 대한 장애물이 된다. 이것은 결코 만만한 일이 아니며, 오히려 그것은 어쩌면 늦은 저녁 안락의자에 앉아 졸면서 불법의 진리성을 검토하기보다 체험적 실제 속에서 그것을 보려는 하나의 법 투쟁이다. 어려움, 과오, 어리석음 및 참회가 필요한 사항은 그것을 받아들이며 통과한 뒤에야 놓아버릴 수 있다. 사실 그런 놓아버림은 자신의 어리석은 에고적 자아를 불가피하게 인정하고 받아들일 때 아주 자연스럽게 일어나기 시작한다. 그럴 때 비로소 좌선이 시작된다.

　이 선칠 보고서는 또한 이어지는 선칠마다 비슷한 패턴들이 반복적으로 나타나는 것을 보여준다. 몇 시간 면벽하고 좌선하기로 결심했다고 해서 바로 돈오한다는 것은 있을 수 없다. 이것은 다년간에 걸친, 심지어는 평생이 걸리는 장기적인 공부이다. 하지만 일종의 나선형적 진전이 있다. 우리가 나선형으로 나아갈 때, 한 바퀴씩 돌아 나올 때나 어떤 변화가 있다. 마음이 겪는 고뇌에 찬 꿈들과 쓸데없는 광기는 개인의 과거, 곧 개인적인 업의 결과인 문제들 안에 또렷이 집중되기 시작하는데, 이 업은 바로 자아중심이 솟아나는 그 중핵이다. 우리는 거듭거듭 이 업의 복합체를 선당의 문 안으로 끌어들인다. 그것은 거듭거듭 파괴적인 발걸음을 옮기지만, 점차 그것의 성품에 대한 더 명료한 통찰이 일어난다. 자기존대(자만)와 자기보호의 느낌이 사라진다. 내가 어디 앉든, 무슨 차를 마시든, 스님이 나를 지켜보시든 않든 그게 뭐 중요한가? 몸도 훈련이 되어 좌선이 더 이상 힘들지 않으며, 통증도 드문 일이 된다. 여러분이 자신을 명료하게 볼 때는 아마 받아들임의 시작인 저 회한의 웃음을 발견하기 시작할 것이다. 그렇다. 나는 웃기는 사람이고, 때로는 한심하며, 거의 언제나 어리석다. 그러나 여기가 나의 출발 지점이다.

선칠에서는 의도적인 전념이 필요하며, 꾸준히 밀고 나가면 마음이 정말 가라앉는다. 마음이 움직이면서 여러분을 딴 길로 헤매게 하는 방식이 더 또렷해지고, 우울함이 자신감으로 바뀐다. 그래, 어쨌든 나는 괜찮다. 자유의 어떤 전율감이 나타난다. 우리는 열린 마음으로 즐겁게 일상생활로 돌아간다. 업을 해소해 나가면서 받아들이면, 우리 마음의 파편화된 그리고 흔히 배척되는 부분들이 통합되어 우리가 세상 속에 있다는 어떤 통일된 느낌을 재창조한다. 하지만 이것이 완성은 아니다.

내가 몇 번의 선칠을 통해 진보하는 과정에서 명료히 나타나기 시작한 문제들 중의 하나는, 고조된 기(氣)의 영향으로 내 마음이 쉽게 질주하기 시작했다는 점이다. 그것은 그 열렬한 마음이 지적인 통찰의 그물망을 자아내고 시구와 이미지들을 창조하면서 자신의 그런 나툼(현현)을 상당히 즐거워하게 된 재미있는 시간들이었다. 스님은 사실 우리에게, 너무 많은 '비춤'이 있을 때는 '묵연함'이 가려지면서 좌선의 균형을 잃는다고 경고하신 적이 있었다. 그런 시간이 지난 뒤, 나는 그것이 확실히 재미있기는 했으나, 그러는 사이에 내가 갈 길을 잃어 가고 있었다는 점을 반성했다.

자유는 그 방향에 있지 않았다. 늘어가는 자기만족과 높은 지적 에너지에 대한 탐닉의 위험성이 분명히 드러나고 있었다. 뿐만 아니라 자꾸 하다 보니 선칠이 더 쉬워지면서, 그런 어려움이 갈수록 많이 나타난다는 인상을 받았다. 키잡이(조타수) 없이 배가 항구로 들어온다는 그 모든 이야기, 굉장히 의심스러웠다!

나는 웨일스의 산중에서 몇 번 혼자서 수행기간을 가지면서 내 마음의 게임을 더 면밀히 지켜보기 시작했다. 그리하여 흥분되게 무엇을 설명함이 없이, 전신자각[151~2쪽]의 묵연함과 그것이 나타나면 뒤따르는 광대무변함 속에서 이완할 수 있게 되었다. 그런 묵연함 속에서는 생각이 거의 없었다. 마음 뒤편에 어쩌면 한두 가지는 있었겠지만, 제대로 활동하는 것은 전혀 없었다. 그 공간 속에 어떤 새로운 자유가 있었다. 특별할 것은 전혀 없었고, 그냥 열려 있는 현존성, 그냥 도겐이 말했을 법한 "시간이기", 무엇을 할 필요에서 벗어남, 모름 속에 머무르기, 세상이 그냥 돌아가게 내버려두는 단순한 자각, 생생한 탐구의 느낌만 있었다. 아마 그 속에 부처님 미소의 비밀이 들어 있었으리라.

적어도 나는 이제 이것이 분명한 길이라는 것을 느낀다. 수행을 하면 그런 자유가 언제라도 일어나기 시작한다. 생각들이 그냥 떨어져 나가며, 그건 원래 그런 것이다. 특별한 건 아무것도 없고, 이야기할 것도 없고, 어떤 사적인 친밀함은 온전하게 느껴진다.

깨달음? 그게 뭔가?

깨달음을 알기 위해서는 사아를 잊어야 한다는 이야기를 우리는 거듭해서 듣는다. 우리가 그런 체험을 원할 때는 불가피하게 에고가 존재하는 것이 분명한데, 어떻게 그렇게 할 수 있는가? 깨달음은 생각이나 의도의 산물일 수 없다. 그것은 자신이 의욕할 때 그 자신의 성품에서 일어난다. 그것은 자신이 원하는 시간에 우리를 엄습하며, 흔히 어떤 놀라움의 순간에 찾아온다. 계획하지 않았을 때, 예기치 않게, '나'와 무관하게 말이다.

여기서 단순한 결론 하나가 나온다. 레브 앤더슨(Reb Anderson) 선사9)가 언젠가 표현했듯이, "당신은 그것을 할 수 없다!" 만약 여러분이―즉, 여러분의 에고가―존재한다면 견성은 일어날 수 없다. 여러분이 그것을 조금이라도 원하면, 그것이 일어날 가능성은 봉쇄된다. 수행으로 일심一心과 그에 뒤따르는 것들을 성취할 수 있지만, 반드시 자아를 초월하는 통찰을 얻는다는 보장은 없다. 우리는 파편화되지 않은 사람으로서 산간 움막에서 저잣거리로 돌아갈 수 있고, 보살도를 잘 닦으면서 남들을 도울 수도 있겠지만, 깨달음의 체험을 얻지 못한 채 그럴 수도 있다. '견성'은 얻을 수 있는 것이 아니며, 여러분은 그 가능성에 열려 있을 수 있을 따름이다. 깨달음은 얻기 쉬울 수도 있고 그렇지 않을 수도 있다.

이런 까닭에 가장 현명한 선사들은, 깨달음 이후에도 수행이 계속되어야 한다고 늘 주장해 왔다. 사실 짧은 견성 체험 이후의 수행이 더 중요하다. 굉장한 환상과 다시 돌아온 자기존대감이 수행의 길을 망치지 않게 하려면 말이다. 스님이 너무도 현명하게 말씀하셨다. "계속하라, 계속하라!"고.

한 선칠이 끝난 뒤 나는, 자아초월의 체험은 모든 종교에서 일어날 뿐만 아니라, 자연신비가나 시인들에게서도 일어난다는 사실에 대해 당신과 논의했다. 아무리 드물게 나타난다 해도, 그것은 인간 마음의 어떤 보편적 속성인 듯하다. 그렇다면 선의 깨달음 체험은 무엇이 특별한가? 선은

---

9) (역주) 일본 조동종으로 출가하고 스즈키 슌류 선사의 법을 이은 미국인 선사(1943~). 법명은 천진전기天眞全機. 샌프란시스코 선 센터 등에서 가르치고 있다.

어떤 특별한 통찰력이 있기에 진리에 대한 그 특유의 주장을 하게 되는가? 실로, 의견과 별개로 무엇이 진리인가?

나는 스님께, 견성이 수행의 결과라고 말할 수 있는지 여쭈었다. 만약 '그렇다'고 하면 견성이 수행의 목표라고 말할 수 있겠지만, 만약 '아니'라고 하면 수행의 기능이 의문시된다. 스님은 그 답변으로, 견성이 어떤 기법의 결과라기보다는 하나의 전체적인 존재방식으로서 불법 안에서 폭넓게 수행하는 것이 견성의 출현을 촉진한다고 말씀하셨다. 불법 내에서의 초월적 체험은 무집착을 가능케 하는 무상無常에 대한 이해에 뿌리를 두고 있고, 선禪의 진리성을 특별히 주장할 수 있는 근거도 바로 이것이다. 이와 유사한 다른 종교적 체험들은 신이나 기타 외부의 행위자로 말미암아 일어났다고 할 수 있을 것이고, 따라서 인간적 삶의 너머로 투사되는 어떤 의존성을 가진 '외도外道'의 측면들이다. 불교에서 선禪, 생명, 우주는 모두 어디서나 두루 서로 침투해 있고, 늘 움직이는 하나의 전체로서 경험된다. 어떤 타자도 없다. 견성 속에서 이 성품을 보지만, 그때 본 것이 무엇인지는 어떤 확실한 묘사, 어떤 매듭지음도 넘어서 있다. 참구 속에서의 놀람만이 있다.

죽은 마음?

또 한 번은 스님이 말씀하시기를, 공안 체계가 만들어진 것은 사찰의 승려들이 더 이상 '죽은 마음을 유지'할 수 없었고, 그래서 스승들이 그들이 집중할 수 있는 새로운 방식들을 창안해야 했기 때문이라고 하셨다. 나는 스님께, 신이 비범한 마음의 계발을 요구한다는 생각을 많은 사람들이 가지고 있는 것이 문제라고 말씀드렸다. 그들은 평상한 마음과 깨달은 마음이 있으며, 수행은 전자에서 후자를 창조하기 위한 것이라고 생각한다. 하지만 스님은 법문에서 오직 하나의 마음, 곧 자각이라는 평상심이 있을 뿐이라고 주장하셨다. 그러면 이 '죽은 마음'이란 무엇인가?

스님이 말씀하시기를, 죽은 마음은 집착에 대해 죽어 버린 마음, 더 잘 표현하자면 집착이 그 안에서 죽어 버린 마음이라고 하셨다. 이 마음을 평상심과 구분해서는 안 된다. 왜냐하면 그것은 무지에 기초한 욕망에 마음을 결박하는 의존성에서 그냥 벗어나 있기 때문이다. 일단 벗어난 마음은 그 자신의 성품에 대한 걸림 없는 통찰을 가진 명료한 자각이 된다.

그러면 그 마음에는 아무 생각이 없느냐고 내가 여쭈었다. 아니다, 생각은 남아 있다. 사실 아무리 고요해졌다 해도 늘 생각은 있다. 차이점은 어떤 생각을 하느냐에 있다. 집착이 있는 생각은 무엇을 원하거나 원치 않는 것으로 스스로를 표현하고, 재빨리 움직인다. 거기에는 분할과 분열성이 있다. 고요해진 마음 안에서는 생각이 머무르되 갈등이 적고, 느리게 움직인다. 심지어 그것이 워낙 느려져서 감지할 수 없을 때도 있다. 그렇기는 하나 잠재적인 상태로는 존재한다. 보리수 밑에서도 생각은 존재했다. 불경은 부처님이 자신의 체험을 생각으로 표현될 수 있는 방식으로 인식했음을 분명하게 보여준다. 이 대비의 핵심은 생각의 존재 여부에 있는 것이 아니라 다른 어떤 것에 있다.

내가 말했다. "그러면 '견성'하는 순간에는 어떤 일이 일어납니까? 이때는 뭔가가 사라져 없습니다. 그것이 생각이 아니라면 무엇입니까?"

스님의 대답인즉, 사라져 없는 것은 자아, 더 정확히는 자아감이라고 하셨다. 그때는 체험이 귀속될 어떤 자아도 없고, 체험의 주체인 어떤 자아도 없는 것이다. 자아중심이 아예 없다. 따라서 절대로 어떤 바람도 없다. 어떤 욕망도 없는 자각의 원초적 명료함이 있다. 왜냐하면 우리가 무엇을 바랄 수 있을 인식 가능한 토대가 없기 때문이다.

스님이 계속 말씀하셨다. "'나'라는 것은 일종의 상징이고, 생각하는 상태가 그 자신을 설명하기 위해 만들어내는 하나의 각본입니다. 그것은 지각에, 그리하여 의식에 나타나는 그런 많은 각본들 중 하나일 뿐이지만, 매우 큰 각본이기는 합니다. 마음이 그것을 내려놓을 때, 체험은 그것의 성품을 변화시킨다기보다는 그 질을 변화시킵니다. 그것은 귀속이나 설명 같은 2차적 활동 없이 그 자신의 성품을 직접 봅니다."

나는 자아중심이 존재할 때는 마음이 분열된 형태로, 즉 주체로서의 자아와 객체로서의 자아로 나타난다고 말했다. 이해는 그럴 때에만 설명의 한 형태일 수 있다. 직접 봄은 이원성의 종식을 뜻한다.

스님이 계속 말씀하셨다. "'죽은 마음'이란 것은 집착이 없는 마음이고, 그 자신의 성품을 볼 때 그것은 자아가 없습니다. 그렇기는 하나 깨달은 마음은 자각의 평상심입니다. 생각, 지각 여타의 모든 속성들은 그대로 남아 있습니다. 초심자의 마음이, 집착이 떨어져 나가자마자 깨달은 마음으로 될 수 있습니다. 자기를 중시하는 마음이 존재하는 것은 윤회의 표지이고, 그것의 부존재가 열반입니다."

내가 말했다. "그렇다면 이것은 어떤 삼매나 황홀경 상태와는 무관합니다. 도겐 선사가 좌선과 깨달음 사이에 근본적으로 아무 차이가 없다고 주장한 것은 타당합니다."

스님이 말씀하셨다. "자기를 중시하는 마음상태가 저절로 자연스럽게, 의지에 의한 노력 없이 해소될 때만 그 통찰이 일어날 수 있습니다. 어떤 의미에서는 특별히 아무것도 일어나지 않았는데, 그래서 그것이 특별한 것입니다. 우리가 할 수 있는 것은 수행이 전부입니다. 그 나머지는 내버려두십시오."

내가 말했다. "스님, 스님께서는 모든 것을 너무나 쉽게 만들어버리십니다." 동석해 있던 스님들 중 한 사람이 말했다. "그것이 참된 스승의 표지입니다." 스님은 그저 빙그레 웃으시며, 우리의 대화에서 당신은 내 영어 단어들을 실제로는 알지 못했음에도 불구하고 내가 하는 말의 의미를 이해하는 이상한 체험을 했다고 말씀하셨다. 직접적인 의사소통이 있었다는 것이었다.

후기: 런던에서의 성엄선사

시내로 나가는 도로에서

우리는 옥스퍼드를 떠나 동쪽을 향해 런던으로 가는 대로로 접어들었다. 나는 운전을 하면서 스님께 내가 이 노선을 완전히 확신하지는 못한다고 말씀드렸다. 런던은 일방통행로가 널렸고, 교통체증과 러시아워 이후의 혼잡이 심하며, 도로공사도 많다고 했다. 또 내가 아는 거리를 벗어나 우리의 목적지까지 가는 데 시간이 많이 걸릴지도 모른다는 것을 우려했다. 목적지는 내 자녀들의 아파트가 있는 그레이트 러셀 가(街)였다.

스님이 말씀하셨다. "이 길을 전에도 운전해 보았습니까?" 나는 전에도 주로 이 길로 다녔지만, 이 길에 익숙하다고는 할 수 없다고 말씀드렸다.

"그렇다면, 그냥 운전만 하면서 어떻게 되나 보십시오." 스님이 말씀하셨다.

이 말씀에 나는 긴장을 풀고 그냥 운전만 했다. 우회로와 교차로를 지날 때마다 아무 문제가 없었다. 바른 길을 찾아내는 일도 아무 실수 없이 이루어졌다. 어느 길로 가야 할지가 너무나 분명해졌다. 우리가 옥스퍼드를 떠날 때 지체되지만 않으면 도착할 거라고 내가 예상한 시간에 정확히 아파트에 차를 대었다. 지체할지 모른다던 생각은 그냥 사라졌다.

택시 운전사

화창한 여름날 아침이었다. 하늘엔 구름 한 점 없고 꽃들이 도처에 만발해 있었다. 런던이 결혼 의상을 입은 신부같이 청신해 보이는 그런 특별한 날씨였다. 우리는 거리로 나와 택시 한 대를 불렀다. 택시기사에게 방향을 지시하면서 내가 말했다. "오늘 같은 날은 시내를 돌아다니면 신나겠지요." 그는 화난 얼굴로 마치 내가 천치이기라도 한 듯 나를 바라보았다. "농담이시겠지요. 더위에, 매연에, 도로 곳곳에 차가 너무 많습니다. 저는 그런 거 지겨운데, 날씨마저 이러니 더하지요. 제가 해변 어딘가에 누워 있다고 생각해 보십시오." 그의 표정이 워낙 뚱해서 나는 더 이상 말을 하지 않았다. 택시 뒷자리에서는 스님, 궈위안 스님, 라이싱위안賴幸媛 세 분이 신나게 이야기를 나누고 있었다. 우리는 극장들, 넬슨 기념비가 있는 트라팔가 광장, 사람들, 옷들을 지나쳤다. 우아한 다리들이 걸린 빛나는 강가에 우리가 차를 댔을 때, 워즈워스의 시 「웨스트민스터 다리 위에서(Upon Westminster Bridge)」에 나오는 구절들이 생각났다.

이 도시는 이제 긴 웃옷처럼
아침결의 아름다움을 입고 있네. 조용히, 맨몸으로
배도, 탑도, 둥근 지붕도, 극장도, 사원도
들판으로, 하늘로 활짝 열려
연기 없는 대기 속에 모두가 밝게 빛나고 있네.

내가 운전사에게 요금을 지불할 때 그가 나에게 말했다. "우리는 전에 만난 적이 있습니다. 약 한 달 전 제가 중국인들을 몇 분 태우고 시내를 돌 때 당신이 오늘처럼 그분들을 모시고 다녔지요. 저는 중국인들을 좋아

합니다. 친절한 성품을 지녔으니까요. 당신들을 모셔서 좋았습니다. 그리고 아까 제가 한 말에 대해서는, 아뇨, 차로 시내를 돌아다니는 건 즐거운 일이 아닙니다. 그냥 제 직업일 뿐입니다. 그러나 그럴 수 있게 해주셔서 고맙습니다. 그렇지 않을 수도 있었을 테니 말입니다."

그는 미소를 지었다. 나는 우리가 결코 만난 적이 없다고 내가 확신한다는 말을 하지 않았다.

불교 센터

스님은 뉴욕의 선 센터 장서용으로 책을 좀 사시고 싶어 했다. 그래서 우리는 훌륭한 불교서점이 있는 시내의 유명한 불교 센터를 찾아갔다. 내가 스님을 공식적으로 소개할 때, 젊은 접수계원이 어떤 심리적 변화를 일으키는 것 같았다. 상당히 무뚝뚝하고 자기 일에 몰두해 있던 그가 갑자기 열렬한 존경심을 지닌 사람이 되어 우리에게 급히 차와 비스킷을 내오고, 가장 좋은 의자에 앉게 하고, 온갖 극진한 대접을 다 하는 것이었다. 그는 우리가 경내를 둘러보도록 안내했는데, 계단에 당도했을 때 나에게 은밀히 이렇게 말했다. "선사가 계실 때는 제가 곁에 비켜서서 먼저 그분이 올라가시게 해야 합니까, 아니면 길을 안내해야 합니까?" 그는 잘못하지 않으려고 몹시 노심초사하고 있었다. 내가 말했다. "길은 당신이 아니 앞장서 보시지요?" 그는 크게 안도하고 그렇게 했다.

우리가 그곳을 떠난 뒤 내가 스님께, 당신이 계심으로써 그 센터에서 벌어진 소동과 당신을 기쁘게 하려고 그 젊은 직원이 큰 조바심을 내던 것을 보셨느냐고 여쭈었다. 나는 그것이 어떤 의미에서 얼마나 공손한 태도였는지, 그러나 선칠을 막 경험하고 나니 그것이 얼마나 특이하게 느껴지는지 모르겠다고 말씀드렸다. 스님이 말씀하셨다. "그런 곳의 문제는, 사람들이 종종 법을 공양하는 것이 아니라 판매한다는 것이지요."

말똥

우리는 팔러먼트스퀘어(의회광장)를 걸으며 웨스트민스터궁(국회 의사당)과 어렴풋이 솟아 있는 사원 건물들의 단지를 완상하고 있었다. 광장 주위는 도심 간선도로의 하나여서 엄청나게 많은 차들이 굉음을 울리며 돌아가고 있었다. 거대한 화물차, 배달차량, 택시, 관용 리무진, 여피(yuppie-젊은 전문직) 세대의 우아한 승용차, 그보다 격이 떨어지는 너절한 차들까지 모두 끝없이 이어지며 질주해 갔다. 문득 그 돌아가는 차바퀴들 사이에, 말똥 한 무더기가 그 모든 움직임에도 동요되지 않고 놓여 있는 것이 눈에 띄었다. 차가 그렇게 많이 다니는 길을 바로 얼마 전에 살아 있는 말이 지나가면서 자신의 존재증거를 그렇게 또렷이 남겼다는 것이 믿기지 않을 정도였다. 나는 일말의 어떤 선의 역설을 경험했다.

내가 스님을 돌아보며 당신에게 그 의외의 무더기를 좀 보시라고 하면서 말했다. "스님, 보십시오! 여기 말똥 한 무더기가 있지만, 말은 어디 있습니까?"

스님이 그것을 바라본 다음 말씀하셨다. "우리에게 그 말이 무슨 필요 있습니까?"

부록 : 지관타좌와 묵조

Chan Newsletter, No.106, 1995년 2월

1993년 12월 뉴욕 선칠 때 성엄 스님이 하신 강해 법문을 린다 피어와 해리 밀러가 편집함. (이 부록은 저작권자의 허락을 얻어 특별히 추가한 것이다. -옮긴이)

일본 용어 '지관타좌只管打坐'는 문자적으로 '그저 앉기(just sitting)'라는 뜻입니다. 그 중국 이름인 묵조默照는 '묵연한 비춤'이라는 뜻입니다. '묵연'하다는 것은 어떤 특수한 명상법을 사용하지 않으면서 마음에 아무런 생각이 없는 것을 가리킵니다. '비춤'은 명료함을 뜻합니다. 여러분의 몸과 마음 상태에 대해 매우 명료히 인식하는 것입니다.

묵조법은 일본에 도입되자 다소 변했습니다. 여기에 붙여진 이름 '그저 앉기'는 그냥 좌선에 주의를 기울이는 것 혹은 그냥 좌선하는 몸의 자세를 유지하는 것을 의미합니다. 이 방법에서 '묵默'이라는 이름이 없어졌고, 마음이 명료하고 생각이 없어야 한다는 점은 강조되지 않았습니다. 묵조에서 '그서 앉기'는 첫 번째 단계일 뿐입니다. 좌선 자세를 유지하는 한편, 마음의 '묵연한' 상태를 확립하려고 노력해야 합니다. 그러다 보면 결국 마음이 움직이지 않으면서 매우 명료한 지점에 도달하게 됩니다. 그 움지이지 않는 마음이 '묵연함'이고, 마음의 그 명료함이 '비춤'입니다. 이것이 '묵조'의 의미입니다.

삼조三祖 승찬대사가 지은 「신심명信心銘」은 "지극한 도는 어렵지 않으니, 분별에서만 벗어나라(至道無難 唯嫌揀擇)"로 시작됩니다. '분별[揀擇]'은 '선택', '선별', '선호'로도 옮길 수 있습니다. 여러분이 선택, 선별 또는 선호에서 벗어나면, 지극한 도가 어렵지 않습니다. 마음을 분별과 집착에서 벗어나게 해야 합니다. 마음이 분별과 집착에서 벗어나 있게 하는 방법이 바로 여기서 '묵默'이라고 하는 것입니다. 그러나 '묵연'하다고 하는 것은 마음이 텅 비어 있거나 작용하지 않는다는 의미가 아닙니다. 마음이 집착에서 벗어나 명료하지만, 그것은 여전히 작용합니다.

「신심명」에는 "이 도리는 급할 것도 느릴 것도 없으니, 일념이 곧 만년이네(宗非促延 一念萬年)"라는 구절도 있습니다. '이 도리[宗]'는 지혜심인데, 그 관점에서 보면 시간은 빨리 가지도 않고 느리게 가지도 않습니다. 우리가 좌선을 하거나 소임을 볼 때, 세간적 삼매(몰입) 상태에 떨어져서 시간이 몹시 빨리 간다고 느낄 수도 있습니다. 보통의 상태에서는 시간이 빨리 가거나 느리게 간다고 느낄지 모릅니다. 그러나 지혜심 안에서는 느리거나 급한 시간 같은 것이 없습니다. 만약 지혜심 안에 생각이 있다고 말할 수 있다면, 그것은 결코 변치 않는 하나의 끝없는 생각입니다. 이 불변의 생각은 더 이상 우리가 보통 이해하는 그런 생각이 아니라, 부동의 지혜심입니다.

영가현각永嘉玄覺 선사(665~713)의 「사마타송奢摩他頌」에는 '묵연함'과 '명료함'으로 옮길 수 있는 두 개의 한자어 적적寂寂과 성성惺惺이 나오는데, 영가 선사는 이것을 '적적성성寂寂惺惺'과 '성성적적惺惺寂寂'의 두 가지로 사용합니다. 이것은 마음이 명료하면서도 움직이지 않는 사람을 묘사합니다. 범부의 마음이 명료하고 예리할 때는 보통 활발히 움직이면서 산란심으로 가득 차 있습니다. 마음의 묵연함을 유지하기가 어렵습니다. 마음이 고요할 때는 보통 그것이 명료하지 않습니다. 삼매의 상태에 있을 때라 해도 말입니다. 그러나 영가 스님은 적적성성과 성성적적의 이 두 가지 상태를 (수행의) 목표로 묘사하고 있습니다.

'묵조'라는 말을 만든 굉지정각 선사는 「묵조명」에서 이렇게 말합니다.

묵연하게 고요히 말을 잊으니   黙黙忘言
또렷하고 생생하게 앞에 나타나네.   昭昭現前

"말을 잊으니"는 아무 말도, 언어도, 관념도, 생각도 경험하지 않는다는 뜻입니다. 아무 분별이 없습니다. 이것이 둘째 구절의 "또렷하고 생생하게 앞에 나타나네"와 결합되면 비록 말, 언어, 분별이 작동하지는 않지만 일체가 여전히 보이고, 들리고, 맛보아지고, 감각된다는 뜻입니다.

어떤 분이 저에게 말하기를, 자신은 묵조법을 쓰면 결국 아무것도 없는 경계에 도달하여 휴식한다고 했습니다. 그것은 참된 묵조가 아닙니다. 묵조에서는 일체가 존재하지만 마음이 움직이지 않습니다. 어떤 사람은 거친 망념이 없으면 자기에게 아무 생각이 없다고 생각할지 모르나, 자신이 자각하지 못하는 미세한 망념들이 있을 것입니다. 그런 사람은 '아무 것도 없다'고 생각하고 수행을 그만둘지도 모릅니다. 한자어로 이것을 '흑산귀굴黑山鬼窟'이라고 합니다. 그 산은 어둡기 때문에 아무것도 보이지 않습니다. 그리고 귀신굴 안에서 무엇을 이룰 수 있겠습니까?

이제 지관타좌법을 사용하는 법을 설명 드리고 싶습니다. 먼저 여러분의 자세가 똑발라야 합니다. 어느 쪽으로도 기울지 마십시오. 자신의 자세를 분명하게 알아야 합니다. 지관타좌, 곧 '그저 앉기'를 닦는다면 최소한 앉아 있는 것만큼은 정확하게 해야 하기 때문입니다. 또 그것은 이완 상태를 유지하는 데도 중요합니다. 그 다음은, 여러분의 몸을 자각하되 그것을 자기 자신으로 생각하지 마십시오. 몸을 자신이 운전하는 차로 여기십시오. 그 차를 잘 다루어야 하지만 그것이 여러분은 아닙니다. 만약 몸을 자기 자신으로 생각하면 통증, 가려움 기타 번뇌들에 시달리게 될 것입니다. 그저 그 몸을 보살피면서 그것을 자각하십시오. 이 방법에 대한 한자어 명칭이 '지관타좌只管打坐'(오직 좌선하는 것에만 신경 쓰기)입니다. 여러분은 운전자가 차에 주의를 기울이듯이 자기 몸에 주의를 기울여야 합니다. 그 차가 운전자는 아닙니다.

시간이 좀 지나면 몸은 자연스럽게 앉아지고 아무 문제도 야기하지 않을 것입니다. 그러면 마음에 주의를 기울이는 것을 시작할 수 있습니다. 식사를 할 때는 여러분의 마음이 '먹는 마음'이어야 하고, 그 마음에 주의를 기울이게 될 것입니다. 좌선을 할 때는 여러분의 마음이 '좌선하는 마음'이어야 합니다. 이 좌선하는 마음을 지켜봅니다. 두 가지 생각이 번갈아드는데, 좌선하는 마음과 그 좌선하는 마음을 지켜보는 마음 또는 생각이 그것입니다. 우선 마음에는 주의를 거의 기울이지 않고 몸이 앉아 있는 것을 지켜봅니다. 몸이 떨어져 나가면 마음을 지켜봅니다. 그 마음이 무엇입니까? 좌선하는 마음입니다! 주의력이 흩어지면 이 좌선하는 마음에 대한 자각을 놓칠 것이고, 몸에 대한 감각이 돌아올 것입니다. 그럴 때는 다시 몸이 좌선하는 것을 지켜보아야 합니다. 때로는 마음을 지켜보다가 마치 '흑산귀굴에 있는 것'처럼 혼침 상태에 떨어질 수도 있습니다. 이 상황을 자각하게 되면 몸에 대한 감각이 돌아오는데, 그러면 그것을 지켜보는 데로 돌아가야 합니다. 이처럼 몸과 마음이라는 주의의 두 가지 대상도 번갈아듭니다.

마음을 지켜보는 그 상태에서 우리가 외부 환경, 예컨대 소리를 지각합니까? 소리를 듣고 싶다면 듣겠지만, 듣고 싶지 않다면 듣지 않을 것입니다. 이 지점에서는 일차적으로 자기 자신의 마음에 주의를 기울입니다. 설사 소리를 듣는다 하더라도, 그 소리가 분별을 일으키지는 않습니다.

이 수행에 세 단계가 있습니다. 시작 단계에서 출발하여 더 깊은 수준들로 나아가야 합니다. 먼저 여러분의 몸을 자각하십시오. 그런 다음 마음을 자각하고, 그 안에서 번갈아드는 두 가지 생각을 자각하십시오. 세 번째 단계는 깨달음입니다. 앞서 인용한 시게에서 "묵연하게 고요히 말을 잊으니, 또렷하고 생생하게 앞에 나타나네."라고 했듯이, 그 마음은 명료합니다. 처음 수행할 때는 여러분이 아마 첫 번째나 두 번째 수준에 있겠지요. 이 방법을 올바르게 사용하면 삼매에는 들어가지 않을 것입니다.

이 마지막 말은 설명이 필요합니다. 이것은 우리가 '삼매三昧'라는 용어를 어떻게 사용하느냐에 달렸습니다. 불법에서 삼매는 여러 가지 의미가 있습니다. 예를 들어 석가모니 부처님은 늘 삼매에 들어 계셨습니다. 그분의 마음은 움직이지 않았지만 그래도 계속 작동했습니다. 이것이 지혜입니다. 석가모니 부처님의 삼매는 대삼매大三昧이고, 이것은 지혜와 같습니다. 제가 묵조 수행에서는 여러분이 삼매에 들지 않는다고 한 것은, 공간과 시간을 잊어버리고 환경을 망각하는 세간적 삼매를 이야기한 것입니다. 더 깊은 삼매는 지혜와 같고, 그것은 사실 묵조의 목표입니다.

묵조에 대한 이런 설명이, 묵조법을 쓰지 않는 사람들에게는 어떤 이익이 있습니까? 만약 여러분이 다른 수행법을 사용하고 있는데 더 계속할 수 없는 지점에 도달한다면, 묵조로 바꾸어 자신의 몸과 마음을 지켜봐도 됩니다. 예를 들어 염불을 하면서 염불을 세다가 더 이상 셀 수 없다면 묵조로 바꾸어 보십시오. 화두법을 사용할 때 큰 의심이 일어나지 않고 단순히 화두를 염하고만 있으면, 더 이상 그것을 염할 수 없는 지점에 도달할 수도 있습니다. 그럴 때는 묵조로 바꾸어 자신의 몸과 마음을 지켜봐도 됩니다. 결국 자신의 방법을 다시 사용할 수 있게 될 것입니다. 묵조는 이러한 중간 상태에서 여러분에게 어떤 연속성을 제공해 줄 수 있고, 그래서 여러분이 시간을 낭비하지 않게 됩니다.

부록 267

방금 어떤 분이 묵조에서 나오는 깨달음은 돈오인지 점오인지를 물었습니다. 깨달음은 늘 순간적으로 일어납니다. 점진적인 것은 수행입니다. 앞서 제가 말했듯이, 묵조의 세 번째 수준은 깨달음입니다. 그러나 거기에 어떻게 도달합니까? 수행을 해 나가면 여러분의 집착, 분별, 망념들이 점차 가라앉습니다. 결국 아무 분별이 없게 되는데, 이 변화가 순간적으로 일어납니다. 그 변화가 일어날 때 여러분은 굉지정각 선사가 "묵연하게 고요히 말을 잊으니, 또렷하고 생생하게 앞에 나타나네."라고 묘사한 그 상태에 있습니다. 완전한 명료함 속에서 일체가 나타납니다.

수행하는 데 경험을 좀 얻고 나면 여러분이 보통 경험하는 정서와 번뇌가 수행 중에는 일어나지 않을 수도 있습니다. 그렇다고 해서 그것들이 사라졌다는 말은 아닙니다. 단지 수행을 할 때는 그것들이 일어나지 않는다는 의미일 뿐입니다. 묵조를 사용할 때는 특히 두 번째 수준에서 그런 일이 일어날 수 있지만, 그것이 깨달음은 아닙니다. 수행은 마치 거울에 붙은 먼지를 없애듯이 여러분의 마음에서 생각을 없애고, 삶에서 번뇌를 없애려고 하는 것이 아닙니다. 그 먼지를 닦아 낸다고 해서 깨닫는 것은 아닙니다. 그런 것이 아닙니다. 선종의 임제종 방법을 쓰든 조동종 방법을 쓰든, 일단 깨닫게 되면 그 깨달음은 여러분을 그곳까지 데려다 준 수행과는 무관하다는 것을 압니다.

그런데 왜 굳이 수행합니까? 비록 깨달음 자체는 수행과 무관하다 해도, 수행은 우리를 깨달음으로 이끌어 줄 수 있는 다리[橋]와 같습니다.

옮긴이의 말

이 책은 묵조선의 중요한 텍스트이다. 묵조선법을 이론적으로 상세히 설명하고 있지는 않으나, 주요한 골자는 충분하게 분명히 제시하고 있기 때문이다. 따라서 이것은 흔히 '지관타좌'로 불리는 일본 조동종의 묵조선과 별개로 성엄선사가 부활시킨 중국 묵조선의 훌륭한 문헌적 근거의 하나가 된다. 존 크루크 법사는 성엄 스님이 웨일스에서 1989년에 진행한 첫 번째 선칠에서의 법문들을 1991년에 『부채로 깃털 받기』라는 책으로 출간한 뒤, 1995년의 세 번째 선칠 법문들을 "비추는 침묵"이라는 제목으로 엮을 때 『부채로 깃털 받기』를 새 책에 다시 편입하여 책 전체의 제목을 『비추는 침묵』으로 하였다. 두 법어집은 내용상 일정한 연속성이 있는데, 대체로 제2부 '비추는 침묵'은 제1부인 '부채로 깃털 받기'에서 가볍게 언급하고 넘어간 묵조선법을 핵심 주제로 삼아 더 구체적으로 설명하고 있다고 볼 수 있다. 편자의 선칠 체험기를 수록한 제3부는 그 가르침의 실제적 구현 과정을 실례로써 보여준다. 편자의 머리말들도 유익하며, 특히 제2부 머리말은 묵조선과 깨날음 과정을 명료하게 묘사한다.

종래 묵조선은 다소 어려운 선법으로 여겨져 온 면이 없지 않다. 또한 그것은 『선심초심禪心初心』과 같은 일본 조동종 선사의 저작에서 보듯이 덕월힌 관념들을 내포하기는 하지만, '지관타좌' 외에 구체적인 행법과 단계를 분명하게 알기 어려웠다. 한편 중국과 한국에서는 12세기 대혜종고 선사가 이른바 '묵조사선默照邪禪'을 비판한 뒤로 선 수행자들이 묵조선을 오해하거나 무시하는 풍토도 오래 지속되어 왔다. 그러나 성엄선사 이후로 이 모든 상황이 변하고 있다. 스님은 굉지정각 선사의 정통 묵조선을 당당히 복권시켰을 뿐 아니라, 이것이 승속을 막론한 현대의 선 수행자들에게 매우 적합하고 효과적인 행법일 수 있다는 전망을 열었다. 그것은 최근 서양과 아시아에서 묵조선을 하는 수행자들이 날로 증가하고 있는 현실로 입증된다. 무엇보다도 이 묵조선은 사마타와 위빠사나 수행을 해본 사람들이 그에 이어서 택하기 좋은 행법이라고 할 수 있다. 왜냐하면 묵조선은 사마타와 위빠사나를 동시에 하나의 과정으로 통합하여, "참구하는 관찰"이라는 예리한 비춤의 힘으로써 사물의 실상에 직접 다가가기 때문이다. 뿐만 아니라 묵조선은 그 과정의 어느 수준에서 자연발생적으로 일어나는 화두를 참구의 주제로 삼을 경우 화두선을 겸할 수도 있다는 또 다른 장점이 있다(본서의 제3부가 그것을 보여준다). 그리고 화두 수행자도 때로는 묵조법을 써서 공부의 활력을 증진할 수 있을 것이다. 한편 다른 전통의 행법들과 비교할 때 묵조선은 티베트불교의 마하무드라 혹은 쪽첸 행법이나 비이원적 베단타 전통의 '내가 있다', '나는 누구인가?'의 자기자각/자기탐구 행법과 유사하며, 내적으로 그것들과 긴밀히 연관된다. 그리고 이 선법은 착수 단계가 간명하고, 더 진전된 단계들을 규정하고 평가하는 기준들이 명확하다. 요컨대 이것은 불교 수행법의 정수를 집약한 동아시아 최상승 선법의 빛나는 모범이라고 하겠다.

   이 책에서 우리는 묵조선법의 수행 단계들에 대한 가르침은 물론이고, 불교 수행자가 지녀야 할 기본 조건들에도 주목해야 한다. 성엄 스님은 책 전반에 걸쳐 1) 고립, 무의존, 무집착, 2) 신심, 서원, 자비, 3) 평상심과 무소구無所求, 4) 몸, 호흡, 마음 조절하기, 5) 말, 행위, 마음을 자각하고 지키기, 6) 관하기, 비추기, 되들기, 7) 믿음, 보리심, 참괴심, 감사하는 마음 등의 원칙을 제시하여 수행의 자세와 기본적 방법을 설하고 있다. 수행에서 소기의 성과를 거두려면 이런 항목들을 겸허하게 수용하여 실천할 필요가 있다. 이와 함께 불교 수행자는 무엇보다도 올바른 개념을 지니고 있어야 한다는 점을 잘 인식해야 한다. 왜냐하면 편자가 제2부의 '머리말'에서 지적하고 있듯이, 수행자의 구체적인 체험들은 그가 가진 개념과 불가분의 관계가 있기 때문이다. 만약 수행자가 선법의 기초와 과정에 대한 분명한 개념을 가지고 있지 않으면 그 수행이 가져다줄 수 있는 진정한 체험을 얻기 어렵고, 자신의 체험을 정확히 평가하기도 어렵다. 수행을 이끄는 이 개념은 또한 어떤 체험을 깨달음으로 착각하는 오류를 방지해 주고, 다양한 체험과 미묘한 경계 속에서 그에 영향 받지 않고 최종 목표를 향해 계속 나아가게 해 주는 길잡이가 된다.

성엄선사의 묵조선법이 갖는 가장 큰 특징은, 이 수행을 몇 단계로 나누어 알기 쉽게 제시하고 있다는 점이다. 묵조를 시작하는 사람들은 먼저 '전신자각'을 닦는 것이 중요하다(필요할 경우 그에 앞서 수식관이나 직접관법을 닦을 수도 있다). 편자는 성엄 스님이 전신자각을 묵조의 첫 번째 목표로 제시한 것을 "명민한 방책"이라고 평가하였다. 왜냐하면 우리의 자아 관념은 육신의 한계와 늘 함께 하므로, 자아의 느낌을 직접 관하면서 그것을 돌파하기 위해서는 자신의 몸을 하나의 전체로 관하는 것이 효과적이기 때문이다. 전신을 자각하는 것은 곧 '나'를 온전히 자각하는 것이며, 그 자각이 면밀해지면 번뇌가 가라앉고 마음이 고요해진다. 자각은 다름 아닌 비춤이며, 비춤은 자연히 묵연함을 수반한다. 따라서 '전신자각'은 그 자체로 묵연함과 비춤을 통일하는 과정의 시작이라고 할 수 있다. 이후의 수행은 그것이 심화 발전해 가는 과정이며, 단계별로 몸과 마음의 통일, 사아와 환경의 통일, 광대무변함[大我]의 체험이라는 결실을 얻는다. 광대무변함의 체험 속에서 묵조 수행자가 자아의 공함[我空]과 현상의 공함[法銜]을 체득한 이후, 같지도 않고 다르지도 않은 유有와 무無의 동시 발생을 확실히 체험하면 참된 깨달음을 얻게 된다. 이것이 묵조선의 최종적 결실인데, 스님은 이 깨달음의 경계가 언어로 표현될 수 없다고 말한다. 이것이 본서에서 설명하는 묵조선법의 대략적인 묘사이다(다만 이런 단계 구분은 방편일 뿐, 묵조의 실상은 어떤 단계도 없다는 것을 알아야 한다).

다양한 수행 전통들이 서로 경쟁하며 함께 실천되는 이 시대에, 이러한 묵조선법이 갖는 의미는 무엇인가? 선의 전통에 굳건한 뿌리를 두면서도, 합리적 사고를 가진 현대인들이 확신을 가지고 닦을 수 있는 현대적 수행법으로 묵조선이 거듭났다는 것이다. 수행의 과정과 결과를 분명하게 제시하여 수행자들의 신심을 돈발頓發시키고, 다른 행법들과의 유기적 연대성을 확보함으로써 잠재적인 수행자 기반을 크게 넓혔다는 것도 이 선법의 장점일 것이다. 불법의 핵심은 수행이고, 수행이 성공하려면 올바른 개념과 태도, 그리고 정확한 안목이 필요하다. 묵조선을 중심으로 선의 본령本領을 유감없이 드러낸 이 책의 가르침은 여러 계열과 수준의 많은 수행자들에게 영감을 줄 것이다. 그리고 분명히 선 수행자들의 깊은 법열法悅과 본지풍광本地風光을 이끄는 하나의 지침이 될 것이다.

선사들이 지적하듯이 선 수행은 늘 '지금 여기'에서 시작되며, 자신의 존재에 대한 자각과 함께 우리는 현재의 순간 속으로 부단히 진입한다. 이때 모든 과거는 현재로 집결되고, 현재는 무한한 창조성으로 부단히 미래를 연다. 따라서 자각하는 삶은 그대로 '살아 있는' 선이며, 이 순간 우리는 깨달음으로 나아가는 즐거운 여행자가 된다. 묵조선은 지금 여기에서의 깨어 있음, 곧 존재의 자각에 기초한 면밀하고 역동적인 수행이다. 여기에, 선의 관문을 뚫는 또 하나의 분명한 길이 있다.

2014년 1월 옮긴이 씀